农村土地整治与交易研究

陈亚东 著

NONGCUN TUDI ZHENGZHI YU JIAOYI YANJIU

人民出版社

目　录

导　　论

按照科学研究的一般惯例,本课题研究分为导论、基础理论研究、实证研究和结论几部分。在导论部分中,笔者介绍了课题研究的时代背景,即本课题是在国家已经对农村土地制度改革推进了 20 多年,并取得一系列成就的基础上展开的。本课题研究目的就是为了更好地理清宅基地整理和之后形成的城乡土地交易制度建构的基本框架、交易流程、收益分配等,这样对于农村土地制度改革,防止农村边缘化、贫困化,实行城乡协同发展具有重大的现实性意义。本课题的研究方法主要是实证法,也运用了比较研究法、文献法等多种方法。本课题研究取得的主要成绩在于系统总结了西部山区落实党中央宅基地整治、城乡建设用地指标增减挂钩的相关法律法规和政策的基本经验,创造性地开展地票交易制度所取得的开创性经验,其实施流程和利益分享机制值得其他地区学习借鉴。研究者认为,要切实保护农民的土地权益,进一步完善与此相关的高山生态移民搬迁、细化宅基地测量范围等前期基础工作,严格执行山区土地整理技术规范,利用国家高标准农田政策,下大力气整修农村山坪塘等中小型水利设施,细致做好农田水土保持等工作。2019 年 8 月 26 日新公布的《土地管理法》和《城市房地产管理法》规定,集体经营性建设用地纳入用地计划,与国有土地出让的时候同权同利,继续实施城乡建设用地增减挂钩制度,制定统一的交易制度和利益分配制度,这样可以更好地实现劳动力、土地、林业权、土地承包经营权、资金等资本要素的自由流动,促进城乡资本的互动,以特色小镇为载体,以特色产业为支撑,积极利用当代科学技术,发挥互联网等信息网络的优势,在广大农村形成新的经济增长点,拉动西部地区经济增长,促进农民致富增收。当然,由于研究者本身的理论水平和实践等仍有不足,本书不当之处诚望读者海涵,批评指教,以便进一步完善。

一、研究背景

(一)中国经济双重转型中出现的问题

1978 年,中共十一届三中全会召开,作出实行改革开放的战略决策。在广大农村深入开展承包责任制,激发了广大农民劳动积极性;在工业、科技等其他领域,实行市场化改革,全面向世界最先进国家学习治国经验,从美国等发达国家引进科学技术和人才,进口先进的机器设备,中国从此走上了伟大的民族复兴之路。改革开放 40 多年来,在中国共产党的领导下,勤劳的中国人民在经济、教育、文化、科技、军事、社会基层建设等各个领域都取得了历史性的巨大成就,GDP 总量位居世界第二,国际贸易总量高居世界第一。中国对世界经济社会发展的贡献也是日益增加,成为世界经济增长的火车头,这是几千年来前所未有的重大地缘政治事件。作为世界第二大经济体,世界主要对外投资国,中国综合国力显著增强,国际政治地位提高,在国际舞台上发挥着越来越重要的作用。

但是,总体来讲,中国还是一个发展中国家,人口基数庞大,高素质人才比例不高,周边国际环境很不太平,自身经济还处于从传统农业经济向市场经济转型的过程中,我国依然面临着许多困难和问题,如东西部地区经济发展水平差距较大,城乡居民收入差距显著,东西部地区居民素质、文化传统、商业意识、文明素养等都存在显著差距,中国从传统农业社会走向现代工业社会的前途光明,但是道路曲折,难度依然较大,还有很长的路要走。

1.“土地财政”与征地问题

土地是农业之本。早在工农红军初创阶段,共产党人就通过“打土豪分田地”等质朴的口号赢得了民心;创建新中国的初期阶段,也是通过土地制度改革赢得亿万农民的衷心拥护。当前,土地资源依然直接影响着十多亿人民的吃饭问题,习近平总书记强调要把饭碗端在自己手里,由此可见农村土地资源对于农业和第二、三产业发展的极端重要性。

作为市场要素资源,土地在中国经济发展过程中通过政府这一只有形之手,其作用发挥得淋漓尽致。一些地方的财政收入来自土地出卖,依靠房地产商大规模的造城运动,来带动 GDP 的增长。当然,房地产产业链本来就很长,它涉及钢铁、建筑、水泥、建材、玻璃、木材等几十个产业,就业容量大,地方政府在传统政绩考核指标下,便以此来拉动经济增长。他们往往以低廉的土地出让金来招商引资,形成"以地生财"和"以地融资"模式,不少地方政府被由此称之为"土地财政"。随着土地利用的市场化程度不断提高,国家制定了《土地管理法》《招标投标法》《政府采购法》等法律制度,完善了工程招标投标管理制度,土地"招拍挂"制度使土地的资本价值得以充分展示。全国的国有土地出让金从 2001 年的 1295.89 亿元迅猛地增加到 2011 年的 31500 亿元,年均增长高达 37.6%;2013 年达到 41250 亿元,同比增幅高达 44.6%;2016 年上半年全国土地出让金达到 1.4 万亿元,同比增长 9.7%;2018 年,全国国有土地出让金达到 6.5 万亿元。以地生财已经成为地方政府做好城市基础设施建设、推动经济增长而相互竞争的重要手段,卖地收入成为地方政府财政收入的最主要来源。在以地融资方面,土地凭借着天然的资产属性,成为各类地方政府融资平台的最佳抵押物。2011 年全国国有土地抵押面积达 450 万亩,抵押贷款金额达 48000 亿元。根据国土资源部发布的《2013 中国国土资源公报》,截至 2013 年底,全国 84 个重点城市处于抵押状态的土地 40.39 万公顷,抵押贷款总额 77600 亿元。根据 2016 年 2 月 23 日人民政协网报道,从 1999 年到 2015 年底,全国土地出让收入总额约 27.29 万亿元,这 17 年年均收入高达 1.6 万亿元。就 2016 年一年时间,中国土地出让合同成交价款 3.56 万亿元,同比增长 19.3%。

与高昂的土地出让金形成鲜明对比的是低廉的土地征收成本,失地农民无法分享到城镇化和工业化带来的土地增值收益,城乡收入差距便无法缩小。同时,这些失去土地的农民大规模进入城镇,缺乏在城市生存所必需的技能,就业困难,导致农民市民化的身份转变、生活适应非常艰难,农民入城很难谋取体面职业和较高薪酬,非正规就业难以得到相对稳定的收入来源。失地农民的劳动就业、人事管理、工资薪酬、福利待遇、住房保障、教育医疗等个体相关利益都明显低于城镇居民,失地农民真正融入城市生活还需要政府各个部门共同努力。

2. 城镇化与空心村

城镇化和工业化快速推进,城市规模不断扩张,土地需求大幅度上涨,农村大片土地被征收征用。征收农村土地的成本与城市存量建设用地改造成本相比,征地成本明显偏低。根据我国《国家新型城镇化规划 2014—2020》中的数据显示,1978—2013 年,城镇化率从 17.9% 提升到 53.7%。根据国家发改委 2016 年 4 月 19 日发布的《国家新型城镇化报告 2015》,目前我国城镇化率已经上升到 56.1%。城镇常住人口已经达到 7.5 亿,与 1978 年的 1.7 亿相比,增加了 5.8 亿。这就意味着农村人口的大幅度减少,大批青壮年农民都入城了,农村的留守儿童、留守妇女和老人养老问题日益严重,给农村经济发展、家庭稳定、子女教育、老人赡养带来极大的挑战。农村人口数量虽然减少了,但是并没有带来农村建设用地的减少,实际上农村居民点用地却增加了 3045 万亩,导致农村大批新建房屋无人居住,房屋闲置、土地废弃浪费现象比比皆是。同时,法律规定由于农村居民房屋用地属于宅基地,流转受到严格限制,农房的交换价值难以兑现,导致大量资本沉淀。尽管 2019 年对《土地管理法》进行了修改,但是不同地段的宅基地流转及其市场价格也是不一样的。

3. 农业发展方式转变与耕地撂荒

改革开放虽然始于农村和农业,但改革的重心却在城市和工商业,在"打破平均主义"和"让一部分人、一部分地区先富起来"的政策引导下,城乡差距日渐扩大。以家庭为组织单位的传统农业发展模式,经营规模小,无规模经营效益,较外出务工的工资性收入低,加之购买种子化肥等粮食生产成本上涨过快和自然灾害的不确定性,导致农户大多不愿种粮,耕地大量撂荒。

自 2004 年起,党中央、国务院每年年初都要发布"一号文件",都是涉及农民、农村、农业,但是,农民实际收益依然不大。中央对新时代的"三农"问题十分重视,免除农业税,坚持"多予少取放活"的方针,出台了金融下乡、城乡公共产品均等化、种粮直补等惠农措施和政策,一定程度上保护了农民的种粮积极性。但农业和农村的发展更多的仍旧是依靠自身积累和长期涓滴效应的作用,这使得来自农村以外的政府等公共资源要素如涓涓细流经过层层过滤流至广袤的农村土地上时,其效果已如强弩之末。中国农业要实现现代化,就必须顺应时代潮流,从小农经济向规模经济发展转变,从自给自足的传统牛耕地的人力粗放经营方式向以市场为导向、以资本运作为核心的经营方式转变,必须下决心培养新一代高素质农民,注重运用现代科技,使用新型农业生产工具,创新经营管理方式。

（二）土地制度的城乡二元结构引起的利益不对称

按照现行宪法规定,城市土地属于国家所有,农村土地属于村民集体所有,形成城乡土地二元管理体制,农村土地要进入市场交易,必须通过国家征收征用之后转变为国有建设土地。城乡土地市场分割,土地要素流动凝滞,造成城乡土地资源配置低效。农村耕地锐减,农民只得到了少量的土地补偿费,而城市却换来了大量的土地出让金。2019 年 8 月全国人大常委会修改《土地管理法》,在法律上允许农村建设用地直接上市交易,但是,长期形成的以户籍制度为核心的城乡二元管理体制也非朝夕之间可以改变,更何况,农村建设用地如何上市交易,具体的规范性制度依然缺乏。

土地制度的城乡二元结构还表现在土地权利的差别上。在城市,城镇居民享有合法不动产的土地使用权和房屋所有权,并可以将这种权利用于抵押、出租等各项经济活动;但在农村,农民拥有的宅基地使用权和农地承包经营权却难以自由地用于抵押等经济活动,这造成了以土地制度为代表的"财产偏置"。

（三）城市化用地紧张与宅基地变现矛盾依然较突出

我国城市化正处于快速发展阶段,2025 年城市化水平可能会达到70%。城市化进程的加快,将会使城市不断扩张,特别是大城市吸纳人口的能力会越来越强大,尽管以北上广等为核心的大城市已经非常拥挤,房价高企,但是致富的机会也明显更多,所以,依然挡不住源源不断的人口涌入,这就会造成以省会城市为核心,以珠三角、长江经济带、京津冀经济带为代表的经济板块结构化,而且会在未来几十年加速膨胀,这就必然会出现大城市周边的农村集体建设用地不断变成城市开发建设用地的现象。据估算,按照目前的城市化进程,今后我国政府每年需征收土地至少30万公顷以上。

除此之外,我国仍然存在巨大的用地缺口,其中固定资产投资所使用的土地需求占土地总需求比例连创新高。在经济新常态下,如何拉动经济增长,增加就业岗位,保持经济稳定发展已经成为各级党委政府的头等大事。在全球经济增长乏力、美国对我国发动贸易战的情况下,继续扩大出口规模较难实现,短时间内要刺激国内消费增长难度也较大,通过增加投资固定资产,加强西部地区的道路桥梁、航空港口、高铁、水电气管网等市政建设,做好"一带一路"经济带沿线的基础设施建设已经成为拉动经济增长的主要抓手。事实上,中央也在不断加大基础设施建设的力度,这都需要大量的建设用地指标。但现实是全国各地建设用地指标缺口很大,与城市建设用地紧缺相对应的是集体建设用地却具有很大潜力。我国城市规划人均建设用地标准的上限通常是 $120m^2/$ 人,最大也不应超过 $150m^2/$ 人,但农村人均建设用地普遍远远超过这一标准。全国城乡建设用地总量为 3.41 亿亩,城镇建成区 5700 万亩,承载着 5.7 亿人,农村建设用地 2.84 亿亩,只承载着 7.4 亿人,全部建设用地中不足 17% 的城市建设用地却承载着全国多于 43% 的人口,集体建设用地是城市建设用地的 5 倍,农村人均占用建设用地是城市人口的 3.8 倍。从理论上说,通过对农村建设用地特别是宅基地合理规划和调整,可以节省大约二分之一的建设用地。因此,随着农村人口流向城市的城镇化进程和农村集体建设用地的节约和集约使用,城乡建设用地总量不但不会增加,还有可能减少。2019年新的《土地管理法》改革现有集体建设用地制度,允许直接入市交易,实施统一的城乡土地交易市场,真正实现同权同价,既可以有效增加城市建设用地,还可以增加农民收入,实现农村土地节约集约利用。

二、研究意义

（一）统筹城乡发展探索的国家需要

2007 年，经国务院批准，重庆开始成为全国"统筹城乡综合配套改革试验区"，因此，重庆城乡土地制度改革试点从一开始就肩负着为"统筹城乡发展"这一国家战略，开展先行先试进而寻找城乡统筹发展可能路径的历史使命。较之成都，重庆的基础和功底更和当今中国的基本国情相吻合，即大城市带大农村的突出现状。在重庆市域范围内，根据重庆市公安局的户籍统计，2016年底重庆常住人口为 3048.43 万，户籍人口为 3394.66 万，其中 2200 万是农民，常住人口低于户籍人口，说明重庆人口呈现外流的趋势。

自 1997 年重庆直辖以来，城镇化率不断提升，但与其他三个直辖市和成都来对比，重庆的城镇化水平依然较低，2014 年为 59.6%，而北京、上海、天津均超过 80%，成都的城镇化水平也比重庆略高。由此来看，重庆的城市化进程尚有很长的路要走。

在重庆市 8 万平方公里的土地上，既有堪比国内一线城市的都市繁华风貌，更有以渝东北、渝东南为代表集中连片的国家级贫困欠发达地区。重庆统筹城乡发展探索的经验，乃至教训都可以成为国家制定相关政策的有益参考。

（二）重庆土地使用制度改革的探索

重庆在统筹城乡发展方面做了诸多尝试和探索，如设立农村土地交易所、试点"地票"制度改革、户籍制度改革、大规模建设公租房、推进"三权抵押"贷款等，这些尝试和探索与土地使用制度存在什么样的联系，潜伏着哪些可能的风险，这是政府相关部门迫切希望了解的。

在二元结构下，城乡土地市场分割，要素流动凝滞，不但造成城乡土地资源配置低效，耕地总量减少，农民权益受损，而且导致城市建设用地紧张，新型城镇化受阻。为此,加强土地整理尤其是宅基地的集约利用和城乡建设用地市场交易研究,确保资源高效率利用,有利于调动社会各个阶层的力量,增加社会财富总量,还有利于保护耕地,减少水土流失,改善农业基础设施,推进农村现代化建设;创新提出土地整理和市场交易的技术性规范,有利于市场交易规范化运行,确保各方权益,带动内需,实现城乡统筹,可为全国提供新鲜经验。

(三)推进高山生态移民搬迁和土地整治有利于精准扶贫

西部地区土地资源相对丰富,但是地处高山边远山区的农民,由于地理位置十分偏僻,交通不便,信息闭塞,农副产品难以运输,农民依靠传统的种养殖业很难获得经济效益。纯种粮农户,一般也只有2—3亩水田和一些边坡旱地,一年辛勤劳作的纯收入还不到1000元,根本无法与外出打工的收入相比。这在大巴山区与三峡库区集中连片的地区十分常见,也是巫山、巫溪、奉节、彭水、黔江、云阳、秀山等众多区县农民几十年来生活贫困的重要原因。让这些长期居住在高山峡谷的农民搬到乡镇街道等交通便利的地方居住,有利于改变其恶劣的生存环境,尤其是有利于后代子女到街镇上学,减少留守儿童,增加人力资本,切断贫困的世代传递,摆脱贫困陷阱,也有利于形成规模经济效应,促进地方经济发展。

这些从高山峡谷搬迁出来的农民遗留的宅基地,依然可以变废为宝,通过政府集中进行宅基地整治,形成新增耕地,也可以退耕还林种草,发展林下经济,有利于缓解城镇化用地指标压力,振兴西部经济,这也是响应中央打造新丝绸经济带的重大举措,不仅具有重大理论价值,而且有利于维护农民权益,减少征地拆迁阻力,减少访民数量,维护社会和谐,促进经济发展。

三、研究的主要内容

目前,宅基地整理到土地市场交易是具有连续性的系统工程,一般是农民先从交通落后的地方搬出来,然后对其宅基地、房屋进行统一规划,由专业公司进行土地整理,形成地票之后在土地交易市场上进行公开竞价出售,其所得收益由其利益相关者进行分享。因此,本书遵循这一基本的逻辑顺序,第一部分为导论,主要进行概括性介绍,介绍研究过程、取得的经验和不足,重点是针对存在的问题提出具有创新性的对策建议。第二部分为基本概念的内涵与外延界定、主要理论与国内外研究进展,系统总结国内外研究成果,包括第一章、第二章。第三部分为理论与实践相结合研究,重点选择西部地区一宗宅基地整理项目进行实证分析,包括第三章、第四章。第四部分是主要结论,系统地分析城乡建设用地市场交易制度的设计框架,包括第五章、第六章、第七章。

具体研究内容如下:

导论。介绍本书的立题背景、本书的目的及其理论意义、实践意义;本课题的研究对象的内涵与外延,基本含义的确定,基本理论基础,国内外研究现状,本课题研究思路和技术路线、研究方法,取得的主要成绩和存在的不足;最后说明研究的具体内容和全文的结构框架。

第一章阐述国内外研究现状与本课题研究所运用的主要理论。本书简要梳理了农村建设用地流转的主要文献,侧重探讨宅基地整理和城乡建设用地市场等方面的文献,提炼已经形成的研究结论。对1949年新中国成立以来的宅基地制度形成与发展进行系统总结,运用市场交易基本理论、权利交易理论等分析宅基地制度变迁的基本原因,总结宅基地制度演进的经济社会发展规律,并且指出对未来宅基地制度创新可能带来的启发,为深入研究做好理论准备。同时,需要对相关概念进行界定,避免歧义与误解。

第二章围绕重庆市委、市政府启动的高山生态移民搬迁项目,有针对性地对农民退出宅基地进行实证分析。本章按照高山生态区移民搬迁项目启动的实施背景、农民搬迁中遇到的主要难题、实施生态搬迁农民的资金来源、高山生态区移民搬迁新建房屋建设用地这四大流程的逻辑顺序进行分析论证,围绕"搬得出、稳得住、逐步能致富"这一主线展开,着重分析了搬迁中、后存在的问题并提出了相应的解决措施,深入剖析了搬迁中户籍问题多、复垦时间长、房屋办证难、搬迁后期帮扶工程缺乏等问题的表现、原因,并实例论证。随后对相关问题分别从多个方面提出了切实可行的意见和解决措施。对生态搬迁中农民资金的来源做了深刻详细的阐述:个人积蓄和地票交易是解决搬迁资金的重要资金来源,对各种安置方式(统规统建小高层模式、统规自建乡村旅游结合模式、爱心安置模式等)的成本及各种安置模式的优缺点进行详细的论述。在高山生态扶贫搬迁项目中,没有完美无缺的安置方式,而是需要各区县群策群力、互通有无、理论联系实际、因地制宜,结合多种安置模式,以村民意愿为前提、以扶贫致富为准绳,制定出最符合各自实际情况的实施方案。最后提出了高山生态搬迁中建设用地利用存在的问题,如占用基本农田、空置率高、建设与管护、生态与环境建设等方面的问题,并就生态环境建设提出加快发展养老产业、着手建设国家公园、致力打造绿色食品产业的建议。

第三章以重庆市合川区三庙镇石堰村建设用地复垦项目为例,介绍了农村宅基地复垦的过程,对宅基地整理形成地票进行实例验证。首先就土地复垦工作的开展提出土地复垦方案报告书的编制要求,后对合川区三庙镇石堰村项目区概况进行简要介绍。客土的适宜性是开展土地整治与评价的前提,基于客土适宜性评价和对土地复垦适宜性分析,提出解决和改善土壤结构限制性因素的主要对策。同时,我们依据土地复垦标准,制定了建设用地复垦方案,本方案涉及工程的预防控制,原宅基地地基、房屋的拆除,水利、道路等配套工程等土地复垦的工程措施,并就土地复垦工程的整体设计、工程量计算、工程量测算用文本与图表相结合的方式进行展现,以方便读者理解。其后介绍施工组织设计、项目投资预算,并从社会、经济、生态三个方面对土地复垦效益进行了详细论述与评价,明晰了土地复垦工作计划安排及组织管理、技术措施、安全措施等保障措施的相关内容,并就其内容进行了全面系统的阐述,最后从合理安排组织施工、复垦后土地使用权、土地统计台账变更等方面提出了切实可行的建议,为探索宅基地整理形成地票提供了宝贵的经验。在此基础上,仔细分析了现行土地整治的技术规范和其他配套制度存在的问题,并且提出了解决的方案。

第四章为宅基地整治实证研究。本部分是在第三章的基础上的深化,重庆市开展宅基地复垦已有十来年的时间,从中积累了不少经验也发现了诸多问题,笔者多次参与宅基地复垦工作,对实际工作过程中在复垦的流程、测绘、管护、监督等方面发现的问题做了详细的叙述,并提出了较为完善的建议。为此,我们在本章详述了农村宅基地整治的基本内容,介绍了宅基地整治的必要性和主要意义、土地整治类型等,方便读者理解宅基地整治的主要法律依据和基本业务流程。现阶段重庆市开展的宅基地整治以城乡建设用地增减挂钩和地票项目居多,而这两类项目都需要通过宅基地复垦来实现,因此宅基地复垦成为宅基地整治的核心内容。经过多年的复垦,集中连片的空闲宅基地存量大量减少,笔者创新性地提出:其余分散的有待复垦的宅基地通过"农民自发"主导模式来进行复垦。"农民自发"的宅基地复垦模式是对"政府计划"的复垦模式的一种补充,在分散的宅基地复垦工作中,"政府计划"的模式已不具备原有的优势,而"农民自发"的模式不仅是"政府计划"模式的补充,而且更是对农民、对政府、对财政有着极大的益处。在宅基地整治中,对宅基地复垦后的新增耕地的后期管护也是其中十分重要的环节,笔者分析了后期管护的不同模式,建议创建土地银行,以丰富新增耕地管护方式,同时,注重创新新增耕地后期管护的方式方法,为实践工作提供理论依据。

第五章主要分析建设用地流转市场,其内容主要是围绕当前重庆市农村集体建设用地流转模式这一主线展开。2007年6月,重庆市被批准为全国统筹城乡综合配套改革试验区,国家要求重庆市大胆探索,先行先试,重庆市也认真按照中央的部署,扎实推进,十多年来获得了不少经验。调查过程中发现,重庆市农村集体建设用地分布的区域差异明显,农村居民点集聚程度较低,宅基地闲置比例较高且土地流转的潜力较大。就土地流转形式而言,重庆市农村集体建设用地流转形式多样但流转比例偏低。基于这些特点,本章第三节首先通过分析当前重庆市农村集体建设用地流转的两种主要模式,即实物流转模式和指标流转模式(包含挂钩模式和地票模式),提炼成功做法,为其他地方开展本项工作提供了宝贵的经验和教训。其次,通过明确指导思想和基本原则,制定配套措施和规范管理,得以确保工作规范有序开展。最后,面对制约集体建设用地流转的相关因素,如受规划滞后影响、受权属因素限制等作出了具体分析,提出了相应的对策与建议。

第六章是土地产权交易市场的制度建构,我们主要从当前农村建设用地产权制度发展现状入手,重点分析建立土地交易市场的阻碍、原因以及化解对策。统一全国土地交易市场客观上有利于土地、人力、资金等生产要素禀赋实现市场化配置。由此,我们有必要探讨 2019 年 8 月新的《土地管理法》实施之后统一城乡建设用地市场的必要性和阻力,寻求突破困局之道。改革开放40 多年来,我们一直在努力破除城乡二元制经济和社会管理体制,以此实现城乡公共资源均等化,建立城乡建设用地统一市场,提高土地资源利用效率,最终缩小城乡差距,建设美丽乡村,留住我们的乡愁。面对土地、物权等法律制度不完善、未来利益分配可能会继续失衡等问题,我们给出了相应的解决措施,如完善相关法律、赋予农民完整的土地产权、及时制定土地市场交易中的利益分配制度等。

第七章是结论和展望。本章归纳了本书研究所取得的主要成绩、未来研究的主要方向,以及存在的不足。

四、主要研究方法

本书研究的最大特点就是注重理论与实践的有机结合,文理交叉研究,采用定性与定量分析等多种方法展开。

第一,理论与实践相结合的方法。这一方法的核心内涵就是实事求是。理论来源于实践,大量生动活泼的经济社会实践又源源不断地为理论创新提供营养。在实践中不断遇到前人所没有遇到的新问题,如全球化时代的经济一体化、资源要素市场化配置与垄断和行政区划、权力异化导致的市场分割的矛盾等,都需要站在理论的高度给予分析破解,从而推动理论在实践运用中不断发展与完善,不断推陈出新。本书在对宅基地整理问题进行研究时就特别注重坚持这一基本观点,我们在广泛地学习有关学者的著述、奠定理论基础的同时,采取田野调查、重点调查和典型调查相结合的方式,深入到三峡库区的巫山、秀山、巫溪、云阳、涪陵、万州等区县乡镇、街道,就宅基地整理进行实地考察。在重庆市发展和改革委员会、重庆市财政局、原重庆市国土资源和房屋管理局、重庆市农村土地交易所、重庆市教委及相关部门的鼎力支持下,笔者作为重庆市发改委等部门的专家,在相关区县、乡村干部和淳朴村民的带领下,深入到高山苦寒地区、上千米深的大峡谷和平坝,与原住民、转户农民、乡村干部、土地管理者、专家学者等座谈和交流。他们的真知灼见,使我们不断加深了对土地、农村、农业和农民的理解与尊重,对宅基地整理及地票交易规律的认识,增强了加快整个西部地区发展的坚定信念。

第二,系统分析方法。对农村宅基地整理、地票交易与收益分享制度的研究,不能够只对其中某个问题孤立地研究,需要将这一问题放在整个中国对农村建设用地市场流转制度建构的宏观背景下,认真思考我国土地制度以及城乡协调发展、保证耕地安全、粮食安全、产业安全和国家经济安全等问题,探索城市化、城镇化大格局下的经济发展规律及运行机制。

第三,案例分析法。本书在对国内宅基地整理及建设用地市场流转探索分析的过程中,采取了案例分析法,引入了重庆市合川区宅基地整理规划案例。该规划报告中涉及的具体农民名字、家庭地址等信息都采取隐去真实姓名的方式,主要是考虑涉及隐私权和姓名权等。这一规划是笔者承接相关政府部门的委托,组织相关课题组成员深入到该区乡村挨家挨户进行实地统计得来的第一手资料,没有任何虚假。通过对案例的展示,以此完整地为研究者和其他人员提供全景式的报告,有利于研究者客观地分析判断,得出自己的结论。除此之外,本书还对其他地区许多试点、模式的经验进行总结,其经验对于我国城乡统一的建设用地市场建设应当有积极的借鉴作用。案例分析法比较直观明了,能再现先前发生的原貌,对可靠数据信息的取得方便、快捷。

五、技术路线

农村建设用地整理和建设用地交易市场是非常复杂的系统工程,也是社会经济系统的一个子系统。我们应该把农村建设用地整理放在整个国家经济社会发展的大背景下来探讨,以便于揭示它与其他社会经济制度的关联性。为此,我们围绕农民这一权利主体,按照宅基地整理和市场交易的基本流程这一脉络来展开,即农民搬迁—遗留宅基地—宅基地测量、宅基地整理—地票—市场交易—返款给农民。这一层次分明,依照时间先后顺序来开展研究。

六、主要贡献和可能的创新

宅基地是长期居住在乡村的居民劳动、生活和学习的居所,其相关制度设计直接关系到农民们的切身利益,也是事关农村稳定和经济社会发展的重要制度安排。1949年新中国成立以来,我国的宅基地制度已经通过强制性的制度变迁,演变为一整套具有鲜明特色的制度体系,从最初的打倒地主分田地,土地属于农民所有,逐渐演变为属于农村集体,农民只有使用权,一户一宅,一宅两制,农民拥有房屋产权和建设用地使用权,基本上属于免费使用。农民修建房屋需要办理批准手续,缴纳相关费用,但是买卖受到严格限制,也无法抵押给银行等金融机构进行变现融资,严禁农民规模性开发房地产。这种管理模式成为计划经济体制下治理乡村的产权制度。1978年改革开放以来,伴随着中国经济40多年的高速增长,农村人口严重过剩,国家允许劳动力流动,大批农民背井离乡南来北往,到东南沿海经济最发达地区打工,铸就了当地经济的辉煌成就。经济越发达,城市化就越快,处于城乡接合部的农田就不断被蚕食,土地制度已经无法回应时代需求。由于农业的比较效益长期低下,大批农民背井离乡,掀起一波又一波的移民城市的浪潮。市场经济中,农民最有价值的宅基地和自留地、自留山、承包地、林地等生产要素如果无法变现流通,无法成为农民财富增长的渠道,农民就会弃之如敝屣。西部地区乡村有不少无人居住的老旧房屋,无偿回收政策难以在基层兑现,一些地区农村宅基地抵押给银行等金融机构进行贷款融资也在试点,小产权房开发屡禁不止,禁止开发农村土地的政策徒有虚名,农地流转给城市资本逐渐成为时尚。但是,一些地区城乡收入差距的鸿沟仍然没有得到有效的弥补,农民个人与家庭所承受的经济和社会风险依然存在。为此,重庆市政府出台相关政策鼓励农民把农村户口迁移到城镇,变为城镇户口,国土管理部门对已经转户入城的农民遗留宅基地进行整理,形成新增耕地,其地票通过农村土地交易所进行公开上市竞价交易。通过市场化的办法来科学发现土地的价格,开辟了城市反哺农村新途径。这也符合2019年土地管理法的修订宗旨,重庆的土地整理与地票交易制度等创新做法得到中央的肯定。

本课题是应用型研究,其研究的根本出发点是服务党政决策,推进理论创新,提供社会服务,加强学术交流,培养人才。基于此,本课题研究的重点是要做好对策性研究,着力解决长期困扰农民的土地交易市场制度的难题,以问题为导向,深入实地调查研究。只有这样,才能够揭示我们出台的法律和政策存在的问题,在此基础上,独立思考,大胆求证,提出具有创新性、可操作性的实施方案。

我们认为,虽然新的《土地管理法》已经发布,但并不等于所有问题都迎刃而解了。要做好宅基地整治和城乡建设用地市场交易工作,还需要继续保持这一领域公共政策创新的开放性,听取各个方面的意见和建议,以社会公众的利益作为政策的价值取向。要通过阳光的低成本的利益表达机制,建立信息共享与沟通协调机制,健全政策绩效评价机制,督查监督的反馈机制,有效化解农村土地及城乡建设用地制度中的利益纠葛,尤其要注重保护农民对土地的合理收益,兑现法律和政策红利,提升广大国民的福利水平。

(一)土地整治与城乡建设用地交易配套制度建设方面的对策建议

1. 做好高山生态移民搬迁工作

(1)重点解决搬迁农户新建房屋办证难的突出问题

一是政策高度统一,全盘协调。从保护人民利益的高度,各职能部门要主动进行协调,各部门之间应从大局出发,协商制定、修正搬迁工作实施方案,避免政策"撞车"。

二是合理规划,分类解决。对搬迁对象原宅基地不能复垦的,安排使用土地利用年度计划指标;对搬迁对象原宅基地可以进行复垦,并且需要进入集中安置点进行安置的可实行先建后拆、同步报批;针对搬迁户退出的宅基地应该优先实施建设用地复垦;对不需在农村地区新建房屋的农户,其复垦的旧宅基地可全部作为地票交易;参与新农村建设的农户,其复垦的旧宅基地在入库备案时应足额抵扣建新区面积,不得全部纳入地票交易。

三是加强宣传,指导流程。对高山生态扶贫搬迁中涉及的各项政策,尤其是与搬迁户切身相关的,应加强宣传力度,乡镇工作人员还应特别注意对政策的准确理解和工作流程的熟悉。在宣传方式上,可将宣传册、广播、公告等多种宣传方式有机结合。

(2)做好宅基地整理搬迁之后的扶贫工作

"授人以鱼,不如授人以渔。"在高山生态扶贫搬迁后续保障方面,加强对搬迁群众的技能培训,教给搬迁群众生存的技能,结合自身知识储备和地理环境条件,用好国家产业扶持和创业扶持相关政策,大力发展特色种养殖业或务工创业,拓宽致富门路,早日彻底摆脱贫困。

由于搬迁后失去耕地或耕地较远,务农不便,而经商需要启动资金、抗风险心理,搬迁户采取就近务农或经商相对较少。而对于就近务工,则需要区县当地的产业支撑,情况也不甚理想。对于广大搬迁户来说,青壮力外出务工、老人儿童留守务农反而成了最普遍的选择。

搬迁后,大部分青壮农民转变为工人,由原来简单的农产品制造转变为高技能的产业工人,绿色工业的发展推进了城镇化建设,务工带来的收入又将刺激消费,扩大内需。在产业尚不发达、经济尚较落后的地区,这些因地制宜的经济发展方式收到了明显的成效。

各区县可以联系自身实际情况,在生态保护的前提下,有选择性地加强密集型产业发展,将外出务工逐渐转变为就近务工,提高自身造血能力。另外,可利用区县已有的工业园区、农业园区,将有劳务资源的搬迁户进行集中分类安置。

2.改变宅基地转变为地票的面积确认标准

实事求是,把农民一直占有并且使用的房屋前后院坝、猪牛棚、柴草棚等纳入宅基地转变为地票的计算面积,确保农民宅基地交易中的利益。要彻底改变目前仅按照农民房屋产权证上所记载的面积作为征地补偿、高山移民生态搬迁补偿、退耕还林补偿的唯一依据。

3. 完善农村土地产权制度

中国自 1949 年以来取得的最大成就就是逐渐建立起促进市场经济体系发育和完善的制度框架。但制度也要随着时代的脚步前进,否则就会阻碍历史前进的车轮。

中国农村的土地制度历经多次变迁,当前最迫切需要解决的是按照党的十八大、十九大精神,认真实施 2019 年全国人大常委会新修改《土地管理法》和《城市房地产管理法》,进一步细化土地市场交易制度,以此完善农村土地产权体系。农村建设用地除了存在集体土地所有权、用地者的土地使用权外,还应该设立农村建设用地租赁权、农村建设用地抵押权和土地发展权,形成所有权、承包权、经营权三权分置,经营权流转的新格局。在宅基地使用制度方面,建议推行农村宅基地"双轨并行"使用制度,即:一种是沿袭原来的"无偿、无限期、无流转"农村宅基地使用制度,这一制度只适用于长期居住在农村,并且在农村实际居住的农民;另一种是推行新的农村宅基地有偿使用制度,推行农村宅基地有偿回收制度。对于离家外出 5 年以上,房屋已经严重破旧甚至垮塌,无法居住的房屋,应当连同宅基地一起收回,只给予象征性补偿。这样就可以有效推动宅基地等农村土地流转,客观上消灭了"钉子户",符合农业产业化发展的大趋势。

(二)城乡建设用地交易及相关方面的对策建议

1. 不断完善城乡建设用地交易平台,实时推出地票多元化交易品种,探索地票次级市场

首先,要认真贯彻新的土地管理法的规定,真正把城市土地市场与农村土地市场统一起来,实现城乡建设用地"同地、同权、同价",以保证在全国范围内的公平、公开交易。充分发挥互联网功能,联合全国各个省市的土地流转服务中心和土地交易中心,构建统一的城乡土地产权交易平台,形成省、市、区县的三级联动交易体系。

其次,建立三级联动交易体系。

一级:全国性的土地产权交易所。以建立全国性综合性农村产权交易市场为目标,积极拓展市场,吸引全国城乡土地产权来交易所上市公开交易,帮助和指导省、市、区县三级农村产权流转平台开展相关业务,并且与重点地区合作,建立分支机构。

二级:土地产权流转交易中心。在城乡土地交易所指导下开展农村产权交易活动,借助土地产权交易所的全国性平台,修改宅基地复垦补偿标准,制定全国统一的复垦补偿标准,提升土地产权收益,为城乡经济发展贡献力量。

三级:土地产权流转交易的信息平台(乡镇)。与省、市、区县三级平台信息共享,负责本辖区的信息收集、政策咨询、工作指导等工作,不允许开展交易。

要积极推动城乡建设用地市场交易品种多元化。土地产权交易所要走多元化经营之路,应当不局限于地票交易,要积极开展农村土地承包经营权、村集体经济组织"四荒地"使用权、农村集体经济组织养殖水面承包经营权、农村集体林地使用权和林木所有权、农业类知识产权、农村生产性设施使用权等多种产权交易。

大胆探索地票交易次级市场。要允许一部分地票在次级市场上流通,适当增加地票流通收益。地票次级市场的建立,不仅有利于形成良性的退出机制,也更有利于激励一级市场,推高地票价格,让农民得到更大收益。需要注意的是,建立地票交易次级市场的前提条件是,坚决打击对地票的恶意炒作,绝不允许无限制的推高流通收益,避免交易泡沫,必须保障次级市场规模在可控制范围内。同时,建立严格地票使用期限,配合土地闲置费、地票转让增值税等方式,降低其次级市场泡沫。

2. 创新土地收益分配体系

2015 年 1 月,中共中央办公厅和国务院办公厅联合印发了《关于农村土地征收、集体经营性建设用地入市、宅基地制度改革试点工作的意见》,我国农村土地制度改革正式进入试点阶段。2019 年新的土地管理法吸收了各地的创新做法。我们要及时建立农村宅基地在内的房屋和土地市场评估制度、征地制度,构建合理的农房价格评估方法以及合理分配土地增值收益。无论是征地拆迁还是宅基地整理,城乡建设用地市场交易制度都必须建立在公开、公平、公正的基础上,本着权利与义务相对应的原则,大力发展以会计师事务所、律师事务所等为代表的第三方评价机构和相关制度。

具体来讲,就是要认真贯彻 2019 年资源税法等新的法律规范,对于农村的宅基地和房屋拆迁要分开补偿;按照 2019 年修改的土地管理法规定,对于征收农民的土地,应当保障被征地农民原有生活水平不降低、长远生计有保障。为了落实这一原则,"分开补偿"是较好的选择,把土地补偿和地上附着物补偿的分离。农村宅基地产权归村集体所有,由村集体分配给村民使用,村民在宅基地上建房子居住。在遇到宅基地拆迁的时候,有两种补偿。一是宅基地补偿,二是房屋补偿。由于宅基地的产权属于村集体,因此,这部分补偿归村集体所有,不会直接给宅基地使用人。而房屋的产权属于村民私有,因此房屋补偿归村民所有。村民的宅基地可以直接入市交易,但是,要保证出让者的基本生活有保障。

新土地管理法规定的征地改变以前以土地年产值为标准进行补偿,现在实行按照区片综合地价进行补偿,因为区片综合地价除了考虑土地产值,还要考虑区位、当地经济社会发展状况等因素综合制定地价。补偿包括土地补偿,被征地农民的安置补助与社会保障费用,农民村民住宅补偿,以及其他地上附着物补偿和青苗补偿。

七、存在的不足

由于研究容量、研究时间与研究侧重点的限制,加之课题研究者的水平和学识的局限性,本课题研究还存在以下两方面不足,需要在以后进一步研究。

第一,实证研究不足。长期以来,我国政府部门对宅基地整治的统计调查数据严重不足,制约了本研究的深入探讨。为弥补数据的缺陷,本课题在重庆市相关区县进行了抽样调查,虽然获得了两千多份调查问卷,但由于诸多原因,抽样的科学性还有较大不足。由于全国 30 多个省区市中只有重庆率先进行地票交易制度试点,新鲜经验应当具有可复制性。但是,我国国土辽阔,东中西地区差异较大,经济发展水平也很不一样,地票交易制度在全国推广开来,还需要进一步研究,使制度更加造福于人民。

第二,对当前政府支持宅基地整治的公共政策效应缺乏足够的验证与定量评价。本课题虽然进行了积极的尝试,但是,宅基地及其他林地、乡村闲置的小学、集体企业等建设用地都纳入土地复垦范围,其收益分享机制依然还存在争议。随着对农业和农村工作的重视,各级政府从各方面制定了诸多扶持政策,鼓励大众创业、万众创新,在一定程度上推动了农民在乡村依托现有资源的基础上开展创业活动。从理论上说,应当对这些宅基地整治政策的实施效果通过构建评价指标体系的方法进行客观评估,以分解各项支持政策合理与不合理的成分与内容,使研究重点更加突出。但由于这些政策的实施情况长期以来缺乏透明性与公开性,研究过程难以得到足够的数据支撑,即使构建了评价指标体系,也难以进行科学有效的评估,其评估结论也有一定的片面性。随着政府部门信息披露的制度化与透明化,在今后的研究中需要不断收集相关数据内容,使得研究更具有实用性和说服力。

第一章　概念界定与理论基础

一、基本概念界定

（一）宅基地

从现有法律规定看,农村集体经济组织的成员才有资格拥有宅基地,它包括已建房屋的土地、以前建过房屋但目前地上没有任何附属物的闲置土地和已经规划建房的土地。依据1982年的宪法,关于宅基地的规定:"农村和城市郊区的土地,除由法律规定属于国家所有的以外,属于集体所有;宅基地和自留地、自留山,也属于集体所有。"由于宪法的高度原则性,在实践中由于没有具体可操作性的实施细则就难以运用。

2007年全国人大颁布的《物权法》规定宅基地使用权:"宅基地使用权人依法对集体所有的土地享有占有和使用的权利,有权依法利用该土地建造住宅及其附属设施。"该法没有规定城镇居民的宅基地物权。"宅基地使用权的取得、行使和转让,适用土地管理法等法律和国家有关规定。"宅基地灭失后重新获得:"宅基地因自然灾害等原因灭失的,宅基地使用权消灭。对失去宅基地的村民,应当重新分配宅基地。已经登记的宅基地使用权转让或者消灭的,应当及时办理变更登记或者注销登记。"其他没有规定的就由《土地管理法》调整。

1986年的《土地管理法》,先后在1988年、1998年、2019年三次修改,现行《土地管理法》第六十二条规定:"农村村民一户只能拥有一处宅基地,其宅基地的面积不得超过省、自治区、直辖市规定的标准",农村村民建住宅,应当符合乡(镇)土地利用总体规划、村庄规划,不得占用永久基本农田,并尽量使用原有的宅基地和村内空闲地。编制乡(镇)土地利用总体规划、村庄规划应当统筹并合理安排宅基地用地,改善农村村民居住环境和条件。农村村民出卖、出租、赠与住宅后,再申请宅基地的,不予批准。宅基地是建设用地,而耕地就坚决不可以用来建房:"非农业建设必须节约使用土地,可以利用荒地的,不得占用耕地;可以利用劣地的,不得占用好地。禁止占用耕地建窑、建坟或者擅自在耕地上建房、挖砂、采石、采矿、取土等。禁止占用基本农田发展林果业和挖塘养鱼。"

(二)土地整理

《土地管理法》第四十二条规定:"国家鼓励土地整理。县、乡(镇)人民政府应当组织农村集体经济组织,按照土地利用总体规划,对田、水、路、林、村综合整治,提高耕地质量,增加有效耕地面积,改善农业生产条件和生态环境。地方各级人民政府应当采取措施,改造中、低产田,整治闲散地和废弃地。""土地整理"在1999年首次上升到法律层面,2019年修法再次被确认,这可以视为国家管理土地资源的重大政策。为了做好土地开发整理,提高土地利用的质量,保护土地资源,达到永续利用。作为土地、森林、河流、矿山等国土资源的政府主管部门,自然资源主管部门有责任细化如何实施土地整理,土地整理的标准和流程。为此,在2000年3月16日颁布了《国家投资土地开发整理项目管理暂行办法》(国土资发〔2000〕316号),这部行政性的部门规章明确确定了土地开发整理项目的组织机构、管理方式、资金筹集,项目全过程管理的主要标准和要求等,土地开发整理的基本法律规范全部具备,于是向全国推广开来。

国土资源部于2003年发布的《全国土地开发整理规划(2001—2010)》指出,"土地开发整理"涉及土地整理、土地复垦和土地开发等。2011年3月5日,国务院公布《土地复垦条例》,该条例自公布之日起施行,该条例所称土地复垦,是指采用工程、生物等措施,对在生产建设过程中因挖损、塌陷、压占造成破坏、废弃的土地和自然灾害造成破坏、废弃的土地进行整治,恢复利用的活动。2011 年 9 月,国土资源部印发《高标准基本农田建设规范(试行)》,经过一段时间的试行,国土资源部正式发布《高标准基本农田建设标准》行业标准(TD/T1033-2012),于 2012 年 7 月 1 日起实施。

目前公认的土地整理的概念是:土地整理(Land Consolidation)又称为土地开发整理。它是指国家依法运用财政资金等对土地进行计划补充耕地的具体安排,分为土地开发、土地整理和土地复垦。

土地开发的主要制度规范是 2003 年 4 月 16 日国土资源部颁布的《国家投资土地开发整理项目管理暂行办法》。土地开发,主要是对未利用土地的开发利用,这是因人类生产建设和生活不断发展的需要,采用一定的现代科学技术的经济手段,扩大对土地的有效利用范围或提高对土地的利用深度所进行的活动。这一主要是对未利用概念过于宽泛。实际工作中,我们把土地进行开发利用,其目的是要实现耕地总量动态平衡,利用土地开发作为一种补充耕地的方式。这包括对尚未利用的土地进行开垦和利用,也包括对已利用的土地进行整治,以提高土地利用率和集约经营程度。

可见,土地整理是各级政府国土管理部门组织的对农村宜农未利用土地、废弃地等进行开垦,对田、水、路、林、村等实行综合整治,以增加有效耕地面积、提高耕地质量、改善农业生态条件和生态环境的行为。

土地复垦的主要法律依据是《土地复垦条例》,该条例于 2011 年 2 月 22 日经国务院第 145 次常务会议通过,自公布之日起施行。土地复垦是一种基础性、经常性的工作,其目的是为了恢复农业生产状态。在乡村里,对土地表层的破坏甚至最后无法使用的原因很多,既有农村居民在农业生产过程中开挖山石、沟渠、塘堰、整修田地、修建房屋、学校等活动,也有近年来农村大规模地修建国家级、省市级和县乡村级公路;地质部门进行矿产勘查勘探,水利部门修建大中型水库进行的地质勘探,还有地震、泥石流、暴雨等自然灾害损毁的土地。因此,采取必要的整治措施,使土地达到可以耕种利用状态的活动。当然,土地复垦需要基本的技术规范和检查标准,被自然和人为破坏、沙漠化、石漠化或发生退化不适宜继续耕作的土地要再生利用,需要综合运用水利、岩石、桥梁等多个学科的专业性的技术支持。现实生活中,土地复垦一般是专指对工矿业废弃用地的再生利用和生态系统的恢复。

需要说明的是,本书所指的土地整理,重点就是宅基地整理。

(三)城乡建设用地增减挂钩

《城乡建设用地增减挂钩试点管理办法》(国土资发〔2008〕138 号)第二条规定:"城乡建设用地增减挂钩(以下简称挂钩)是指依据土地利用总体规划,将若干拟整理复垦为耕地的农村建设用地地块(即拆旧地块)和拟用于城镇建设的地块(即建新地块)等面积共同组成建新拆旧项目区(以下简称项目区),通过建新拆旧和土地整理复垦等措施,在保证项目区内各类土地面积平衡的基础上,最终实现增加耕地有效面积,提高耕地质量,节约集约利用建设用地,城乡用地布局更合理的目标。"

(四)地票

2008 年,国务院委托重庆市等部分省市大胆试点,以全面推进城乡协同发展,重庆市委、市政府积极作为,创造性地提出了地票新概念,以空间置换的方式,妥善解决城乡建设用地的矛盾。"地票"制度得到国土资源部等多个部委的支持。《国务院关于推进重庆市统筹城乡改革和发展的若干意见》(国发〔2009〕3 号)明确肯定了这一做法,"设立重庆农村土地交易所,开展土地实物交易和指标(即地票)交易试验"。可见,地票是指农村宅基地及其附属设施用地、乡镇企业用地、农村公共设施和农村公益事业用地等农村集体建设用地,经过复垦并经过土地管理部门严格验收后所产生的用地指标。

2016 年 1 月 1 日正式实施的《重庆市地票管理办法》明确规定:地票是指土地权利人自愿将其建设用地按规定复垦为合格的耕地等农用地后,减少建设地形成的在重庆农村土地交易所交易的建设用地指标。企业通过市场竞价交易取得地票,就能够纳入新增建设用地计划,修建新的相同数量的城镇建设用地。具体实施包含复垦、交易、落地和分配四个环节,实际上是"先造地后用地"的大胆创新。

（五）产权

所谓产权（Property Rights），就是人们通常所说的财产所有权，它是指在一系列可选择的排他性行为中作出选择的权利。狭义的产权也称为物权，包括动产和不动产物权，具有所有权、担保物权和用益物权三种类型，其中最核心的就是处置权。按照各个国家法律的基本惯例，物权法定，即物权的范围、种类都是有法律明确规定，当事人无权自由创设。

当然，产权与物权也有区别。首先，物权不包括无体财物如发明或著作等知识产权；而产权包括有体产权和无体产权，因此产权概念的外延要比物权宽泛。其次，物权属于法学范畴，意义在于界定特定财物归属权的法律地位；产权从经济学上把握，其意义在于各种经济权利如何在经济关系中体现和在不同权能上实现。

（六）三权抵押

本书所涉及的"三权抵押"，是指相关权利人将其农村土地承包经营权、农村居民房屋以及林权作为质押物从金融机构获取贷款的行为。土地承包经营权是权利人对其依法承包的土地享有占有、使用、收益和一定处分的权利；农村居民房屋是指农民的宅基地使用权和房屋所有权；林权是农民承包的集体林地的使用权。

重庆市政府规定，地票可以质押。地票证书权利人可以一次性使用或者分割使用地票。地票取得成本包括地票成交价款、缴纳的税费、财务成本等。

2019年新修订的《土地管理法》第六十三条规定，通过出让等方式取得的集体经营性建设用地使用权可以转让、互换、出资、赠与或者抵押，但法律、行政法规另有规定或者土地所有权人、土地使用权人签订的书面合同另有约定的除外。集体经营性建设用地的出租，集体建设用地使用权的出让及其最高年限、转让、互换、出资、赠与、抵押等，参照同类用途的国有建设用地执行。具体办法由国务院制定。

二、理论基础

（一）制度变迁理论[①]

制度是任何时代、任何社会要持续发展、保持稳定的基本行为规范。良好的法律制度对于引导人类行为、预测其行为方式和结果,减少人际交往的摩擦,节省社会成本有十分重要的作用。制度变迁是指制度的前后转换、更替,也是不同利益群体相互博弈和妥协的结果。显然,制度无论在资本主义社会还是社会主义社会,都可以作为一种"公共产品"或者准公共产品。制度的升级换代,也受到人类社会的物质技术和思想认知、道德水准等诸多因素制约。诺贝尔奖获得者、著名经济学家诺斯认为,"制度变迁是制度创立、变更及随着时间变化而被打破的方式,结构变迁的参数包括技术、人口、产权和政府对资源的控制等,正是制度变迁构成了一种经济长期增长的源泉"。有效的制度变迁往往是新的制度能够创造更大价值、更多社会财富,取代过时的制度的替代过程。现在,人们常说的向改革要红利,其实就是要把已经不适应经济社会发展的各种制度进行废弃,代之以促进人民福利的制度,例如,我国建立了覆盖城乡的基本养老保险制度,取代了以前的单位退休制度,把没有基本养老保险的农民全部纳入覆盖范围,这就是巨大的制度进步,让数亿农民受益终身。

当然,导致制度变迁的原因比较多,既可能受到政治体制、经济结构的影响,也有人类行为习惯和思维方式等多方面的影响,我们可以把制度的变迁分为两种。

其一是外生性变迁,是制度本身运行的外部环境发生了变化,这一变化累积起来的能量足以突破现有制度的框架,从而引起制度的改变。当然,促使制

---

① 该理论的相关内容根据卢现详《新制度经济学》一书的相关内容改写。参见卢现详、朱巧玲:《新制度经济学》,北京大学出版社 2007 年版,第 460—461 页。

度变化的外生性因素也是在长期演化过程中累积而成的,这些累积变量有可能是缓慢增进的,也可能是突变的,也可能是来自经济、政治方面的影响,也可能是文化、外交、社会、教育等其他方面的,例如人口的迅速增长,人口大规模地迁移流动,科学技术的重大更新和跳跃式发展,外来宗教传播,等等。这些因素共同作用于制度运行的外部环境,最终促使原有制度运行的外部环境发生重大改变,迫使制度环境发生朝某一方向累积性变化,最后冲破原有的藩篱。如果某些因素在现有制度中不会发生累积性的能量储存,在新的环境中制度有自适应性,制度就会在更新的环境中保持均衡,则该变量不可能成为牵动制度变迁的外生因素。例如,我国在 2015 年进行军队管理体制重大改革,主要是由于美国等发达国家的军事理论、军事技术、军事装备、国防安全环境等都发生了深刻的变化,互联网等网络技术的广泛运用、高科技成果不断推陈出新,我国原来的人海战术理论早已过时,最终促使我国军队管理体制发生巨大变化。

其二是内生变迁。内生变迁是指由于制度内部的不协调引起的演化。制度变迁的根源存在于该项制度的内部,存在于该制度下生活的各行为主体的利益矛盾之中。外部条件的变化在一般只有通过对内部因素的影响才能加速或迟缓制度变迁的过程。内因是决定制度变迁的根本性因素,外因只能够起到加速或者延缓制度变迁的作用。

制度变迁的不同社会主体利益结构的分化和调整,引起人类利益分配、权力分享、社会地位的重新匹配及财富多寡的制度性因素很多,例如行业准入制度、职业资格制度、地域制度、户籍制度等。同时,在互联网社会,掌握了大量信息的社会主体其受益往往就越多。这些变化一定程度上改变了人们之间的利益关系和制度激励机制和体制,使得重新缔约成为必需。例如,在 20 世纪中国改革开放之初,由于农村人口大量涌入城镇,特别是涌入珠江三角洲和长江三角洲的广东、上海等经济发达地区,导致当地市场要素价格发生了重大变化:劳动力的价格急剧下降,外来农民工一个月工资只有三四百元,大量工厂周边的农民房屋出租,供不应求,土地价格上升,土地价格的上升导致当地政府开始大规模地开发房地产,结果导致深圳、广州等东南沿海的房地产价格扶摇直上,土地价格越上涨,人们购买住房的热情就越大。当然,房价上涨越快,对制造业的打击也就越厉害,当前中国制造业最强大的代表当属深圳华为公司。但是深圳房价飞涨,导致华为等一大批企业根本无法修建职工宿舍,无法扩建工厂,导致华为不得不外迁到东莞市。显然,当出卖土地成为地方财政短期经济利益最好的制度选择的时候,房地产的高价就难以降下来,地方政府也会热衷于搞房地产,过度城镇化最后可能导致大量的房屋无法卖掉。

人类进行一切活动的动因来自于某种利益的需要,制度变迁活动也不例外。制度变迁是由许多因素决定的,但从深层次上来讲,制度变迁是经济社会利益格局的重新调整,每一制度都能够从不同利益群体的利益博弈和需要中找到其变迁的原因,新旧制度正是由于不同利益群体的诉求和力量消长变化而变化的。

由于在人类历史的长河里已经形成了各种不同的制度,并且产生了人类社会变迁中的路径依赖和锁入效应。在土地制度构建过程中,市场交换和社会交往的信息不完全,因而存在正式规则和非正式约束。一般而言,正式规则往往体现统治者的意志,政治规则决定经济规则,土地和房屋产权、林权及农村土地承包经营权都是由政治集团所界定和规制的,当然,经济利益结构也会对政治决策产生影响。政治企业家往往对土地等资源交易规制及其变迁起到主导作用,形塑着制度变迁的方向。只要市场竞争依然发挥着作用,是有效率的,影响制度变迁的制度报酬递增和明显的交易费用也是可以容忍的。土地和房屋产权交易制度作为基础性的制度结构安排,有利于鼓励人们建立有效率的资本市场,并且带动长期沉睡乡村的农村土地资源进行产权交易,必将有力地激发促进经济增长所必须的长期契约行为。我国要促进经济保持稳定地增长,公共和私人资本市场交易制度的建立和发展必不可少。除此之外,我们要促进经济增长,特别需要建立鼓励创新的软性制度,包括信仰与价值观、文化传统、风俗习惯等,也包括制定强制性的制度,如土地房屋交易制度,以促进市场竞争和奖惩激励机制,释放制度红利,提高生产效率,开拓潜在市场,发挥供给侧改革的正能量,确保农民获得合理的收益,最终实现中华民族的伟大复兴。

（二）城镇化理论[①]

城镇化可以反映一个国家（地区）农业人口与城镇人口的比例，一般来说，城镇人口越多，城镇化的比例就越高，其吸引带动经济发展的动能就越强。中国城镇化的过程就是由原来的农民转户口进入城镇，开始到城镇的工厂打工，改变以前传统的谋生方式，随之居住环境、生活方式、生活习惯、思维方式、语言文化、行为也逐渐市民化。

中国城镇化是伴随着全球工业化、互联网带来的信息化时代而快速演变的过程，是中国生产力和生产方式由农业社会向工业社会转变的过程。在这一过程发展中，我国不断调整新中国成立初期的相当落后的重工业结构，重新构筑适应全球经济一体化大潮流的工业结构、产业结构，随着科技的巨大进步而不断升级，目前已经成为工业门类最齐全的制造业大国。

一般来看，城镇化的发展有三个阶段，分别是早期、中期和晚期。在早期阶段，城镇化人口较少，大多数人还是依赖于农业生产维系生计，居住在城镇的人口不到30%。中期阶段，到城镇集中居住的人口越来越多，城镇人口的就医、入学、卫生、交通、基础设施等逐渐完善，吸引了越来越多的农民迁移到城镇居住，摆脱了农业生产繁重的体力劳动。这一阶段的城镇人口主要从事各种手工业、纺织业等轻工业，大量发展建筑业、市政工程、道路桥梁、水利等基础设施产业，也有少数人从事服务业。城镇人口规模已经逐渐超过农业人口，达到50%—70%。到了晚期阶段，城镇服务业得以快速发展，具有更高科技含量的高新技术产业蓬勃发展，航空、电子、船舶、重化工业等加速发展，工业呈现稳定增长的态势，第三产业发展迅猛，居民收入和消费水平大幅度提高。城镇居住人口已经达到80%左右，只有极少数农民依然生活在乡村，这时候的乡村就会出现人口大量减少，农林牧渔业的经济增加值在国家经济总量中的占比日益减少。第三产业上升势头强劲，超过工业产值。产业结构以

---

① 参见谢文惠、邓卫：《城市经济学》（第二版），清华大学出版社2008年版，第40—46页；何芳：《城市土地经济与利用》，同济大学出版社2005年版，第128—130页。

第三产业为主,城市的主要功能逐渐由产品加工向信息处理和高层次服务过渡。

区域比较利益、生产规模经济和集聚经济利益是导致城镇形成的三种经济力量。其中,集聚经济利益是导致城镇形成的最根本动因,是决定性的动因。因为如果没有集聚经济利益,即使有前两者的存在,经济活动也可能采取分散的形式,而不必集聚为城市。由于集聚经济利益的存在,才吸引了人口、资源在空间上的集聚。首先,对于生产者而言,由于集聚经济利益的存在,同样的劳动力、科学技术、资本、土地等要素投入便可获得较高的经济效率和效益。农业、工业和第三产业的不同分工和相互配合,带来经济繁荣,导致工程师、产业技术工人等城乡居民收入大幅度增长,国家税收也大幅度增加。其次,城镇拥有最大的消费者群体,由于集聚经济利益的存在,在流通过程中可以减少许多中间环节,提高了效率,降低了成本,从而获得了更多的利润。因此,集聚经济利益是城镇化进程中最根本的动因。

(三)二元经济理论[①]

发展中国家大都面临资本短缺、劳动者素质不高、科学技术实力较弱、农业在三大产业中的占比过高、人口增长快速等难题。由于农业属于典型的幼稚产业,与工业相比,其经济效率和收益都相对较差,导致大批农村劳动力离开农业领域,另谋新的职业。而在工业领域,由于市场分工明确,资本、劳动力等生产要素集聚带来规模经济效应,导致工业产值和行业工资水平远远高于传统的种养殖农业。农业与工业的行业收入差别以及工作环境、生活质量的改善吸引了越来越多的农村劳动力进入工业领域。在发展中国家,农业人口所占比重大,劳动生产率低下,大批农民就会离开农村去工厂、车间上班,以谋取更高的劳动报酬。

在工业化和城镇化的初期和中期,资本处于强势地位,大批从农业领域转

---

① 参见郭熙保、陈志刚、胡卫东:《发展经济学》,首都经济贸易大学出版社 2009 年版,第 186—203 页。

移出来的多余劳动者纷纷转入工业领域,而这些劳动者的生产技术和职业意识都需要培训,因此,短期内劳动者的工资性收入不会得到显著增加。工厂主纷纷扩大生产规模,赚取劳动力红利,形成更大的资本积累,便于资本家投入科技研发和新机器设备的更新升级;反过来,也促进了劳动生产率的提高。当一个国家或者地区的劳动者的人口红利逐渐消失时,不少工厂开始招不到适龄的产业工人,普通工人的工资性收入就会逐渐提高,这就意味着农村过剩劳动力已经转移完毕,工业企业要想获得廉价劳动者的时代已经终结,劳动供给也成为稀缺的生产要素;乡村与城镇一样,开始吸引着产业资本下乡,乡村的公共产品与城镇的差异显著缩小,城乡二元经济结构性体制就破除了,城乡经济一体化障碍就消失了,也就变为一元经济,发展中国家开始进入了工业化社会阶段。

(四)收入分配的公平与效率理论[①]

福利经济学认为效率和公平是人类社会福利改进的目标。效率、公平、公正、公开这几个词语是相互依存、相互促进的。人类社会发展的终极目标是所有社会成员福祉的增加,而社会主体的幸福和社会的福利是以经济增长、社会资源和财富的丰富供应为基础的。所以在社会建设、经济发展的过程中,我们需要高度重视自然资源和非自然资源的合理利用,注重效率和效益,尽可能地保持社会稳定,生产足够丰富的产品,可供人们消费。在分配社会财富的时候,要照顾到公平和效率,而不是少数人的富裕和大多数人的贫穷,也就是要顾及大多数人的利益,这是相对于社会资源和财富对于人们的需求是稀少的这一假设而言的。如果社会资源和财富很丰富足够人们消费,那就是按需分配了,无所谓效率优先了。事实上,只有人类社会真正实现共产主义社会了,才有机会实现。

总之,当人类社会经济发展还十分落后时,解放和发展生产力是首要任务,发展是硬道理。当经济发展到一定阶段,社会财富急剧增长时,就必须注

---

① 参见王桂胜:《福利经济学》,中国劳动社会保障出版社2007年版,第137—145页。

重生态环境的保护,注重公平与正义的实现。市场经济是以市场作为资源配置主要方式的经济,市场主体受利益驱动,在市场竞争中处于优势地位的主体就会获得更多的财富,由于自身条件和外在环境处于不利位置的社会主体就会获得很少的经济利益,居民个人收入差距就会越来越大。地区之间、城乡之间的经济发展水平也会越来越大。一旦收入分配差距过大,不断突破人们的心理接受底线,就会导致社会分裂、阶层固化、社会矛盾尖锐,从而损害经济效率,降低社会整体福利水平。要使整个社会长期保持活力、社会和谐、生态良好,就必须始终把发展生产力放在优先位置,只有把面包做好做多了,才能够让更多的饥饿者有饭吃,维系社会底线,才能够关心效率和公平。

(五)风险管理理论[①]

风险一词最早起源于法语"risqué",在 17 世纪中叶才列入英语词汇"risk"。人们在一切社会经济和其他活动中时刻面临着各种各样的风险,风险作为一种客观存在,是不可避免的。因此,人类只能做好预防措施,把风险尽可能降低,而不可能将其完全消除。自然界的一些灾害是可以预测的,人类社会存在的风险也是可以预测的,有一定的规律性。例如在特定的时空中,制约经济增长的因素是可以控制的,风险也具有规律性。人类在认识自然和改造自然、认识社会和改造社会的整个过程中,都会面临各种风险,人类在历史的长河里逐渐形成了风险管理思想和理论。

人类对风险的意识和防范的雏形可以追溯到很早。由于地球的三分之二都被海水包围,人类早期大规模的商业贸易往往需要通过海洋运输来完成,这就促成了佛罗伦萨在 1384 年出现了第一份现代意义的商业保险。公元前 1700 年我国商代在长江从事货物运输的商人就懂得运用损失分担的道理运送货物以防止因意外事故致使货物全部受损,这实质上是将风险分散的一种风险应对措施。为了规避风险,促进贸易的发展,意大利、英国、美国等濒临海

洋的国家大多重视风险管理,逐渐形成了现代风险管理理论。这一理论经过众多经济学家、社会学家、管理学家等学者的发展,形成体系相对完善的风险理论。按照风险来源和管控的角度,我们发现主要有风险源理论、风险控制理论,在此基础上形成了多米诺骨牌理论、能量破坏性释放理论等多个理论。这些理论逐步应用到证券投资、社会管理、企业管理、军事等多个领域,取得巨大的经济和社会效益。

风险是一种客观存在的,随着科学技术的发展,风险也可以运用数学和计算机等进行计算和预判,甚至可以量化补偿。一股来说,大多数学者都喜欢运用自然科学的方法来预测;主观风险理论是侧重于对风险社会的定性分析,关注风险带给人类的个体体验和思考,但是他们认为风险难以测量,陷入了不可知论的窠臼。也有不少学者认为风险既来源于人类主观感受,也来源于客观世界,风险是"现实"的。对于地票的风险,课题组主要从第三类风险理论上进行分析,即在制度层面论述地票功能履行的不确定性。

(六)土地供给理论

土地供给是国家为了城镇基础设施建设和人们的住房需求,向房地产等市场投放一定数量的土地。它包括一定区域范围内的土地面积、用途、规划等技术指标。从经济学的角度来看,土地供给包括自然供给和经济供给。自然供给体现土地的自然属性,经济供给反映土地的价值属性。影响土地经济供给的因素较多,其中人类的需求是最核心的。至于地理位置、交通环境等都是次要的。获得土地供给的方式较多,主要有出让包括招标拍卖、使用权租赁等,转让包括转让(出租、交换、赠与、继承)、出租、抵押等方式。

由于土地是人类生存的基本物质基础,人类生产和生活都离不开土地资源的利用和开发。对土地进行整治使之符合人们生产的基本需求,也受到报酬递减规律的制约。土地用途具有多样性,人类对土地需求也是千差万别的,需求的竞争导致土地用途可以相互转换,因此可以用土地经济供给理论对建设用地的供给进行分析。

（七）土地用途管制

对土地用途管制是世界上大多数国家的做法,其目的是确保土地资源的永续利用,维护人类良好的居住环境。我国《土地管理法》对土地用途管理的基本内容包括:通过土地调查依法认定土地现状用途;通过编制土地利用总体规划划定土地规划用途,严格限制农用地转为建设用地;农用地转为建设用地,必须依法办理农用地转用审批手续。

随着人类活动范围的扩大和科技的进步,有必要加强对水流、森林、山岭、草原、荒地、滩涂等土地资源进行统一确权登记,建立权责明确的自然资源产权体系,统一发布市场交易信息的平台,形成市场交易的基本准则,国家完全有必要把土地用途管制扩大到所有自然生态空间,保证土地资源的合理利用和优化配置。

土地利用总体规划是实行国家对土地用途管制的依据;保护农用地的根本目标是为了确保我国近14亿人口的粮食安全,因此,国家对农业田地的保护实行特殊政策,严格查出破坏耕地、收回闲置和荒芜的土地,转包给愿意耕种的其他经济主体,国家鼓励整理、复垦土地,提高土地综合利益水平。

实行土地用途管制制度,要建立和完善统一行使所有国土空间用途管制职责的监管体制,完善覆盖全部国土空间的天地一体化的监测系统,下最大决心加强保护耕地、林地、草原、河流、湖泊、湿地等自然生态用地。其社会目标还是要维护整个人类社会的公共利益,保护和改善生态环境,减少资源浪费,实现土地资源的可持续利用。

三、国内外研究现状

（一）国外土地整理研究综述

国外的土地整理可以追溯到13世纪及以前时期,各国家由于资源禀赋、国情不同,土地整理及其研究的侧重就有所区别。现就几个具有代表性的国家土地整理及其研究状况进行简要分析。朱玉碧在2012年的博士论文《农村建设用地整理运作及制度创新研究》中仔细分析了宅基地整理的相关文献,其他学者如郑云峰、黄小虎、陈燕、李俊霞、严栋、杜争辉、刁承泰、王丹、樊杰、邵景安、刘守英、廖和平、王越、张效军、张鹏、陈锡文、张连刚、黄祖辉、张红宇、黄宗智等分别就土地及土地整理、房地产市场、农业产业等多个领域进行了深入研究,取得显著成就。相关的文献非常多,这些研究者呕心沥血,在每一个问题方面都取得了一定的进步,值得学习借鉴。下面我们就侧重介绍主要国家的土地整理进展。

1. 美国土地整理

美国是海洋法系国家,成文法较少,更多的是依赖判例法和习惯法。作为世界经济的领头羊,美国是极其重视保护土地私有产权的法制国家。土地私有制是这个国家的基本特征,但是仍然有40%的土地为公有土地,用于公共用途,主要为国家公园、未利用土地、生态保护区、公共设施及公益事业用地及私人无法利用土地。美国的土地征收与我国一样需要具备三个条件:一是为了公共利益的需要,二是支付公平补偿,三是经过法定程序。美国土地整理是一个广义的概念,有土地重划和土地重新调整之意,是针对一定区域范围内土地利用不合理、土地功能不齐全和基础设施不配套的情况,在地方政府的引导和土地利用分区规划的控制下,由区域内土地所有权人自愿、协商合作,本着自愿、平等、共享的基本理念,对土地的产权进行调整置换,以达到该区域土地整体最佳利用,整体土地资产最大化的过程,类似我国现在的“土地整治”。美国的土地整理有如下几个特点:一是强调地方政府的引导和土地利用分区规划的控制,二是强调土地所有权人自愿协商合作,三是强调促进土地节约集约利用和整体土地资产最大化,增加耕地数量只是目标之一。

2. 德国土地整理

德国与法国都是比较典型的大陆法系国家,主要依靠成文法来维系国家的运行秩序。德国是世界上城镇化发展较快、城镇化率较高的国家之一,其在推进城镇化过程中特别注重大中城市和小城镇均衡发展,形成一种城乡统筹、分布合理、均衡发展的独特模式。德国强调整体均衡、协调发展,无论是百万人口的大城市还是几千人口的小城镇或是城区边缘的村庄,都有着优美的环境、便捷的交通、完善的基础设施,城乡几无差别。德国的土地整理与农村经济社会发展相结合,从以增加产量为主要目标发展到区域内生态环境保护和农村全面协调发展,注重兴修水利、整修道路、改良土壤、维护乡村景观、优化村民居住和生活条件、继承保护民族历史文化遗产,实现经济社会发展与自然环境保护的统一。德国土地整理起源于 1769 年,巴伐利亚州的土地整理更可追溯到 1550 年。随着社会经济的发展,管理水平逐步提高,土地整理内容也不断增加。从 1930 年起,工业化快速推进,社会经济高速发展,土地整理主要用来储备土地,以供高速公路的修建及公共建设事业的发展,同时通过土地整理使被基础设施建设打乱的地块重新规则化;20 世纪 70 年代起,社会经济高水平平稳发展,回归自然成了人类关注的焦点,促使土地整理增加了自然保护和景观保护的内容,通过土地整理来改善居住条件、保护环境和景观成为主题,提高农业产量已不是土地整理的主要目的。

2001 年以来,德国各州都进行了大规模的土地整理工作,包括为数较多的村庄革新,以及因水利、能源、交通等大型基础设施建设而进行的建设用地整理。德国在土地整理过程中注重坚持规划管控,多方参与,基础资料详实。德国土地整理项目实施一般有三种模式,分别为群众自发式、整村推进式以及政府主导式。群众自发式土地整理规模较小,申请者为土地所有者,通常体现为地块的置换、权属调整。整村推进式的申请者为村镇代表、社会团体、机构等,主要内容包括田块归并、整理,村庄改造,村镇基础设施配套,重点发展方向转变等。政府主导式的申请者为德国联邦政府或州政府,内容主要以大型基础设施建设、国家重点推进、新能源建设、产业调整等项目。通常涉及多个村镇,属区域发展项目,由州政府或联邦政府提出项目设计方案,递交州能源、基础设施和土地发展部与州农业、环境和消费者保护部审核。对确认为涉及公众利益的项目,在得到财政预算支持后,可由政府牵头强制推进。

3.日本土地整理

日本处于太平洋板块与亚洲大陆板块之间的列岛上,山势较陡,平地很少,是典型的山地国家。加之人口较多,陆地可以利用的资源较少,因此,日本十分重视农业生产,加强土地整理。其中一项重要的内容就是农地合并,就是把分散属于同一个承租农户的田块,通过一定的技术和管理手段,合并成为规模较大的大块耕地,由政府投入对合并之后的耕地进行土地整治,以改善农户的土地经营条件,增加农户的收入。在土地整理中一般不涉及土地所有权,如果整治之后的土地所有权发生了变化,就需要进行土地的交换、分割和合并处理,其土地权属调整由政府出资,首先对租赁农户的土地进行初步整理与合并,再围绕土地使用权,在各方都接受的条件下,把承租区内的私有农户的土地与承租区外租赁农户的土地进行使用权置换,最后形成单位面积在几公顷以上,能够满足承租农户要求的大块耕地,在这种理念的支配下,日本不断健全土地整理的法律制度,多次修改《耕地整理法》,以提高单位面积的农产品数量和质量。

由此可以看出,发达国家在大力发展工业的同时,仍然没有放松对农业的关注。其土地整治工作具有几个共同的特点:一是法制规范,立法先行,这是法制国家的通行做法。二是公众广泛参与,法律宣传到位。三是重视土地整治的规模效益。四是重视土地整治的资金保障与土地整治的社会评估。

(二)国内土地整理研究现状

我国大规模的土地整理应当以"文化大革命"时期的农业学大寨运动为主要特色,也是土地整理的高潮。当时,土地整理的重点集中在改田改土和完善农田灌溉等农田基本建设上,使农业生产条件得到一定改善。改革开放以后,由于国家经济发展十分迅速,工业化、城镇化占用了大量的耕地,城市周边耕地被大量占用,全国耕地面积大规模减少,已经威胁到国家的粮食安全问题。国务院就提出严格保护耕地和实现耕地总量动态平衡的目标,并要求占用耕地的建设单位,一律采取"耕地占补平衡"的措施。学界围绕土地整理概念、内涵及目标界定、土地整理的方法、模式、资金来源、土地流转等多个角度展开了卓有成效的研究,其代表人物有邱道持、陈良、汪峰、王万茂、严金明、张红宇、黄祖辉、刘守英、黄宗智、周其仁、唐仁健、刘西川、陈邵峰、林伯强、蒋勇军、方精云、周宝同、张伟、袁辉、杨庆媛、李文杰、武剑锋、李建华、刘红玉、刘杰、刘明、周德民、骆东奇等一大批学者,取得显著成果,这些成果成为继续研究的基础。

在建设用地方面,鉴于农村建设用地整理具有很强的地域性,研究区域存在巨大的自然、社会经济差异,这就决定了农村建设用地整理实践运作具有很强的地域特色。在市场交易方面,城乡建设用地市场由垄断走向分割并最终迈向整合是近年来城乡非农建设用地市场表现出来的总体趋势(钱忠好、马凯,2007),农村集体土地流转入市趋势十分明显,在基于现行产权的基础上,农村集体建设用地可以在法律允许范围内直接进入土地二级市场,与国有土地"同地、同价、同权"(张琦,2007)。可以说,农村土地直接入市不仅保障了各方利益,而且满足了制度创新的条件,得到了参与主体的一致同意(钱忠好,2007;韩俊,2017)。

总体来看,通过上述各国的农村建设用地整理和建设用地市场的理论与实践分析,为我国宅基地整理及城乡建设用地市场发展提供了几点启示。第一,农村建设用地整理和建设用地市场的建设需要政府推动、法律先行和财政投入。农业与第二产业、第三产业相比,是基础性、弱质性的产业,必须得到政府的补贴和扶持,这也是维系政权稳定的重要一环。要改变农业和乡村的面貌,扶持高山峡谷的山区农民致富,就要加大生态移民搬迁的力度,加强宅基地整理。在土地整理过程中,要充分尊重土地使用者、经营者的意愿,保障其合法权益。第二,要完善乡村基础设施建设,不断改善农村的生产和生活环境,创新产业发展理念,努力建设成为乡村秀美的田园,留得住乡愁。第三,要注重城乡的整体规划,以特色小镇建设等为抓手,着力保护浓郁的民族风情和乡土文化,形成格局优雅、风光秀丽、产业前景光明的新农村。第四,要提高农业综合效益和农产品的国际竞争力(陈锡文,2017),要把市场机制放在引导农业生产、制定农产品价格的重要地位,要依靠科技创新和体制创新,提高农业组织化经营水平(张连刚,2017),积极支持培育多种类型的农业服务主体,开展代耕代种、联耕联种、土地托管经营等,解决农民面临的现实难题,切实增加农民收入,让农民心里踏实下来。第五,要加强城乡建设用地市场交易建设,法制先行,规范有序,确保农民利益不受损害。

第二章 农民退出宅基地实证研究

——以重庆高山生态移民搬迁项目为例

按照正常的工作流程,在宅基地整理之前,我们首先需要把居住在高山峡谷的边远山区农民搬迁出来,对农民主动转户入城的宅基地和废弃的房屋进行统计,他们自愿书面申请土地整理,才能够启动宅基地整理的申报,然后对这些片区的房屋和宅基地进行面积测绘,整个片区的土地进行整体规划,土地整理的主管部门对此组织专家审查,专业整理公司进场施工,验收合格之后形成地票上市交易,然后进行土地收益分配,农民在新的街道社区、新的社区居住,从事新的工作等。在这众多的工作中,我们必须首先甄别哪些农民是有意愿申请土地整理的,为此,我们选择了高山移民搬迁这一类型的农民,进行深度研究,这就必须首先弄清楚移民搬迁的基本情况,这是土地整理的第一步。

一、高山生态移民搬迁实施的背景

西部地区四川、云南、贵州、青海、重庆等多个省区市,处于喜马拉雅山脉东部的横断山脉、四川盆地和云贵高原。这些地区以高山峡谷为主,平原极少,其山区道路大多崎岖难行,存在海拔高、落差大、山高路险的情况,导致修建道路交通的成本非常高。而这些地区人口相对较少,区域经济不发达,如果想要西部山区峡谷之中修建一条高速公路,一般说来是需要穿山越岭、打隧道或是架桥梁的,所以施工的成本一般而言都是一公里就要花费一亿多元。例如,重庆云阳县到奉节县的高速公路,线路总长 71.4km,设计时速为 80km,这是三峡库区修建高速公路成本较高、施工难度较大的高速公路,全程基本是高山与峡谷相伴,为了节省成本,修建的是双向4车道,其中隧道就有16座,计长27.2km,桥梁有11座,隧道和桥梁总长约占路线总长的70%。工程总投资60多亿元,不包括附属支线及相关设施建设的费用。这一段高速公路是国家高速公路网中上海至成都高速公路G42的一部分,也是东部、中部和西南地区进行资金、物资、人员流动的重要横干线。该高速公路沿线地势陡峭,山岭连绵,海拔高程多在200—1000m,属于典型的低山丘陵连绵区。其地貌类别一般有堆积地貌、构造剥蚀地貌、侵蚀地貌、溶蚀地貌,地貌类型多样,地质结构复杂。这一地区也是重庆到东南沿海的主要通道。该公路的修建,也使库区人民告别了只有利用水路乘坐木船出川这种延续数千年的交通方式,极大地提高了生产效率。

居住边远山区的农民常年种植的只有玉米、红薯、土豆这三样,维系生存的也是这三种食物。由于土地贫瘠、坡度太大,而且难以找到较为平坦的耕作土地,其劳动强度也大,种植庄稼的收成也不好。一年到头,能够填饱肚子就很不错了,要发家致富实在非常艰难。而且,这些农民常年耕作,导致水土流失加剧,农民生活生产也是靠山吃山,煮饭烧水,养猪喂牛等要砍伐山上的树木,长期下去,满山光秃秃的,环境污染也十分严重,这让位于长江上游的重庆市委、市政府决策十分为难。既要让群众富裕起来,又要保护好绿水青山,如何进行开发式扶贫,让农民走出大山,解决出行难、上学难、就医难等问题,就一直成为地方政府的重要难题。重庆市进行了多方面的探索,大力推进生态移民搬迁,取得了显著成效。

2001年,在重庆市云阳等6个县开始了试点扶贫搬迁;2004年,在全市14个国家重点扶贫开发区县和4个市级重点扶贫开发区县全面展开;2006年,重庆市抓住国家启动试点易地扶贫、扶贫移民、生态移民的有利时机,把农户搬迁与宅基地整理和水土流失治理有机结合起来,解决就地扶贫分散、帮扶难度大、扶贫开发成本高、效果不明显等问题,积极探索扶贫搬迁中的农户集中安置方式,努力提高财政专项资金的使用效果。

根据笔者到重庆市扶贫办、重庆市农业委员会、重庆市发改委等部门座谈,收集到的调查资料和整理得到的数据显示,截至2016年底,重庆市累计投入市级以上（含市级）财政专项扶贫搬迁资金150多亿元,有大约80万农村贫困人口得以搬迁,改善了住房、交通、农田、水利、饮水、用气等生产生活条件,拓展搬迁农户自我发展的途径,生态环境修复加速,使贫困地区取得了良好的社会和生态效益。

高山生态扶贫搬迁实施统一的扶贫搬迁政策,并以搬迁农户集中安置为主、分散安置为辅,重点支持扶贫搬迁集中安置区（点）的水、路、电、气、通讯、环境等基础设施建设,并且增强扶贫对象自我发展能力、注重基本公共服务均等化、转变经济发展方式、解决制约区域经济、社会发展的突出问题,推动贫困区县（自治县）、贫困乡镇经济社会更好更快发展。

高山生态扶贫搬迁工作政策性强、综合程度高,涉及多个市级政府主管部门。按照重庆市人民政府的安排,重庆市农业委员会为市级归口项目管理单位,市财政局为专项资金预算管理单位,重庆市发改委、重庆市扶贫办、重庆市城乡建委为专项资金管理单位,同时还涉及重庆市国土房屋管理局、市民宗委、市公安局等多个市级管理部门。

重庆市级政府管理部门按照市委、市政府的统一部署和渝府发〔2013〕9号文件,制定、出台了《重庆市高山生态扶贫搬迁资金管理办法》《重庆市高山生态扶贫搬迁工作年度绩效考核暂行办法》《关于明确高山生态扶贫搬迁有关政策的通知》等管理办法、制度,对全市高山生态扶贫搬迁工作实施市级层面的管理。

高山生态移民搬迁的目的不仅在于人口迁移,更主要的是帮助边远山区贫困人口从根本上找到摆脱贫困的重要途径,其根本目的是扶贫,着眼于可持续发展、致力于推进城镇化建设、缩小城乡差异,同时注重生态保护。

二、搬迁中遇到的主要难题与对策

为了准确掌握高山生态移民搬迁的实施情况,我们在2014—2015年先后集中了5次较大规模的实地调查,参与调查的绝大多数为在校大学生,他们利用寒暑假,由课题组老师带队,主动联系重庆市财政局、扶贫办等多个部门,在市级部门的大力支持下,相关区县党政部门积极配合,给予了大力协助。我们按照事先准备好的调查大纲,采用分层与随机抽样结合的方式,共选取了重庆6个区县36个乡镇103个集中安置点和部分非集中安置户作为样本进行现场调查研究、核查。在区县级采取分层抽样的方式,将样本总量分为渝东北、渝东南、国家和市级重点扶贫区县几个层次,抽取了万州区、黔江区、秀山县、南川区、巫溪县、城口县6个区县;在乡镇级我们采取随机抽样的方式,选择部分离区县政府所在地距离较远,搬迁任务重,集中安置点人数较多、规模较大的乡镇、街道进行实地查看、记录、拍照、录音和整理。在此基础上,汇总统计,实际接受调查的搬迁农户总计1256人,根据重点调查对象的面对面访谈,整理形成了调查报告。为了行文方便,我们重点选择调查中发现的突出问题进行阐述,对其取得的成绩及调查的过程等则较少提及。这并不是我们对其取得的显著成绩视而不见听而不闻,而是为了研究的方便,特此说明。

在高山生态移民搬迁中,搬迁群众最主要的困难在于户籍问题多、复垦时间长、房屋办证难。如果说搬迁前考量的是搬迁意愿"要不要搬"和搬迁能力"能不能搬",那么搬迁中则考量的是"怎么搬"的问题。

在搬迁过程中存在诸多问题,但对搬迁的农户而言,更多思考的是身份和户口迁移、搬迁资金、新建房屋办证这三方面。这三方面的共同点在于:都是分属于搬迁户眼中的"人财物"三要素,都需要和政府部门打交道。这三方面是政府工作需要直面的问题,应当着重思考。具体来说体现为户籍迁移问题多、复垦时间长、房屋办证难。

(一)户籍迁移问题多

首先是对于"就地农转非"的农民人群在享受搬迁政策的补贴待遇时,存在落实不到位的情况。

在之前重庆市统一"农转非"、城镇居民社保等工作中,大多存在一定程度的急功近利,导致部分农民转为了城镇户口,实际上仍然居住在农村,未能享受城镇化生活,同时又失去了耕地,这也为搬迁工作带来了困难。重庆市政府本着实事求是、特事特办的原则,对农民工户籍制度改革转户入城居民中未退出宅基地、仍在原宅基地实际居住并符合高山生态扶贫搬迁条件的贫困户，在自愿申请的基础上也可以纳入搬迁规划。

针对"农迁农"搬迁户籍无法迁移的问题，可借鉴巫溪县搬迁身份确认书的方式解决。"农迁农"（是指村民从高山搬迁到平坝或者半山腰的农村居住，依然是农民身份，但是需要加入新的村集体组织）搬迁户籍无法迁移，会导致无法办理搬迁户的房屋土地使用权证的情况，或者是因为子女要上学、户籍原因没有办法参加农村保险、基层交叉管理等社会问题，出现搬迁户参与集体议事等权利得不到保障、有权无法行使等尴尬现象，从而增加社会管理难度和不稳定因素，同时也形成了搬迁障碍。

根据重庆人口户籍管理制度，"农迁农"的户籍迁移存在诸多限制和问题，如不能得到妥善解决，必将形成搬迁障碍。对此，宜根据实际情况，以调查为基、以事实为本，协调各部门进行户口迁移。巫溪县的政策创新值得充分肯定，该县为高山生态扶贫搬迁对象颁发身份确认书，代替搬迁农地承包证和林权证，即在迁入地有合法房产且符合搬迁条件的农户，由区县搬迁办出具搬迁身份确认书后，即可凭确认书到公安部门进行"农迁农"户口迁移。截至2014年6月30日，巫溪县向各乡镇累计出具"农迁农"搬迁确认通知164份，涉及搬迁户3094户11477人，我们认为这种方式效果良好，值得推广。

（二）复垦时间长

按照相关要求，截至2015年10月底调查结束，农村建设用地复垦和地票交易工作有20个环节，耗时约307天（原为28个环节、603天），其中复垦实施需要159天、验收需要85天、地票交易需要48天、价款拨付需要15天。

在实地调查中，我们了解到，从农户申请→提交申请书、身份证复印件、房屋产权证→中介公司测绘→包装项目→招标实施复垦→复垦后种植→验收→进行地票交易→兑现资金，直到所有流程走完，实际上需要至少2年以上才能办结，如遇到特殊情况甚至更长。

我们认为，渝国土房管〔2013〕921号文中提到的307天较之原规定的603天已经有了长足的进步，但实际操作中，复垦时间依然非常长，307天只是理想状态下才能实现。原因主要包括三个方面：

一是前期基础工作不扎实。各乡镇在前期宣传、摸底调查、征求权利人复垦意愿、复垦面积认定等方面工作基础不扎实,部分搬迁农户政策了解不足、退出意愿未征求到位发生多次反复、多次组装项目,导致项目无法顺利实施,而这部分时间未计入渝国土房管〔2013〕921 号文计划的 307 天范围内。

二是土地整治项目管理系统不稳定。由于农村建设用地复垦工作是一项新的农村土地制度创新和改革,是边摸索、边实施、边完善的过程,导致项目从前期测绘包装、项目市级入库备案、市级验收、市级竣工发证、市级地票交易和价款拨付周期太长。2013 年,重庆市农村土地整治中心启用重庆市农村土地整治项目管理系统,但是在初期,系统运行不够稳定,导致复垦项目在区县市规划设计单位、市相关技术审查单位如重庆市地质勘测院等、重庆市农村土地整治中心、重庆市国土房管理局之间往返修改,大大延长了复垦项目实施周期,实际操作中也远不止重庆市国土房管部门出台的文件〔2013〕921 号文所明确规定的 159 天。

三是地票交易量太低。由于重庆市地票交易市场受到房地产市场的影响相当大,前些年十分火爆,但是最近两年房地产库存大,城市建设用地指标就不再稀缺,地票市场供大于求,产生的地票迟迟得不到交易,渝国土房管〔2013〕921 号文计划的 48 天远远不够,严重影响了搬迁户复垦退出的积极性,增大了代建商和区县(乡镇)资金垫付压力,导致搬迁居民点建设滞后,整体搬迁工作难以推进。同时,由于地票迟迟得不到交易,而土地价格在一直上升,进一步加剧了出售的难度:首先,各区县不愿意将本区县的土地指标予以转出;其次,由于交易的时间太长,购进和售出存在价格差,这部分差额需要政府承担。这已经形成了恶性循环。

我们认为,搬迁农户从复垦申请到取得地票价款,至少历时两年多的时间,其中还不包括因其他原因导致的项目延期。而搬迁农户不能及时拿到相应的地票价款时,新购安置房可能举债,而很多搬迁农户又没有举债能力,影响搬迁农户搬迁积极性,阻碍高山生态扶贫搬迁工作进度。

为此,我们建议针对复垦、验收、交易、拨付四个环节,从以下四个方面来建立地票交易的快速通道。

一是加强部门协同效应,解决地票交易复垦期限过长的难题。建议相关部门积极配合,各部门、各科室集中时间、集中地点到田间地头进行一站式服务,以缩短宅基地复垦审批期限,简化复垦环节,切实提高工作效率。

二是对宅基地的复垦施工管理应该及时监督验收,做好地票交易的收尾工作。要按照施工设计严格要求施工,保证质量和进度监理到位,确保完成一块验收一块、验收一块交易一块、交易一块兑现尾款的目的,以便于缩短验收环节。

三是采取市级资金先行解决搬迁权利人复垦地票的补偿。由于宅基地复垦期限长,导致补偿资金迟迟不能到位,建议成立市级土地银行,设立专项周转资金,对地票收入进行一定比例的提前补偿支付。待地票交易流程完成后,重庆农村土地交易所向受托银行农户名下划入剩余交易款,并扣除适当利息。

四是引进金融机构先行兑付资金。为了解决搬迁农户资金压力,建议引进金融机构先行兑付资金的方法。具体来说,由政府提供担保,搬迁户以参与地票交易的凭证作为抵押或质押,金融机构凭借担保、抵押、质押提供低息、定向、限定用途的安置房贷款,并由财政贴息,即"政府担保、地票质押、银行贷款、财政贴息"的模式,搬迁农户获得贷款后,可以用以解决搬迁资金紧缺的问题。地票交易完成后偿还银行贷款。

(三)房屋办证难

搬迁农户办理户口迁移、房屋产权证的"两证"后,才从真正意义上完成了"搬迁"的过程。根据各区县制定的搬迁工作实施方案,在部分区县,办完"两证"后才能领到搬迁补助。而我们在实地调查中发现,房屋产权证难以办理成了普遍现象。

搬迁农户房屋办证难主要体现在以下四个方面。

一是在部门内部之间的不协调导致了手续办理费时长。根据相关的土地管理规定,非农村集体经济组织成员,不得申请宅基地使用权。2013年及以前,公安部门要求申请建房的跨村安置搬迁农户先行提供房屋产权证再办户口,而国土部门则要求先确认户口再批准建房。这种前置条件冲突,阻碍了高山生态扶贫搬迁工作的有序实施。

该情况在 2014 年已经得到了初步解决,但部门之间的不协调仍然存在。例如我们在 2016 年 6 月深入黔江区阿蓬江镇调查时发现,该镇列入 2013 年度搬迁群众中,共有 200 余户未能办理房产证。其原因主要是乡镇的城建规划、国土审批、移民搬迁三个职能单位部门之间协调、沟通不到位,各自为阵,对政策没有统一协调的解释,从而导致搬迁户办理相关手续费时费力,部分群众资料申报了 3 年多时间,到 2016 年 12 月底还没有完成审批,老百姓感叹,办理房产证真的太难了。

二是安置点违法用地导致无法办理房产证。由于部分安置点占用基本农田,属于违法用地,导致产权无法办理,农户不能享受搬迁补助,也无法办理房产证。例如重庆市少数民族集聚的土家族秀山自治县梅江镇关田村坳田组村民尹某,由于原房屋已不能满足其户居住需求,在秀山县梅江镇关田高山移民搬迁安置点购买房屋一幢。因该安置点位于基本农田保护区内,属于违法用地、违法建设的"两违户",无法办理安置点房屋产权证,不仅影响了尹某本人的搬迁进度,也严重影响了其余搬迁农户的搬迁积极性,甚至给整个关田村的搬迁工作造成了一定的阻碍。

三是建设超前审批滞后导致无法办理房产证。由于用地指标紧缺、群众搬迁意愿强烈、搬迁任务重,在抽样调查中发现,存在先用后批、边用边批、批少用多、未批先用的现象,违法建设带来的直接后果是房屋产权证无法办理。

四是违背"一户一宅"规定导致无法办理房产证。实地调查发现,由于重庆市高寒山区群众大多居住在高山峡谷,家庭人口众多,往往子女已成年结婚而未分户。原房屋不能满足其居住要求,需要搬迁进入集中安置点。但这违反了前述的《土地管理法》"一户一宅"规定,也导致安置点房屋无法办理房屋产权证。如万州区柱山乡云安村村民刘某、秀山县溪口镇龙盘村当门河组村民杨某等,其家庭三代同堂,人口多达 10 余人,需要分户搬入。但是新办户籍则程序繁琐,费时费力,折腾几个月还没有落实的大有人在。

我们认为,要解决搬迁农户房屋办证难的问题,应当从以下三个方向入手。

一是政策高度统一,全盘协调。从保护人民利益的高度,各职能部门要主动进行协调,各部门之间应从大局出发,协商制定、修正搬迁工作实施方案,避免政策"撞车"。

二是合理规划,分类解决。对搬迁对象原宅基地不能复垦的,提前安排使用土地利用年度计划指标;对搬迁对象原宅基地可以进行复垦,并且需要进入集中安置点进行安置的可实行先建后拆、同步报批;针对搬迁户退出的宅基地应该优先实施建设用地复垦;对不需在农村地区新建房屋的农户,其复垦的旧宅基地可全部作为地票交易;参与新农村建设的农户,其复垦的旧宅基地在入库备案时应足额抵扣建新区面积,不得全部纳入地票交易。

三是加强宣传,指导流程。对高山生态扶贫搬迁中涉及的各项政策,尤其是与搬迁户切身相关的,应加强宣传力度,乡镇工作人员还应特别注意对政策的准确理解和工作流程的熟悉。在宣传方式上,可将宣传册、广播、公告等多种宣传方式有机结合,务必使具体承办的工作人员心里明白,群众也心里有数,对于需要补充相关证明材料的,一定要一次性告知到位,避免农民来回跑多少趟也没有办理好相关手续的情况出现。

(四)搬迁后期帮扶工作存在的问题

总体来看,高山生态移民搬迁后,搬迁群众生产就业困难、生活习惯不适应、生活成本增加,社区融入难,短期不适症状明显。

搬迁后的情况是高山生态扶贫搬迁项目需要关注的重点。具体来说,需要从搬迁农户在搬迁后的生产就业、生活习惯、生活成本三大方面加以关注,其中,对生产就业的关注是重点,而对生活习惯的关注往往成为工作的盲点。

1. 生产就业问题是搬迁户"稳得住"的保障

(1)总体发展类型多样

"授人以鱼,不如授人以渔。"在高山生态扶贫搬迁后续保障方面,加强对搬迁群众的技能培训,教给搬迁群众生存的技能,结合自身知识储备和地理环境条件,用好国家产业扶持和创业扶持相关政策,大力发展特色种养殖业或务工创业,拓宽致富门路,早日彻底摆脱贫困。

　　搬迁农户搬迁后,生产就业发展方向主要分为四大部分:就地创业、就近务农、就近务工(区县内)、外出务工(跨区县)。由于该类资料难以精确统计,我们就到万州、南川、城口三个区县5个乡镇8个安置点采取抽样访谈的方式进行了实地调查,可以看出根据各区县地理位置、经济情况不同,搬迁户在具体发展规划上选择有所区别。

　　我们认为,渝东南和渝东北都要下苦功夫围绕绿水青山做好文章,大力发展生态经济,搞好生态旅游,建设绿色生态经济,这是高山生态扶贫搬迁项目"稳得住"绩效目标的重要实现方式,也是在精准扶贫方向上改"输血"为"造血"的重要保障。这方面,我们需要根据农村的风情风貌,遵循乡村自身发展规律,注意保护乡土味道,深挖农业文明,留住田园乡愁,突出文化特色,形成汇集农业生产、农耕体验、文化娱乐、教育展示、水族观赏、休闲垂钓、产品加工销售一体化的农业生态产业链,打造生产标准化、经营集约化、服务规范化、功能多样化的生态农业产业带和产业集群。加强乡村生态环境保护和文化遗产保护,发展具有历史记忆、地域特点、民族风情的特色小镇和美丽村庄。积极培育现代农业产业和休闲农业的致富带头人,引导社会资本开发农民参与度高的农业产业带、农业主体公园等,着力推动精准扶贫;下定决心改善农村基础设施建设,打造农业生产的标准化道路、农业景观道路、农村垃圾集中处理中心等,弘扬农耕文化,保护传统农村村落,发展休闲共享的乡村民俗文化产业,培育知名品牌,打造出一批天蓝、地净、安居、乐业、增收的美丽乡村。

　　①就地创业

　　根据之前的统计分析,目前搬迁的人群经济情况相对较好,就地创业的统计比例较高,就地创业的成功有着"先富"带动"后富"的刺激作用,能够进一步刺激未搬迁人群进行搬迁的动力,也能够刺激有一定经济能力人群进行创业的意愿,在某种程度上说,能够拉动当地经济,达到扶贫的目的,因此应当加大扶持和鼓励的力度。

　　根据本次调查,就地创业主要分为两种发展方向:利用搬迁后基础设施较好的条件开展乡村旅游,以及搬迁后经过产业培训的过程从事种植、养殖业。

　　根据这个思路,各区县依托"雨露计划""职教扶贫"政策实现搬迁对象全覆盖,已经取得了较好的效果。以巫溪县为例,巫溪县职业学校从2011年开始承担"雨露计划"的职业培训,截止到2013年底共组织了6次培训,共培训700多人。2011年组织了乡村旅游和食草牧畜养殖两次培训、2012年组织了坚果(核桃、板栗)种植培训、2013年组织了中药材种植和乡村旅游培训。每次培训均由县扶贫办专人负责组织、监督、管理,时间为10天左右,并安排了跟班班主任。负责培训资金拨付的部门在培训过程中至少进行3次不定期突击检查。培训内容主要由三部分组成:创业知识、专业知识、计算机培训。其中专业知识的培训邀请专家进行讲解,其余课程由学校优秀教师进行讲解,培训结束后组织考核验收,并带领学员实地参观示范户实际操作。学员对培训效果都很满意。"雨露计划"与微型企业培训相结合,学员共成立了200多家企业,以种养殖业、旅游业居多。

首先是乡村旅游。目前,重庆市乡村旅游可以简单分为两种模式。一是农家乐加销售山货的模式,不求洋、不求大,因地制宜,专攻特色,以特色取胜,主打高山美景和"天然氧吧",主要面向市内及周边游客,也迎合国内度假休闲游客。以渝东北生态涵养发展区的万州区、城口县为代表的乡村旅游目前以该模式居多。农家乐模式门槛低、风险小,加上近年来重庆各远郊区县交通运输逐渐发展,结合山货网络销售的电商模式,能够带动区县经济发展、有利于搬迁群众脱贫致富。如武隆武陵山珍、城口秦巴山山货、巫溪马铃薯、丰都牛肉系列都是近年来特色农产品中走出区县的成功典范。

二是中高档生态旅游的模式。突出环境保护和生态建设,以打造城市名片为目标,深入挖掘地脉、文脉、人脉等文化资源,加强各种文化特色的融合,大力发展各项旅游业,主走中高档路线,主要面向国内外游客,承办会议、表演。以渝东南生态保护发展区的黔江区、武隆县为代表的乡村旅游目前以该模式居多。生态旅游模式门槛较高、前景较好,市场需求高、参与度高、成功后受益面积大、覆盖时间长。各区县首先应从生态、交通、经济等各方面分析硬实力,走什么样的路线、如何实行差异化发展,并致力于从打造特色产业、加强配套设施、提高农民素质三大方面提升软实力。

在这里,我们特别要深刻领会习近平总书记"绿水青山就是金山银山"的内涵。对于绿水青山,从经济学来看,这种自然生态资源具有公共物品和私人物品的双重属性,它是人类社会赖以生存的基础。我们不能够守着绿水青山讨饭吃,当然,绿水青山不会自动变成金山银山,这需要建立绿水青山转变为金山银山的制度和机制。其核心思想就是要牢牢树立可持续发展、绿色发展和高效生态发展的理念。

第一,要形成绿水青山的保护机制和制度,落实好森林法、城乡规划法等相关法律法规,政府要加大对绿水青山保护的投入力度和提高保护水平。

第二,要积极发展绿水青山的内生性产业。例如,重庆市前几年大力开展的林下经济、休闲旅游、生态养生等产业。要做好相关的物业、餐饮、住宅、商业网点以及道路、水电气等市政管网、通讯设施等基础性工程。

第三,绿水青山要转变成金山银山,还需要统筹规划,要把城乡建设规划、土地利用规划、水土保护规划等多种规划统一起来,不能够相互冲突,要相互补台。

第四,要着力建设绿水青山转变为金山银山的制度保障体系。主要涉及绿水青山的产权制度、交易制度等相关制度安排。目前,做得比较好的主要是林权,土地承包经营权;但是,有的权利则不适宜都明确细化到公民个人。例如,区域的水源、流域的水资源、森林资源、碳汇资源、气候资源、气象资源等,这些资源不适合确认到个人,最好通过修改土地管理法、物权法等方式细化村社集体经济组织。

第五,建立生态农业经济产权交易制度。恰当的产权制度供给,是促进生态农业经济的根本与基石。在此基础上,我们需要建立与美丽乡村发展相适宜的交易制度,如碳汇权交易制度、林权交易制度、水权交易制度、森林覆盖权交易制度、生态标志权、生态原产地等相关制度,确保权利的正常秩序,明确界定各种权利的边界、权利与义务主体、法律责任等。

其次是要大力发展乡村的种养殖业。在就地创业人群中,由于与农业关系紧密,从事种植业、养殖业也是本身拥有农业经验和农业技能的很多搬迁户选择的道路之一。

从事种养殖业,有三大好处。

一是成功率相对较高。较之从事旅游业或商业等第三产业,由于种植业、养殖业仍然属于农业,搬迁户作为农民本身拥有丰富农业经验和农业技能,尤其是对当地气候、水质、土壤有丰富的经验判断,虽然对市场、营销等方面的知识仍需学习摸索,但成功率已经相对较高。

二是依靠土地流转实现双赢。种植业和养殖业需要大量用地,创业者向其他不依靠土地的搬迁户进行土地流转,支付一定的流转费,可以实现双赢。例如秀山县梅江镇晏龙村齐某某、陈某某等人与搬迁户签订《土地使用权租赁协议》,从搬迁户手中以每亩500元的费用租种土地20亩,引进优良葡萄新品种,聘请技术员专门指导,种植获得成功后不断扩大土地流转规模,承包费也由原来的500元/亩提高到800元/亩,每亩年产值由原来的1700元上升到2.1万元,目前已发展至50多亩,每日用工量达20多人。土地产出效益明显,给当地农民带来良好的经济效益和社会效益。

三是实现了资源重新整合。如城口县政府针对当地海拔高、山地多平地少、交通不便的难题,重点打通断头路,注重发挥森林资源丰富的优势,提出农民下山来,特色产业上山去,沿着交通方便的国道线,建起乡村农家乐,大量游客在盛夏酷暑季节纷纷涌入,重新配置了产业和人口资源,取得了生态经济良好收益。又如其"林上挂果、林地种药、林下养鸡、林间养蜂"生态复合式产业等思路,综合利用了林地资源,这些思路的探索既有专家论证在前,又有成功案例在后,取得了良好的成效。

②就近务农(经商)、就近务工(区县内)、外出务工(跨区县)

由于搬迁后失去耕地或耕地较远,务农不便,而经商需要启动资金、抗风险心理,搬迁户采取就近务农或经商相对较少。而对于就近务工,则需要区县当地的产业支撑,目前,许多区县都建立了独具特色的产业园区,对于广大搬迁户来说,是比较好的就业渠道。青壮力外出务工,老人儿童留守务农反而成了最普遍的选择。

搬迁后,大部分青壮力农民转变为工人,由原来简单的农产品制造转变为高技能的产业工人,绿色工业的发展推进了城镇化建设,务工带来的收入又将刺激消费,扩大了内需。在产业尚不发达、经济尚较落后的地区,这些因地制宜的经济发展方式收到了明显的成效。

各区县可以联系自身实际情况,在生态保护的前提下,有选择性地加强密集型产业发展,将外出务工逐渐转变为就近务工,提高自身造血能力。另外,可利用区县已有的工业园区、农业园区,将有劳务资源的搬迁户进行集中分类安置。

同时,对于外出务工的人群,各区县应统计返乡的情况,有针对性、目的性地制定政策,达到反哺故乡的目的。

(2)就业主要难点

根据本次抽样调查的 6 个区县来看,重庆市高山生态扶贫搬迁项目目标"稳得住"中,搬迁户生产就业的问题主要存在三大难题:

一是无一技之长。各区县针对搬迁户制定了"雨露计划""职教扶贫"的政策,搬迁户虽经过了培训,但往往由于文化水平低、理解能力弱、执行能力弱等问题,仍然不具备自主创业的能力。知识匮乏、技能短缺,由此衍生的就业及心理问题使得搬迁户想搬又怕搬。

二是失去耕地。由于一些农民搬迁后失去原有的宅基地、承包田地和林地,或离原有的承包土地路程较远,部分"宜农"的搬迁户(以年纪较大,无法外出务工者居多)丧失了生产资料。

三是创业失败。对于有创业精神、有一定启动资金的搬迁户而言,由于其对旅游业、商业等第三产业经验匮乏、服务素质水平低,对种植业、养殖业等农业又存在对市场不了解、对营销不熟悉,只依靠短期的培训后,凭着一股热情而投身不熟悉的行业,最终创业失败导致血本无归。

以秀山县溪口镇草果村村民林某为例,其在启动搬迁政策时,便主动申请,从高山之巅的平阳盖居民社区搬迁至同镇,交通便利,地理位置优越的五龙居委会下街组,林某带领全家共流转土地 20 亩从事金银花等中药材种植。但由于之后金银花市场价持续走低,肥料、人工等费用又持续上涨,加之产业扶持资金力度小、后续慢,又对营销、广告等不熟悉,无法打开销售渠道,一直处于亏损状态。最终负债累累,只能决定放弃创业,外出务工。

各区县的高山生态扶贫搬迁工作实施方案中,均对后续发展作出了对策,但仍然存在不完善的地方。

对策之一是广泛确定了宜商则商、宜工则工、宜农则农,进行差异化的发展方向。专家评价组认为,在搬迁户创业时,还应该引入专家把脉、细心论证、谨慎推广的思路,不能未经论证,盲目而行,尤其是农民本身不熟悉的产业领域。

对策之二是广泛采取了政府推动、政策撬动、产业拉动、典型带动的工作思路。我们认为,在推动过程中,政府更适合扮演一个服务型的角色,完成组织保障的后勤任务,而不是发动机。产业的良性发展需要社会资金的参与,更适合让市场进行自我调节。

对策之三是广泛重视加强教育规划。目前的教育规划主要是从搬迁户的职教问题出发,来解决他们的就业问题。但对下一代的教育问题相对考虑较少,教育是百年大计,应该立足长远,要致力于解决"穷完一代穷二代"的问题,避免贫困的陷阱,出现贫困的世代传递。更多孩子接受职业技术教育,增加人力资本的存量,学到一技之长,是困难家庭脱贫致富的重要手段,有利于加强搬迁户的搬迁意愿,从而有利于促进生态脆弱地区人口转移。

2. 生活习惯方面的困扰

城市化不仅是给农民盖楼房,而是应该让农民的思想和生活习惯实现城市化。如果搬迁户生活习惯问题得不到解决,久而久之可能引发一系列的社会问题。办好民生实事,除了物质方面的补助,精神方面也应加以关注。

根据现场走访的情况来看,搬迁农户搬迁到城镇之后的生活习惯方面存在相当程度的不适应,这一点在刚搬迁的集中安置点尤为明显。搬迁后,他们的生产和生活空间、劳动方式都发生了较大改变,由原来农村里面无拘无束的自由农民逐渐变为街道工厂的产业工人,其思维方式和行为举止都难以短期内适应。从生产方式看,他们从务农为主、做工为辅转变为从事第二、三产业;从社会身份看,他们从农民转变为市民,失去原有的承包土地而成为城镇的普通市民。这种不适应主要体现在以下四个方面。

一是生活环境方面。从山区到城镇市区,生活环境发生了极大变化,现场访谈中搬迁户纷纷反映:"早上六点开始,街上叫卖的人就多了起来,安置点里面也很吵,没办法睡觉。""聊天串门也不方便了,去邻居、亲戚家看看,还要脱鞋或者穿鞋套。"由于观念更新晚于城市化进程,仍有居民在小区绿化中随意种菜,围栏圈养家禽,家禽的排泄物更给小区的卫生状况带来了负面影响。同时,对新鲜空气、纯净水源的需求也成了搬迁户尤其是年龄较大的人群的不适应之处。

二是人际交往方面。刚搬迁后社会关系网络没有及时建立,农民往往对小区无法产生归属感和认同感,由血缘、地缘为基础所形成的村民间亲情、友情、乡情被高楼隔断。在农村,农闲时间的走亲访友,邻居之间的串门、闲聊,原来的居民小组在农田院坝召开会议是农民处理日常事务、情感诉求的常见方式。然而,当村民入住小区之后,原来的居民分散到四面八方,新入住的城镇居民素不相识、小区单元之间的居民每家每户都是紧闭的房门,居民间交流明显减少,导致不少农民入住城镇之后很不适应,倍感孤独和寂寞,容易产生被边缘化、被抛弃的情感。访谈发现,城镇生活尤其给少年儿童带来了强烈的孤独感。在农村,孩子们的户外群体活动明显较多,活动内容也比较丰富,而入住集中安置点越久,群体活动越来越少,最终被电视、电脑替代。一定程度上,也影响到儿童和青少年的身心健康与人际交往。

三是风俗人情方面。传统乡村的风俗人情依托于农业社会,与农民的生产生活密切相关,大多带有强烈的人身依附和情感诉求,甚至带有一定福利性质。随着农民入住城镇居民小区,传统的农耕社会的风俗与人情往来与现代工业带来的都市生活具有显著的落差。特别是祭祀习俗,过年过节的重大节日,农民家庭往往前往祠堂、祖先坟前或者在祖先牌位前焚烧纸钱,这是祭祀祖先、不忘本的重要仪式,也是增进家庭成员情感的重要方式。这些农民入住小区之后,一到这样的祭日,没有其他地方可以去祭祀,只好在小区空地、小区外的河边、林荫道甚至房屋顶部等地到处找地方焚烧,致使小区烟灰漫天飞舞,环境污染严重,这一沿袭几千年的生活习惯往往引起其他居民的强烈反感。

另外,每遇到红白喜事需要宴请的时候,农村的房屋面积较大,院坝也很大,有的家庭占地数百平方米,几乎能容纳整个家族几百人聚会;而城镇居民小区房屋面积较小,入住小区之后需要宴请时为了节省花费,可能会占用小区过道、停车场、阅览室等公共场所,同时,数十人甚至上百人聚会,人声鼎沸,加之播放的音响噪音大,也让其他居民不胜其烦。同时,有的农民舍不得把原来的家具、农业使用的劳动工具如镰刀、锄头等扔掉,自己家里又放不下,往往占用过道等小区公共空间,这些行为也让居民感到不安。由于环境的限制,一些传统习俗无法得以隆重举行,这让年龄较大的搬迁户尤其感到不能接受。

四是娱乐休闲方面。搬入安置小区后,都市生活的快节奏,使城市人都忙碌于工作、生活、学习,常见的娱乐活动由户外的野炊、捕蟹等演变成了小区内棋牌室的打牌、麻将等赌博活动,串门、闲聊越来越少,由于适应不了这种改变,部分农民变得沉迷于赌博。

对搬迁户搬迁后生活习惯的关注往往是政府工作中的盲点。城市生活和农村生活是不同的生活方式,本身不应该有对错之分,如将解决思路放在"在城市中过上农村生活"的方面,则成了舍本逐末。解决思路是要解决"不适应"的问题,才能从根源上完成村民到市民的转变,完成了这个转变,搬迁工作才算真正完成。

根据这个思路,乡镇、社区应致力于如何丰富社区活动,更新观念,让搬迁户思想和生活习惯实现城市化。访谈中了解到,各区县针对该现象,在安置点组织了广场舞、太极拳、社区比赛等互动活动,反响良好,有利于减少社会问题。

对此,政府应加强社区建设,注重社区管理,兴建必要的娱乐设施、健身场所、棋牌室、老年人活动场所等场地,利用节假日举办一系列市民化活动,拉近原有居民与新入住居民之间的关系。同时,选择固定的地点让拆迁居民统一集中进行祭祀焚烧纸钱,加强宣传教育,逐渐改变祭祀方式,让居民树立环保意识,从自身做起,切实维护社区居民生活环境和消防安全。

3. 生活成本问题

搬迁户在搬迁后生活质量得到了明显的提高,但生活成本也进一步加大,对于本身贫困的搬迁户而言是一个两难选择。

以城口县庙坝镇易家坝子安置点为例,我们在访谈时搬迁户均表示,不管是从看病就医、上班上学、买吃买穿方面,还是从娱乐休闲、逛街购物、人身财产安全、道路建设方面,生活质量均得到了明显的改善。但同时也表示,"一切都方便了,但一切都要钱了",如安置点附近场镇公办幼儿园,质量等级为三级,一个月需要约200元的学费生活费,这对于本身举债搬迁的贫困户来说难以承担。

同时,如搬迁前农民的洗衣用水主要来源于河水,搬入安置点后,洗衣只能用自来水,仅就水费而言,平均每个月要多支出二三十元。搬迁前日常所食的蔬菜瓜果,大多产自自家的农田,搬迁后需要到菜市场、超市购买,虽然菜的成色好、种类多,但开支也大了很多,平均每个月在买菜上要多花100元左右。我们在重庆城口县庙坝镇易家坝子安置点发放了17份调查问卷、访谈了4位居民,收回的问卷和座谈中,搬迁农户认为搬迁后买菜支出增加,让他们感到生活的压力增大很多。

根据调查抽样的区县情况来看,搬迁农户在搬迁后生活质量得到了明显的提高,但生活成本也随之上升。由于农村居民赖以生存的自然资源一直就是农田山地,而搬迁之后进入了城镇社区居住,他们赖以生存的生活环境发生了变化,但其谋生技能还是农业技能,这就使他们的再就业成为难题,生活收入来源得不到保障。一方面,他们失去了以前的农业收入;另一方面,很多农产品需要购买获得,这又增加了额外的开支。这是城镇化建设中不可避免的问题,要解决这个问题,仅靠政府给予更多的安置补偿是不现实的,也不具备可持续性,需要结合生产就业方面的努力,将农民不光从名义上,也从实质上变成真正的市民。

三、高山生态搬迁农民的资金来源分析

从搬迁户角度来说,主要应当关注搬迁资金来源和搬迁资金成本两个方面,即解决"钱哪儿来"和"够不够"的问题。

(一)个人积蓄和地票交易是解决搬迁资金的重要来源

在实地调查中,我们了解到,目前,搬迁户搬迁资金来源主要由政府补助、银行贷款、地票交易、个人积蓄、民间借贷、社会捐赠及其他几个方面构成。其中,个人积蓄和地票交易是解决搬迁资金的重要来源。而目前地票交易中,兑现时间过长,导致搬迁资金难以到位,严重影响搬迁工作。对此,我们认为需要建立地票交易的快速通道。

根据抽样的 6 个区县问卷调查来看,各区县具体情况不尽相同,就算是同一区县内,不同乡镇或不同村、不同安置方式或不同安置点,其情况也有所区别。但个人积蓄和地票交易均是解决搬迁资金的重要来源。

就实际情况中政府补助、银行贷款、地票交易、个人积蓄、民间借贷、社会捐赠及其他几方面资金来源,在部分区县,按照各区县人民政府制定的搬迁工作实施方案,政府补助的现金部分大多也需要等到户口、房产证"两证"齐全后才予以发放,具有滞后性;地票交易同样带有严重的滞后性;银行贷款则具有产业倾向性,对一般普通农户而言门槛较高;社会捐赠落实到每户头上则少之又少。因此在实际中,搬迁户的建房、购房资金主要依靠个人积蓄,不足部分只能依靠民间借贷暂时拆借。而民间借贷一是资金缺口大、难以借到款,进而导致搬迁启动资金不足;二是利息成本高、还款压力大,进而导致搬迁户怯于搬迁。

由于本次问卷调查中未对民间借贷的比例进行统计,无法判断列入 2013年度和 2014 年度搬迁或纳入搬迁计划的人群中有多少需要进行民间借贷。其中进行民间借贷的,有多少农户是等到地票收入到位而暂借周转,有多少农民是需要长期举债度日的。但从与各区县搬迁农户的访谈的结果来看,发生借贷的人群约占已搬迁人群的 20%—30%。

由于目前搬迁的农民属于搬迁户中经济能力较好的群体,民间借贷在搬迁资金中占比还相对较低,但随着"搬富不搬穷"问题的加剧,要利用民间借贷来完成搬迁的人将越来越多,后期搬迁工作将越来越难。

较为可行的方法是由当地农村商业银行或其他金融机构先行兑付资金、财政贴息。对于已经办理复垦的搬迁户,可使用地票进行抵押;对于能够办理而尚未办理复垦的搬迁户,由政府提供担保;对于无地票收入,也无其他经济来源的搬迁户,考虑采用特殊安置方式如民政救济、慈善捐赠等方式进行搬迁。

(二)各种安置方式的搬迁成本存在差异

1. 不同安置方式的安置成本

对于不同的安置方式,搬迁户要承担的搬迁成本各不相同。从安置区域看,搬迁成本与当地经济发达程度呈正相关,与距离城市中心的距离呈负相关;从安置方式看,成本最高的是直接购买城市商品房,集中安置的搬迁成本一般低于非集中安置,由政府统一规划、统一建设的小高层居民区搬迁成本低于自建独栋搬迁成本。

各种安置方式成本不尽相同,主要是适应不同的人群需要。政府应当引导搬迁户根据自身需要和经济承受能力,选择不同的安置方式。

2. 不同安置方式的优缺点分析

从安置方式看,由地方政府出面统一进行集中安置的搬迁成本都要低于非集中安置,这主要是政府承担了一部分搬迁成本。同时,由政府组织统一规划建设的居民小区其成本低于自建搬迁成本。下面以三个具有突出代表性的安置点为例,分别比较这几种安置方式的优点和局限性。

(1)城口县庙坝镇易家坝子集中安置点:实行统规统建,由工业园区建筑开发公司介入的小高层建设模式

该安置点由政府统一征收土地、统一规划、统一基础设施建设,由当地政府县级国有企业工业园区建筑开发公司进行统一开发,然后按照成本价转让给搬迁农民。集合了灾后重建、生态移民、快速通道和工业园区拆迁户、工业园区员工和"农转城"群众几大块项目工作内容。

易家坝子安置点占地约31.5亩,规划修建18幢7楼一底的小高层,实施现代化小区物业管理。该安置点规划安置650户,建筑面积62000平方米,2014年10月22日,我们实地调查时已完成一、二期工程,已实现安置432户,第三期工程正在施工当中。安置点建设房屋建设成本为1100元,加上税费300元,成本为1400元每平方米左右,工业园区建筑开发公司转卖给搬迁农户价格为1500元每平方米,基本为成本价格。

统规统建小高层模式的优点在于:

第一,节约用地。小高层建筑有利于解决用地指标、提高基础设施利用率,大大降低了建设成本。由于该镇搬迁农民较多而可用于搬迁的闲置土地较少,实行高楼安置可以缓解用地问题。

第二,减少农民的搬迁成本。该安置点主要依托当地政府国有企业进行

安置点建设,由工业园区开发公司进行建设并实行追责制度,减少了招投标等建设成本,保障了质量和进度,同时带有政治任务性质,减少了搬迁农户的购房成本,同时也减轻了政府的后期管理和维护成本。

工业园区开发公司的建房成本加上相关税费为 1400 元/平方米,转让搬迁农民的价格为 1500 元/平方米,以每户平均 100 平方米的住房面积计算,而周边商品房的价格为 2000—4000 元/平方米不等。同时也规避了农民自建房屋盲目追求大房、高楼的浪费现象。

第三,推进城镇化建设。实施现代化物业管理的高楼居住模式,改变了搬迁农民的生活方式,不再随意丢弃垃圾和养殖鸡鸭等家禽,同时小区配套的文化中心或自发组织的各种娱乐活动丰富了农民的日常生活。农民维持生计也由以前靠种地收入转变为商贸、物流、餐饮、建筑等服务业或者就近到工业园区务工收入,现在高山生态搬迁农民在场镇上从事第三产业的收入已达到每户每年 5 万元左右,较务农而言收入大大提高。

统规统建小高层模式的局限在于:

第一,并非所有搬迁农户均能接受小高层建筑。由于搬迁农户原居住地通常面积均较宽,户均约 200—300 平方米,而小高层户均约 100—120 平方米,对于经济能力较好的搬迁户来说可能不愿意接受。

第二,该模式对乡镇当地就业情况有较高要求。由于搬迁农户可以在附近的工业园区、农业种植园就业,相对外出打工人数较少,解决了搬迁农户的生产生活问题。但根据各区县实地查看的情况来看,难以广泛推广。

(2)城口县东安乡兴田村非集中安置点:实行政府统一规划,搬迁农户自己建设,高山生态搬迁与乡村旅游相结合模式

城口县东安乡兴田村非集中安置点采用的是统规自建模式。由政府负责土地统一流转、统一风貌装饰、完善基础设施建设,农民在此前提下进行自主建设。2014 年 10 月,我们调查时,该安置点已实现安置户数 56 户,剩下 19 户主体工程已完工正在装修中。该安置点基础设施总体投资已达到 500 万元,安置点配套广场 200 万元左右,5 座便民桥 170 万元左右,路灯 130 万元左右,污水处理管网 100 多万元。产业配套设施花田占地 20 亩,已投资 170 万元。

统规自建乡村旅游结合模式的优点在于：

第一，充分利用安置点的自然资源，能使搬迁农户搬得出、稳得住。该安置点主要依托中国亢谷风景区，发展旅游业。根据当地政府统计，2014年接待游客约25.6万人次，户均年收入6万—8万元，实现了农民就近就业，提高了农民的收入。

第二，基础设施建设到位，刺激搬迁农户自发搬迁。由于基础设施建设好，第一批搬迁农户在享受到乡村旅游开发带来的收益后，带动了后续搬迁农户的自发搬迁。

统规自建乡村旅游结合模式的局限在于：

第一，基础设施建设成本高，资金缺口大。由于要结合乡村旅游的建设，光靠生态移民资金完全不够，需要配套森林人家、美丽乡村等其他财政支持项目资金进行整合。兴田村仅修建广场及观光桥梁等，就耗资300多万元，这一部分费用，主要依靠农民自筹和乡镇财政补贴，上级政府部门支持很少。

第二，存在"搬富不搬穷"（当地相对富裕的农民能够搬迁出去，而极度贫困的农民尽管愿意搬迁，但是没有财力却无法搬迁）的现象，农民融资难。当地建造两楼一底、三楼一底的独栋住房成本约为20万—40万左右，虽然搬迁后可以依靠农家乐、山货销售带来部分收入，但对于绝对贫困户仍然无法解决搬迁难的问题。

第三，安置点后期管理需要资金和人员。目前城口县东安乡兴田村依托中国亢谷景区，打造民俗文化村。但在后期建设完成后的管护阶段，仍然需要大量资金和管理人员的参与。

（3）巫溪县大河乡鹅蛋村集中安置点：爱心安置模式

巫溪县大河乡鹅蛋村海拔约700—1200米，共280户1080人，大多为贫困户，部分为特别困难户，有的农户全部家当价值不超过200元。2015年11月，我们爬坡3小时才来到海拔近1000米高的一户农民家里，这户农民居住比较偏远，周边没有其他农户，附近一两里路都没有其他农民。在这家农户家里，我们打开陶罐，发现里面只有不到10斤大米，客厅里散堆着几十个土豆，这就是全家六口人维持整个冬季的基本粮食。卧室里的铁丝挂满了污迹斑斑的破旧衣服,床上堆满了各种过时的旧衣服;厨房里面只有一盏昏暗的白炽灯,煮饭烧菜使用的山林枝丫、禾苗等把整个房间熏得漆黑,简直惨不忍睹。农民居住的土墙瓦房十多年都没有维修,到处漏雨,四面透风,整个房屋摇摇欲坠,属于典型的危房,居住条件十分简陋,而且是全家六口人都居住在这样的一间房屋里面。

针对特别困难户因体弱多病或身患残疾,大多失去劳动能力,并且居住偏远,也没有生活经济来源,居住环境十分恶劣,无力搬迁的情况,当地政府整合移民搬迁资金建立了爱心集中安置点。

巫溪县大河乡鹅蛋村爱心安置点位于鹅蛋村海拔最低的位置,大约500米。乡政府将移民搬迁资金按照约700元/平方米的建筑费用预算拨款到村,村里组织劳动力进行修建。村民选出居住困难户,入选标准主要包括两点:一是居住海拔900米以上;二是家庭条件十分困难。需要经过群众会议、公众评选、张榜公示、签订协议的流程才能入住。该部分困难户免费入住修建完成的爱心安置点,安置房产权归属集体所有,入住户实行动态管理。

2014年12月,该爱心安置点设计共两层10户入住,规格为两室一厅,平均面积为50平方米,该安置点房屋水电均通,房屋墙壁刷白,简易装修,村里将邻近安置点的耕地与入住困难户进行了置换,让其方便种地。并在安置点房屋背后修建了公共厕所,还为每户设计了猪圈(共10个,总造价约1万元),总建筑面积约600平方米。

爱心安置模式的优点在于:

第一,有力解决了"搬穷"的问题。对于高山生态扶贫搬迁工作来说,"搬富不搬穷"是难点所在。居住在高寒偏远地区的搬迁农户,因其收入来源低,大多数为贫困户或特困户,按照市场行情自建或购买乡镇集中安置点房屋大约需15万—25万元,依靠搬迁农户自身及财政补助仍然无法实施搬迁,加之其长期居住在偏远地带,思想意识落后,造成"想搬、怕搬、搬不下来"的现象。爱心安置点的建立,保障了特别贫困户的搬迁问题。

第二,统一建设,减少了搬迁成本;分级居住,减少了资源浪费。爱心安置点没有盲目建大房子、建设独栋房。而是在考虑居住能力的前提下,以生活保障为前提,设计人均居住面积。从问卷调查和访谈的情况看,迁入爱心安置点的困难户表示,虽然居住面积较之搬迁前没有改善或略为减少,但居住质量显著提高。

第三,利用原有资源,节约了基础设施建设成本。爱心安置点大多是利用村里闲置的学校、村办公室等集体土地,建成后产权属于村集体所有,这些地方水电问题一般均得到了良好的解决。同时,由于占用的是集体土地,也减少了土地问题带来的矛盾。

爱心安置点模式的局限在于:

第一,安置点规模较小,只能作为常规安置的补充手段。爱心安置点模式只能针对性地对困难群体进行安置,并不适合普遍情况。建立的安置房也不符合普通搬迁农户的需求。

第二,基础设施配套建设资金仍然存在缺口。爱心安置点主要是利用原有村里闲置的学校、村办公室等集体土地旧址,其基础设施配套建设相对搬迁前大为改善,但需要统一重新修建广场、猪圈、鸡场、沼气池等生活保障设施,目前主要依靠特色农业产业政策配套的财政专项资金,但仍然存在较大的资金缺口。

第三,产权归属村集体所有在政策上存在一定不合理性。由于爱心安置点是利用贫困户搬迁的补助资金修建,产权归属村集体意味着补助资金实际未落实到人,目前尚未有相关的上级政策予以解释或批准。

表2-1为几种安置模式的横向比较。

表2-1　不同安置模式的比较

安置模式	占地面积	安置户数	资金投入	搬迁后农民收入来源	主要优点	主要局限
统规统建的小高层建设模式（以城口县庙坝镇易家坝子集中安置点为例）	31.5亩	650户	2600万元左右	依靠附近工业园区就业,家庭收入较之以前有部分增长。	1.节约用地。2.减少农民的搬迁成本。3.推进城镇化建设。	1.并非所有搬迁农户均能接受小高层建筑。2.该模式对乡镇当地就业情况有较高要求。

安置模式	占地面积	安置户数	资金投入	搬迁后农民收入来源	主要优点	主要局限
统规自建的乡村旅游结合模式（以城口县东安乡兴田村非集中安置点为例）	33亩	75户	1200万元左右	依靠农家乐、干货销售，收入明显上升，高的家庭年收入能够达到50万元，低的家庭年收入6万元左右。	1.充分利用安置点的自然资源，能使搬迁农户搬得出、稳得住。 2.基础设施建设到位，刺激搬迁农户自发搬迁。	1.基础设施建设成本高，资金缺口大。 2.容易造成"搬富不搬穷"的现象，农民融资难。 3.安置点后期管理需要资金和人员。
爱心安置模式（以巫溪县大河乡鹅蛋村爱心安置点为例）	300平方米	10户	35万元	依靠耕地，收入没有明显变化，提高了生活质量。	1.有力解决了"搬穷"的问题。 2.统一建设，减少了搬迁成本；分级居住，减少了资源浪费。	1.规模较小，只能作为常规安置的补充手段。 2.基础设施配套建设资金仍然存在缺口。 3.产权归属村集体所有在政策上存在一定的不合理性。

除此之外，重庆市各区县还进行了整乡整村搬迁、梯度搬迁安置、一对一帮扶安置、就地二手房搬迁安置及前述提及的其他各种特殊安置方式等，均取得了良好的效果。在高山生态扶贫搬迁项目中，没有完美无缺的安置方式，而是需要各区县群策群力、互通有无、理论联系实际、因地制宜，结合多种安置模式，以村民意愿为前提、以扶贫致富为准绳，制定出最符合各自实际情况的实施方案。

四、高山生态移民搬迁中的建设用地

新建移民居住地，必然涉及农村建设用地规划及指标等。在实际工作中，我们发现农村建设用地的规划及利用还存在不少需要改进的地方。

根据本次抽样的6个区县来看，高山生态扶贫搬迁工作总体来说良好，基本达到了前期绩效目标。但在规划及利用方面仍然存在不少问题，这些问题有的是客观引起,有的是主观形成,但均与安置点建设的规划和土地利用相关。

(一)占用基本农田

客观上,重庆市地理环境比较特殊,多高山峡谷,少平地平坝,适合建设安置点的地方狭小,凡地势较为平坦的地方土地性质几乎都是基本农田。我们在抽样调查的 6 个区县,均存在占用基本农田的问题。而占用基本农田本身属于违法用地,给搬迁户在安置点的住房办理房屋产权证造成了一系列问题。

由于重庆山多平地少,集中安置点选择比较困难,建设用地一般都在场镇规划区内;符合用地条件的地方,往往比较边远,处在场镇周边附近,农民迁移动力不大,农民想迁移去的地方,往往又是交通发达、人口稠密、土地肥沃的地区,但是不符合用地规划;这就需要地方政府调整城乡建设规划。例如巫溪县 2013年启动的 68 个集中居民安置点中,因用地指标少,部分安置点规划用地为非可建设用地,需要通过调规使用地合法化。也因为巫溪县处于大巴山山区,地势较为陡峭,地无三尺平,难以在海拔较低的地方找到合适的建筑安置地。而较为平坦、适合居住的地方又大多属于基本农田,由于占用基本农田的审批手续较多,而安置需求又极为迫切,采取"先建后批"的方式,导致手续不全、不合规。又如秀山县溪口镇,其 2013 年高山生态扶贫搬迁安置点建设共有 6 个,因占地指标及征地问题,到 2015 年历时 2 年多时间,仅仅启动一个安置点的建设。集中安置点使用土地 100 亩,其中,基本农田就有 20 亩,占总面积 20%之多。

另外,增减挂钩政策实施难度较大。按照要求,搬迁农户在原宅基地复垦后,要进行集中建房安置,其用地指标只能通过建设用地指标增减挂钩方式解决。由于增减挂钩项目实施成本高,且多余的指标无法进入地票交易,较之地票交易,区县政府、搬迁农户均对此缺乏积极性。国家规定是挂钩周转指标必须先建设占用指标然后补充耕地指标。增减挂钩的指标来源是拆除农民原有的宅基地等废弃地块的土地整治,而拆旧区百姓的安置需占用一部分耕地,拆旧前提是必须确保安置到位,避免农民被搬迁之后由于用地指标没有落实而无法安顿下来。由于挂钩项目受到的外在因素影响较多,比如当地主要党政负责人任免交流,建设项目资金不足导致链条断裂,项目无法按期完工,部分农民不愿意搬迁到城镇,几十年居住习惯的山区封闭的生活环境难以适应都市生活的快节奏,没有按期拿到宅基地补偿款就到处上访告状,一些钉子户漫天要价,甚至采取暴力过激行为等情况都可能导致项目不能顺利开展,甚至可能导致项目停顿或者夭折。这都会对周转指标按照事前约定的时间数量归还产生一些影响,直接导致部分搬迁项目成为老大难的"白胡子"工程。

我们认为,占用基本农田是高山生态扶贫搬迁工作难以克服的客观障碍,它不合法但有合理之处,也符合重庆市山多地少、农民建新房屋很难找到适宜的居住点的实际情况。尤其是重庆市奉节县、云阳县、巫溪县、巫山、黔江等三峡库区的区县,这一带地质结构复杂,山体呈自然脆片化状态,非常容易发生大规模的地质滑坡和泥石流,完全不适合修建五楼以上的建筑物。但是,占用基本农田必然涉及多个部门、多个环节,难以一步解决到位;它涉及基本农田保护这一国策,很难轻易改变;如何提出一个行之有效而又多方受益的迂回方案,这需要各级政府高度重视,探索解决。

(二)安置点空置率高

为全面客观了解农户搬迁与宅基地等建设用地使用情况,我们在2014—2015年间先后数十次走访了万州、秀山、黔江等多个区县,行程数千公里,爬陡坡,下峡谷,拄着拐杖穿行于高山与峡谷之间,抵达数十个已经修建完成入住的安置点(2013年之前修建),发现安置点空置率高的情况较为普遍。

经现场访谈了解,安置点空置率高有两个原因。

1. 搬迁农户大多外出务工,导致安置点看起来空空荡荡,该乡总人口仅3000多人,且60%以上人口外出务工,导致大量安置房空置。未空置的住房也仅有一两名老人居住。

以上集中安置点房屋整齐美观、过道宽敞平坦、广场开阔明亮,可称为乡间别墅,但是由于搬迁来的农民无法找到就业的岗位,不得不外出打工,多数房屋空置,这些基础设施却未能发挥应有的作用。同时应当注意到,由于空置率高,广场、街道的电费、水费、清洁费在居住的居民之间摊销,公摊成本也随之升高,这加大了居住成本,也会反过来影响未搬迁群众的搬迁意愿,延缓搬迁工作的进展。我们认为,基础设施配套是由政府进行大额财政资金投入,最后却闲置起来,造成了公共资源的浪费。其根本原因在于规划不够完善,导致了"人去楼空"的现象。建议在规划时尽量全面考虑,对搬迁户进行分级、分群、分类,尽量使基础设施建设的钱花到刀刃上。但同时应当注意,搬迁工作中,尊重搬迁农户意愿应当放在第一位,在其经济能力条件的允许下,愿意修大房子、好房子也无可厚非,如何把握群众满意度的"度",也需要平衡。

2. 安置点规划过大,规划人数超过安置人数,显得安置点空置。在此,我们需要关注的是:小产权房屋修建搭便车。由于安置点修建的房屋规划人数超过搬迁安置人数,代建商将空置的房屋进行出售,造成小产权房搭便车,违反了国土部门相关规定。同时,我们需要关注非搬迁户享受公共资源。非搬迁户以搬迁户同样的价格购买安置点空置的房屋,享受了和搬迁户同样的公共资源,如基础设施配套等。而实际上搬迁户的搬迁补助里,有约20%是已经用于安置点基础设施配套建设,这造成了某种意义上的不公平,也造成了基础设施配套建设资金的缺口进一步加大。

(三)人均占地面积超标

根据重庆市政府〔2013〕9号文件的要求,高山生态扶贫搬迁安置房建设人均占地面积不超过30平方米。而在实际调查中,我们发现,部分安置房尤其是分散安置的搬迁户,由于经济能力较强,修建的两楼一底、三楼一底的乡间别墅人均占地面积往往超过30平方米,有的三口之家房屋修建三四层,面积已经达到300多平方米。

五、搬迁安置点的建设及管护

工程建设和后期管护是搬迁工作中看得见、摸得着的部分,关系着对搬迁工作的第一印象和直观了解。总的来说,在建设期的前中后,需要关注进度、质量、管护三个方面。建设进度影响着搬迁进度、建设质量关系着民心民生、后期管护决定了后续发展。

（一）建设前：建设进度缓慢

造成建设进度缓慢主要有三个原因。

一是客观上的气候、日照、地理因素。特别是城口县、巫溪县、巫山县等多山地带,日照时间短,加之多阴多雨,每天的工作时间较短。另外,其地理因素导致的运输麻烦也是问题之一,尤其是在进行梯度安置时山腰部分的建筑工程,很多地方需要人工操作,肩扛手提,有的只有使用马拉、牛拉等落后的运输方式,严重拖慢了工程进度。

二是土地用地问题、规费问题。由于新修安置点土地调规耗时久、手续审批难,整个调规流程办理至少半年,建设往往需要停滞下来等批文出台。同时土地调规费用高,如调规过程中需要聘请专业中介机构现场勘测定界,一个安置点的勘线费用少则一两万,多则三五万。

三是资金问题、管理问题。由于基础设施配套建设资金到位不足,整个工期被无限延长;而工程管理不到位又经常导致工期未能按计划完成。

要解决建设进度缓慢的问题,关键在于解决农村建设用地的土地指标问题。而纵观整个高山生态扶贫搬迁工作,建设用地指标问题影响了多个方面多个环节,实为当务之急。

（二）建设中：建设质量缺陷

建设质量是高山生态扶贫搬迁项目中值得加以关注的重要事项,质量问题不仅仅是涉及资金问题、安全问题,也涉及搬迁户的信任问题以及基层政府的干群问题。一旦发生,则透支政府信用;处理不善,则产生信任危机,更遑论民生民意。因此是危及高山生态扶贫搬迁项目根本的问题。

从本次抽样的调查结果来看,高山生态扶贫搬迁项目建设质量总体来说较好,尤其是村民自建房屋,其设计、用料、施工均倾向于实用、耐用。

但在抽样的 6 个区县中,也发现部分工程存在建设质量缺陷的问题,主要存在于统建代建房屋。如我们于 2014 年 11 月在秀山县石堤镇玄狮堡安置点现场访谈时,当地搬迁户彭某及其他已搬迁的农户普遍反映其住房有质量问题,如预制板断裂、无化粪池等。又如万州区现场查看中有搬迁农户反应房屋因质量问题导致墙壁渗水等。

由于目前安置点的建设尚未全部完成,而建筑质量是否存在隐患需要一定时间来验证,更需要专业机构来验收,无法估量建筑质量存在问题是否具有普遍性。但从抽样的情况来看是客观存在的,尤其是统建代建房屋。其原因有二:一是偷工减料,二是赶工期,没有严格按照建设工程的基本规范来执行。首先,由于政府限定了代建商的安置点房屋出售价格上限,在综合土地成本、人工成本、材料成本之后,代建商利润水平较低。如想要获取更高的利润,只能进行偷工减料。其次,在统建模式下,各地的安置点建设通过招投标引入代建商,由代建商垫付前期建设资金,政府根据工程进度或签订的合同规定进度拨款。在这种模式下,代建商为减少资金成本,相对更容易发生赶工导致的质量问题。这就需要从建设前的代建商准入规范、建设中的监督质量管理、建设后的竣工验收标准、发现问题后的整改方案四个方面来加以防范。

(三)建设后:公共管理与维护缺失

建设后期的公共管理、基础设施管护,决定了安置点后续的发展是否能够持续、城镇化是否能够达到预期、投资建设是否浪费。由于集中安置点的广大搬迁农户从散居到集居,生活习惯、个人修养、文明程度不同,导致小区物业、污水垃圾处置配套跟不上,同时又缺乏有效的治安管理手段,集中安置点的管理普遍落后。由于建设后公共管理缺失,搬迁农户还未形成业主观念,基层干部对于这方面的宣传、引导工作往往也略显缺失。建议由当地居委会引导,成立业主委员会,做好建设房屋及小区的后期公共管理。

此外,还要做好搬迁安置点的生态环境保护。生态效益是关系到人类生存发展的根本利益和长远利益。重庆市地处长江上游,生态环境较为脆弱,生态重要性十分突出。重庆市委市政府要求依法治市,强调将环境保护和生态建设纳入法治化的轨道。从我们的抽样调查结果来看,仍然存在集中安置点缺乏生活垃圾场和污水垃圾处置配套的现象。

在高山生态扶贫搬迁工作中,特别是在重庆的秀山、酉阳、彭水、开县、黔江等渝东北和渝东南地区,"生态环境"是重中之重,不能为了发展而破坏生态资源,也不能为了表面上的政绩而污染生态环境。高山生态扶贫搬迁是一项长远的工作,不仅是为了那些宅基地的复垦,更重要的是要使搬迁的农民彻底摆脱贫困面貌,发财致富。

六、发展生态养老等相关产业

搞好生态发展,需要转变人们的落后观念。并非只有投入没有产出,只有付出没有回报。具体来说,可以从以下三个方面着手。

(一)加快发展养老产业

我国近 14 亿人口,年满 60 岁以上的老人数量庞大,而且老龄化增长速度每年都在上涨,养老产业面临发展机遇。到 2015 年底,重庆市年满 60 周岁的人口达到 585.86 万,占常住总人口比例为 19.4%,渝东南、渝东北的生态保护区,正适合发展旅游养老、生态养生,可以结合前述的乡村旅游发展,将高、中、低端结合,服务不同群体。各区县政府可利用自身资源,积极探索,打造生态养老、文化养老、智慧养老等相关产业。

在高端上,老年人的安居、休闲、娱乐、疗养产业的发展,能够带动第三产业的发展,同时能够带动学校、医院的入驻,真正加快城市化进程。其重点在于打造城市名片、缔造高端品牌,需要打科技牌、疗养牌、高端牌。

在中端上,中产阶级往往承受工作、学习、子女、养老的多种压力,而无论是城市养老、普通养老比起生态养老来说均缺点明显。而中产阶级的经济能力较好,在生态养老的过程中,一是减轻了他们的负担,二是扩大了他们的人脉交际圈,因此减负和交际可以作为两大亮点发展。

在低端上,工薪阶层更看重旅游放松和亲情培养,而良好的生态环境能够达到放松的目的,也能促进培养家庭感情。同时对于周边特别贫困户、残疾人家庭、五保户等,也可以以社会福利的方式进行养老。

(二)着手建设公益性的生态公园

随着城市化进程的加快,城市人群看到公园、绿地的机会越来越少,而重庆拥有三峡库区的天然优势,环境优美、湿地面积广阔,适合打造国家湿地公园。这不但具有巨大的社会意义,也具有切实的经济效益,还能大幅增加库区沿岸居民的就业机会。

(三)致力打造绿色食品品牌

随着收入水平的提高,生活环境的改善,人们更加注重生活质量,食品安全越来越引起社会的广泛重视,人们更加注重"天然"和"绿色"。无公害农产品、绿色食品、有机农产品、农产品地理标志等成为普通居民的主要选择。一般来讲,绿色食品是指产自优良环境,按照规定的技术规范生产,实行全程质量控制,产品安全、优质,并使用专用标志的食用农产品及加工品。

搞好生态农业蕴藏着大量的商机,它必然促进绿色农业的生产、销售,这样也带来了更多的就业机会。农户自种的无农药、无添加剂的绿色蔬菜及其他农作物等有机食品,既可以小规模种植出售,又可以采取"公司+农户"的方式,打造品牌,形成优质蔬菜产业链,组织大规模品牌包装,运送到城镇商场超市,取得良好的经济效益。当然,这需要运用多种现代化手段让城市居民了解到绿色食品的种植过程,让市民们吃得放心、吃得安全;也可以采取一站式采购,增加乡村旅游的魅力。第一,要继续大力推进农业标准化建设,实现产地环境无害化、生产基地建设规模化、产品质量控制制度化、加工生产过程规范化、生产经营产业化。第二,加强农产品的检测体系建设,实行协查联动、源头追溯、分片包干等方法,建立和完善农产品电子条码和产地准出证明制度。第三,推行全程控制和品牌发展战略,大力推进产品流通品牌化建设,注重品牌培育宣传。以技术标准和规范为依托,努力培育龙头企业和产品品牌,形成规模经济效益。

第三章　宅基地整理形成地票实证研究

　　土地资源是人类赖以生存的重要自然资源,土地资源的开发利用有力地支持了各项生产建设和经济的发展,同时,在生产建设中,因挖损、占压、工程施工、排水、填埋等也造成了土地资源的破坏及生态环境的恶化,导致部分土地资源的废弃和利用效益降低。因此,大力开展包括宅基地在内的土地复垦,切实保护土地资源,是建设美好家园、实现土地资源可持续利用的必由途径。

　　2008年,重庆市成立重庆农村土地交易所,为建设用地挂钩指标交易提供了良好的平台。为优化城乡资源配置,推进农村土地节约集约利用,统筹城乡经济社会全面协调可持续发展,根据《重庆农村土地交易所管理暂行办法》,结合《重庆市农村建设用地复垦管理规定(试行)》《合川区土地利用总体规划》等相关要求以及合川区三庙镇石堰村相关土地权利人的申请,由合川区土地开发整理中心规划对三庙镇石堰村部分申请宅基地进行复垦,以达到"珍惜和合理利用土地",增加耕地和为地区经济发展提供用地保障的目的,同时对农民的增产增收也有一定的促进作用。

　　为了更好地确保此次土地复垦工程的顺利实施,根据《土地复垦条例》《土地复垦技术标准(试行)》以及《重庆市农村建设用地复垦管理规定(试行)》等文件要求,结合当地具体实际情况和农民意见与建议,本课题组负责人具体承担了编制《合川区三庙镇石堰村农村建设用地复垦项目》规划的任务,并且为该项目的顺利实施提供指导和技术支持。

　　本项目红线范围为重庆市合川区三庙镇石堰村的废弃宅基地面积为20.8464公顷,为《合川区三庙镇、草街街道城镇建设用地增加与三庙镇石堰村农村建设用地减少相挂钩(农业创业园一期)项目》的复垦项目。为加强土地复垦工作,珍惜和合理利用土地,改善生态环境,实现土地资源可持续利用,促进经济、社会和环境的和谐发展,依据土地复垦相关法律法则,指导和规范有复垦任务的生产建设单位编制土地复垦方案报告书,制定以下编制要求。

表 3-1　项目特性

编号	项目	单位	数量	编号	项目	单位	数量
一	工程位置			(三)	农田水利工程		
1	涉及行政村	个	1	1	新修 0.3m×0.4m 排水沟(砖)	m	545
二	项目区红线面积	hm²	20.8464	2	新修 0.3m×0.3m 排水沟(石)	m	625
1	可复垦面积	hm²	20.8464	3	新修沉沙凼	口	13
2	片块数	个	20	4	新修过生产路农涵	座	16
3	复垦点数	个	167	(四)	田间道路工程		
4	新增耕地	hm²	20.6430	1	新修 0.8 米宽生产路(砼)	m	817
5	新增林地	hm²	0.1021	2	维修 0.8 米宽生产路(砼)	m	6568
6	新增交通运输用地	hm²	0	五	项目总预算	万元	1783.52
7	新增水域及水利设施用地	hm²	0.0026	(一)	工程施工费	万元	303.81
8	保留原工程用地	hm²	0.0987		工程施工费占总费用的比例	%	17.03
9	新增耕地率	%	99.02%	1	拆除工程工程	万元	198.96
三	土地权属	集体		2	土地平整工程	万元	74.56
四	工程数量			3	农田水利工程	万元	7.16
(一)	拆除工程			4	田间道路工程	万元	23.13
1	木墙房屋拆除面积	m²	8048	(二)	设备费	万元	0.00
2	土墙房屋拆除面积	m²	1770		设备费占总费用的比例	%	0.00
3	浆砌条石墙体房屋拆除面积	m²	35889	(三)	其他费用	万元	1444.74
4	浆砌砖墙体房屋拆除面积	m²	20795		其他费用占总费用的比例	%	81.00
5	条石基础拆除	m³	5198	1	前期工作费	万元	60.84
6	砼地面(砼地板与水泥院坝)拆除	m³	7717	2	工程监理费	万元	9.38
7	石坝地面拆除	m³	7199	3	竣工验收费	万元	18.76
8	三合土地面拆除	m³	968	4	业主管理费	万元	9.38

编号	项目	单位	数量	编号	项目	单位	数量
9	剩余物总量	m³	9573	5	拆迁补偿费	万元	1346.37
10	弃渣总量	m³	9860	（四）	不可预见费	万元	34.97
11	弃渣坑人工开挖	m³	8854		不可预见费占总费用的比例	%	1.96
12	弃渣人工回填	m³	8854	六	项目建设工期	月	4
（二）	土地平整工程			七	项目效益		
1	清理杂物	m²	86056	1	新增耕地面积	hm²	20.6430
2	内部土方平衡方量	m³	8287	2	经济收益	万元	47.22
3	土墙捣碎	m³	664	3	预算总投资	万元	1783.52
4	人工覆土、平土面积	m²	107004	4	工程施工费亩均投资	元	9812
5	人工翻耕土方量	m³	54114	5	建设规模亩均投资（按照不含拆迁补偿费的总投资计算）	元	13980
6	降坡挖填方量	m³	630				
7	新修条石坎砌筑量	m³	243	6	新增耕地亩均投资（按照不含拆迁补偿费的总投资计算）	元	14118
8	人工挖石坎基槽	m³	56				

表 3-2　石堰村农村建设用地复垦项目复垦片块基本情况汇总

片块号	权属单位	建设用地复垦面积（m²）				新建住房占地		预计减少建设用地面积（m²）	预计增加农用地面积（m²）			备注
		合计	宅基地		其他建设用地	面积（m²）	地类		合计	耕地	其他	
			房屋占地	附属用地								
片块1至3	石堰村1社	38904	12677	26227	0	7021	建设用地	38904	38904	38518	386	
片块4至6	石堰村2社	22504	7603	14901	0	4220	建设用地	22504	22504	22500	4	
片块7至8	石堰村3社	22340	6503	15837	0	3368	建设用地	22340	22340	21842	498	
片块9	石堰村4社	20806	4769	16036	0	2830	建设用地	20806	20806	20742	64	
片块10至11	石堰村5社	18541	6431	12110	0	3047	建设用地	18541	18541	18512	29	
片块13至14	石堰村6社	21821	6764	15057	0	3625	建设用地	21821	21821	21144	677	

片块号	权属单位	建设用地复垦面积（m²）				新建住房占地		预计减少建设用地面积（m²）	预计增加农用地面积（m²）			备注
		合计	宅基地		其他建设用地	面积（m²）	地类		合计	耕地	其他	
			房屋占地	附属用地								
片块15至17	石堰村7社	30778	10267	20511	0	5448	建设用地	30778	30778	30703	75	
片块18至20	石堰村8社	32770	9131	23639	0	4533	建设用地	32770	32770	32469	301	
合计	—	208464	64146	144318	0	34092	—	208464	208464	206430	2034	

一、总　则

（一）编制目的

为加强建设用地复垦工作,珍惜和合理利用土地,将闲置的建设用地复垦目标、任务、措施和计划等落到实处。各项工作任务和要求如下：

1. 调查并量算建设用地面积以及现状情况。

2. 根据调查结果,分别统计和确定拟复垦建设用地规模和应复垦的面积,并确定复垦后的土地利用类型。

3. 根据复垦后的土地利用类型,对拟复垦土地进行配套工程规划布局,结合土地利用方向,明确各类工程的位置、数量和规格等。

4. 在各类工程规划布局的基础上,按复垦后土地利用方向确定土地复垦技术要求并设计复垦方案,明确要求达到的技术标准和技术参数,计算各类工程量,编制复垦工程的投资预算,并编写《合川区三庙镇石堰村农村建设用地复垦项目实施方案》。

5. 明确土地复垦承担单位,本方案所涉及的所有复垦工程由合川区土地开发整理中心承担。

6. 本方案的编制同时为土地管理部门对土地复垦的实施管理、监督检查等提供依据。

（二）编制原则

根据重庆市合川区三庙镇石堰村自然环境与社会经济发展情况,按照科学合理、综合效益最佳和便于操作的要求,体现以下复垦原则。

1. 统一规划,统筹安排;在土地复垦规划设计和实施过程中,结合《合川区土地利用总体规划》和《合川区三庙镇土地利用总体规划》,协调好本次建设用地复垦与相关规划的关系,确保复垦工作的顺利实施。

2. 因地制宜,优先用于农业;充分结合周边地类实际情况,按照"优先复垦为耕地"的原则,合理确定复垦后土地利用类型,能复垦为耕地或可调整为耕地的园地的尽量复垦为耕地或可调整为耕地的园地。

（三）编制依据

1. 法律法规

主要有《土地管理法》《环境保护法》《水土保持法》《土地复垦条例》《土地管理法实施条例》《关于加强生产建设项目土地复垦管理工作的通知》《土地开发复垦标准》《固体废物污染环境防治法》《关于切实做好耕地占补平衡工作的通知》等。

2. 地方法规

主要有《重庆市土地管理规定》《重庆农村土地交易所管理暂行办法》《重庆市农村建设用地复垦项目管理规定(试行)》等。

3. 行业标准

（1）(GB 5084-92)《农田灌溉水质标准》

（2）(GB 50288-99)《灌溉与排水工程设计规范》

（3）（GB/T16453.1-16453.6-1996）《水土保持综合治理技术规范》

（4）（GB/T50363-2006）《节水灌溉工程技术规范》

（5）（SL18-91）《渠道防渗工程技术规范》

（6）（SL72-94）《水利建设项目经济评价规范》

（7）（SL104-95）《水利工程水利计算规范》

（8）（SL/T191-96）《水工构筑物结构设计规范》

（9）（SL/T4-1999）《农田排水工程技术规范》

（10）（SDJ338—89 编制说明）《水利水电工程施工组织设计规范（试行）》

（11）（TD/T1011-2000）《土地开发复垦规划编制规程》

（12）（TD/T1012-2000）《土地开发复垦项目规划设计规范》

（13）（TD/T1013-2000）《土地开发复垦项目验收规程》

（14）《县级土地利用总体规划编制规程（试行）》

（15）《全国土地分类（试行）》（2002 年 1 月 1 日起试行）

（16）财政部、国土资源部《土地开发复垦项目预算定额标准》（2005）

（17）财政部、国土资源部《土地开发复垦项目施工机械台班费定额》（试行稿）（2005）

4.相关政策性文件

（1）《关于加强生产建设项目土地复垦管理工作的通知》（国土资发〔2006〕225 号）

（2）《关于组织土地复垦方案编报和审查有关问题的通知》（国土资发〔2007〕81 号）

（3）重庆市国土房管局关于印发《重庆市农村建设用地复垦项目管理规定（试行）》的通知（渝国土房管发〔2009〕495 号）

（4）《重庆市国土房管局关于进一步规范农村建设用地复垦工作的通知》（渝国土房管发〔2009〕778 号）

（5）重庆市国土房管局关于印发《关于规范地票价款使用促进农村集体建设用地复垦的指导意见（试行）》的通知（渝国土房管发〔2010〕384 号）

5.技术资料

（1）《重庆市合川区土地利用总体规划（2011—2015）》

（2）《重庆市合川区三庙镇土地利用总规划》

（3）《重庆市合川区农业综合区划》

（4）合川区三庙镇石堰村农业经济报表

（5）项目区1∶500地形现状图

（6）重庆市合川区1∶10000土地利用现状图H48G043066、H48G044066，采用每年实时更新调查的数据

（7）其他相关资料

（四）范围红线、建设规模及复垦目标

依据国家法律法规及本工程设计资料，结合项目区实际情况，根据当地的土地利用总体规划，合理确定复垦后土地用途。结合本项目的特点，对建设用地进行土地复垦，恢复土地利用价值。

合川区三庙镇石堰村农村建设用地复垦项目范围红线、建设规模及复垦目标为：

1.范围红线的确定：以国土部门的二调1∶10000土地利用现状图上的建设用地（农村居民点）图斑线为基准，对复垦对象进行1∶500实测形成复垦范围红线。整个宅基地都复垦，则复垦范围红线为1∶10000土地利用现状图上整个图斑；部分宅基地复垦，则复垦范围红线与1∶10000土地利用现状图建设用地图斑线叠加后，前者只能被包含于后者。据此确定本项目范围红线总面积为20.8464hm^2。

2.建设规模：通过现场踏勘，并结合1∶10000土地利用现状图和1∶500实测地形现状图，确定项目区内所有红线面积均纳入项目建设规模。据此确认本项目建设规模为20.8464hm^2。

3.复垦目标：通过现场踏勘，充分结合周边地类实际情况，按照"优先复垦为耕地"的原则，并通过复垦适宜性评价，拟确定项目区建设用地复垦后土

地利用方向为耕地、林地、园地和其他用地。

（五）建设工期和主要计量单位

建设工期:4 个月;

面积:公顷(hm²)、平方米(m²)、亩;

长度:米(m)、公里(km);

体积:立方米(m³);

产量:吨(t)/亩、斤/亩;

产值:元/亩·年;

单价:万元/hm²、元/吨、元/斤、元/公斤;

金额:万元(人民币)。

二、项目概况

（一）项目区概况

合川区地处渝西北,紧邻主城区,嘉陵江、渠江、涪江三江横贯全境,辐射广安、南充、遂宁,是重庆市规划建设的区域性中心城市和"一小时经济圈"的重要板块,也是重庆市"十一五"期间重点发展的六大区域性中心城市之一。幅员面积 2356 平方公里,总人口 152 万。

合川区距重庆主城区 58 公里,境内有 212 国道、襄渝铁路、渝合高速公路等交通干道,水陆交通较为发达,是川东北、渝西北的交通枢纽和重要的物资集散地,是重庆通往川北、陕西、甘肃等地的交通要道和经济走廊。随着遂渝快速铁路、合武高速公路的开通,合川对周边地区的辐射能力得到进一步提升。

合川区水资源得天独厚。共有嘉陵江、涪江、渠江 3 条江,99 条河溪,总长 1990 公里,每年地表水流量为 730 多亿立方米,水域面积达 77 平方公里。随着草街航电枢纽建成蓄水,合川城区湖水环绕,将是名副其实的西部江城。矿产资源贮量巨大,已探明矿产20多种,其中煤炭远景储量达18.2亿吨,岩盐可采储量160亿吨,锶矿储量达100万吨,石灰石储量55亿吨。

合川区有国家重点风景名胜区、全国重点文物保护单位钓鱼城古战场遗址(重庆市唯一的"双国保")。有全国首批历史文化名镇涞滩古镇,镇内二佛寺摩崖石刻造像是全国最大的禅宗石刻造像群,佛教禅宗文化圣地。

合川区撤县设市以来,主城区建成面积28.5平方公里,常住人口31.3万,城市基础设施配套完善。城市管理体系不断完善,是重庆市级卫生城市和山水园林城市。

合川区是国家确定的商品粮、瘦肉型猪、白山羊、茧丝绸、柑桔基地。共有各类工商企业4000多家,初步形成了食品、建材、轻纺、医药化工、能源等优势行业。

(二)项目区基本情况

本项目区位于重庆市合川区三庙镇石堰村1、2、3、4、5、6、7、8社,总共20个片块,167个复垦点的集体土地,有511户农户,红线面积20.8464公顷。本次建设用地复垦项目红线面积为20.8464hm^2,建设规模为20.8464hm^2。通过现场踏勘,项目区建设用地根据地类划分为农村宅基地、宅基地附属用地。其中宅基地主要为房屋;宅基地附属用地主要为院坝、道路、水利设施用地和其他附属用地等。

本项目涉及住户511户,都已搬迁,分别到三庙购房居住以及在本村建房。各片块面积大小不一,分布较为分散。片块内房屋周围基本上都存在零星杂物。截至项目踏勘,片块内的房屋及构筑物还未拆除,同时房屋及构筑物混凝土地板以及混凝土院坝等依然存在,各片块的位置、面积对应情况见表3-3,建筑物基本情况见表3-4,其他附属用地及周边情况见表3-5,基础设施情况表见表3-6。

表3-3 项目区各片块位置、面积对应表

片块编号	所属村社	土地性质	图幅号	图斑号	1:10000 图斑面积（hm²）	1:500 实施面积（m²）	土地利用现状	涉及住户	户数	去向	新建住房占用耕地面积（m²）
1—1—1	石堰村1社	集体土地	H48 G043066	5	0.1518	1152	农村居民点	廖昌友	1	新建住房	0
1—1—2	石堰村1社							曹奇林	1	新建住房	0
1—2—1	石堰村1社	集体土地	H48 G043066	8	0.0572	572	农村居民点	曹学锋	1	新建住房	0
1—3—1	石堰村1社							曹先贵	1	新建住房	0
1—3—2	石堰村1社							曹先付	1	新建住房	0
1—3—3	石堰村1社	集体土地	H48 G043066	14	0.2402	2402	农村居民点	廖海	1	新建住房	0
1—3—4	石堰村1社							何代芬	1	新建住房	0
1—3—5	石堰村1社							曹印	1	新建住房	0
1—3—6	石堰村1社							曹先福	1	新建住房	0

续表

片块编号	所属村社	土地性质	图幅号	图斑号	1:10000 图斑面积（hm²）	1:500 实施面积（m²）	土地利用现状	涉及住户	户主情况		
									户数	去向	新建住房占用耕地面积（m²）
1—4—1	石堰村1社							张红莲	1	新建住房	0
1—4—2	石堰村1社							廖凯	1	新建住房	0
1—4—3	石堰村1社							陈德英	1	新建住房	0
1—4—4	石堰村1社	集体土地	H48 G043066	27	0.4376	3210	农村居民点	曹先龙	1	新建住房	0
1—4—5	石堰村1社							曹少清	1	新建住房	0
1—4—6	石堰村1社							曹胜均	1	新建住房	0
1—4—7	石堰村1社							曹先林	1	新建住房	0
1—5—1	石堰村1社	集体土地	H48 G043066	28	0.0835	835	农村居民点	何万福	1	新建住房	0
1—5—2	石堰村1社							王仁强	1	新建住房	0

表3-4 项目区各片块建筑物基本情况表

地块编号	建筑物编号	房屋占地面积(m²)	房屋																	院坝		
			墙体				屋顶			地板			楼板			屋基				材料	面积(m²)	厚度(m)
			材料	高度(m)	厚度(m)	长度(m)	材料	面积(m²)	厚度(m)	材料	面积(m²)	厚度(m)	材料	面积(m)	厚度(m)	材料	深度(m)	宽度(m)	长度(m)			
片块1-1	1	109	砖	7	0.24	47	预制板	131	0.15	水泥	109	0.1	预制板	109	0.1	条石	0.6	0.3	47			
	2	47	石	2.8	0.3	20	瓦木	56	0.15	水泥	47	0.1				条石	0.6	0.3	20			
	3	110	石	2.8	0.3	47	瓦木	132	0.15	水泥	110	0.1				条石	0.6	0.3	47			
	4																			三合土	83	0.12
	5																			砼	111	
片块1-2	1	123	砖	7.2	0.24	53	预制板	148	0.15	水泥	123	0.1	预制板	123	0.1	条石	0.6	0.3	53			
	2																			砼	51	
片块1-3	1	204	砖	7.2	0.24	88	预制板	245	0.15	水泥	204	0.1	预制板	204	0.1	条石	0.6	0.3	88			
	2	201	砖	3	0.24	86	瓦木	241	0.15	水泥	201	0.1				条石	0.6	0.3	86			
	3	88	石	2.8	0.3	38	瓦木	106	0.15	水泥	88	0.1				条石	0.6	0.3	38			
	4	146	石	2.7	0.3	63	瓦木	175	0.15	水泥	146	0.1				条石	0.6	0.3	63			
	5	211	砖	3	0.24	91	瓦木	253	0.15	水泥	211	0.1				条石	0.6	0.3	91			
	6	122	砖	7	0.24	52	预制板	146	0.15	水泥	122	0.1	预制板	122	0.1	条石	0.6	0.3	52			
	7																			三合土	60	0.12
	8																			三合土	116	0.12
	9																			三合土	273	0.12

表3-5　项目区其他附属用地及周边情况

片块编号	宅基地区域情况		附属用地						周边情况					土地利用兼容性
	面积(m²)	土壤情况	院坝面积(m²)	土壤情况	其他面积(m²)	地形条件	零星杂物情况	土壤情况	东面	西面	南面	北面	农作物生长情况	
片块1—1	266	土层较厚，约20cm	194	土层较厚，约30cm	692	地形起伏较大，坡度3°—20°	零星杂树、杂草，较多林地、灌木	土层较厚，约53cm	林地	旱地	旱地	林地	良好	2面与耕地相连，复垦后土地利用兼容性较好
片块1—2	123	土层较厚，约20cm	51	土层较厚，约30cm	398	地形起伏较大，坡度3°—16°	零星杂草	土层较厚，约50cm	旱地	旱地	旱地	旱地	良好	4面与耕地相连，复垦后土地利用兼容性非常好
片块1—3	972	土层较厚，约30cm	449	土层较厚，约45cm	981	地形起伏不大，坡度3°—12°	零星杂树、杂草	土层较厚，约50cm	旱地	旱地	旱地	旱地	良好	4面与耕地相连，复垦后土地利用兼容性非常好
片块1—4	1061	土层较厚，约30cm	396	土层较厚，约35cm	1753	地形起伏不大，坡度3°—12°	零星杂草、杂树、林地	土层较厚，约50cm	林地	旱地	旱地	旱地	良好	3面与耕地相连，复垦后土地利用兼容性较好
片块1—5	297	土层较厚，约20cm	0	土层较厚，约30cm	538	地形起伏不大，坡度3°—6°	零星杂树、杂草	土层较厚，约55cm	旱地	旱地	居民点	林地	良好	2面与耕地相连，复垦后土地利用兼容性较好

表3-6 项目区基础设施情况表

片块号	交通条件				总的情况	灌排水条件			总的情况
	水泥路	碎石路	田间道	生产路		灌溉设施	排水设施	承泄区	
片块1—1	无	无	无	2条:0.6m宽土质生产路	路面无杂草,雨后泥泞	无	无	无	排水条件较差
片块1—2	无	无	1条:4.5m宽田间道	1条:0.6m宽生产路	路面无杂草,雨后泥泞	无	无	无	排水条件较差
片块1—3	无	无	1条:4.6m宽田间道	4条:0.6m宽土质生产路	路面较窄,路况较差	无	无	无	排水条件较差
片块1—4	无	无		2条:0.5m宽生产路	路况较好	无	无	无	排水条件较差
片块1—5	无	无		2条:0.5m宽生产路	路面较窄,路况较差	无	无	无	排水条件较差
片块1—6	无	无	1条:4.5m宽田间道	4条:0.6m宽生产路	交通较好	无	无	无	排水条件较差
片块1—7	无	无		1条:0.8m宽生产路	较差	无	无	无	排水条件较差
片块1—8	无	无	1条:4.4m宽田间道	3条:0.6m宽土质生产路	交通较好	无	无	无	排水条件较差
片块1—9	无	无		1条:1m宽土质生产路	路面无杂草,雨后泥泞	无	无	无	排水条件较差

续表

片块号	交通条件					灌排水条件			
	水泥路	碎石路	田间道	生产路	总的情况	灌溉设施	排水设施	承泄区	总的情况
片块1—10	1条:4.5m宽水泥公路	1条:5m宽碎石路	无	无	交通较好	无	无	无	排水条件较差
片块2—1	2条:3.5m宽和4.7m宽水泥公路	无	无	2条:0.6m宽土质生产路	路面无杂草,雨后泥泞	无	无	无	排水条件较差
片块2—2	无	无	1条:3.7m宽田间道	无	路面无杂草,雨后泥泞	无	无	无	排水条件较差
片块2—3	无	无	无	1条:0.5m宽土质生产路	路面较窄,路况较差	无	无	无	排水条件较差

（三）项目区土地利用现状

1. 土地利用现状

根据重庆市合川区土地利用现状图 H48G043066、H48G044066。项目区红线范围面积为 20.8464hm²，土地利用现状为农村居民点，分为宅基地、宅基地附属用地。其中宅基地主要为房屋；宅基地附属用地主要为院坝、道路、水利设施用地和其他附属用地等。本次项目建设规模为 20.8464hm²。

表 3-7 项目区土地利用现状表

片块编号	村社名称	土地性质	1:10000 统计				1:500 统计		
			图幅号	图斑号	地类名称	图斑面积（hm²）	实施面积（m²）	宅基地面积（m²）	附属用地面积（m²）
片块1—1	石堰村1社	集体土地	H48 G043066	5	农村居民点	0.1518	1152	266	886
片块1—2	石堰村1社	集体土地	H48 G043066	8	农村居民点	0.0572	572	123	449
片块1—3	石堰村1社	集体土地	H48 G043066	14	农村居民点	0.2402	2402	972	1430
片块1—4	石堰村1社	集体土地	H48 G043066	27	农村居民点	0.4376	3210	1061	2149
片块1—5	石堰村1社	集体土地	H48 G043066	28	农村居民点	0.0835	835	297	538
片块1—6	石堰村1社	集体土地	H48 G043066	15	农村居民点	0.2426	2426	1093	1333
片块1—7	石堰村1社	集体土地	H48 G043066	16	农村居民点	0.0265	264	110	154
片块1—8	石堰村1社	集体土地	H48 G043066	20	农村居民点	0.1157	1157	444	713
片块1—9	石堰村1社	集体土地	H48 G043066	26	农村居民点	0.0397	397	148	249
片块1—10	石堰村1社	集体土地	H48 G043066	24	农村居民点	0.0888	888	148	740
片块2—1	石堰村1社	集体土地	H48 G043066	34	农村居民点	0.2403	2403	625	1778
片块2—2	石堰村1社	集体土地	H48 G043066	40	农村居民点	0.0670	670	213	457
片块2—3	石堰村1社	集体土地	H48 G043066	50	农村居民点	0.0809	809	289	520
片块2—4	石堰村1社	集体土地	H48 G043066	48	农村居民点	0.1440	1440	298	1142

续表

| 片块编号 | 村社名称 | 土地性质 | 1：10000 统计 | | | | 1：500 统计 | | |
			图幅号	图斑号	地类名称	图斑面积（hm²）	实施面积（m²）	宅基地面积（m²）	附属用地面积（m²）
片块2—5	石堰村1社	集体土地	H48 G043066	42	农村居民点	0.3883	3883	1621	2262
片块2—6	石堰村1社	集体土地	H48 G043066	68	农村居民点	0.4662	3211	1162	2049
片块2—7	石堰村1社	集体土地	H48 G043066	63	农村居民点	0.0849	849	141	708
片块2—8	石堰村1社	集体土地	H48 G043066	84	农村居民点	0.0421	421	189	232
片块2—9	石堰村1社	集体土地	H48 G043066	89	农村居民点	0.5858	5469	1602	3867
片块2—10	石堰村1社	集体土地	H48 G043066	64	农村居民点	0.1266	1226	529	697
片块3—1	石堰村1社	集体土地	H48 G043066	74	农村居民点	0.1933	1316	139	1177
片块3—2	石堰村1社	集体土地	H48 G043066	78	农村居民点	0.0869	702	254	448
片块3—3	石堰村1社	集体土地	H48 G043066	69	农村居民点	0.0840	840	272	568

2.土地权属

项目区涉及土地权属均为重庆市合川区三庙镇石堰村集体所有,为农村集体建设用地,权属清晰,无争议。踏勘选址前,由村民自行申请复垦,并自愿提供房屋产权证。

三、复垦适宜性评价与分析

（一）客土的适宜性评价及分析

1.项目区内土量现状分析

项目区土壤类型多样,主要以黄壤、黄棕壤与石灰土为主,土层较厚、土壤肥沃,有机质含量丰富,少氮、富钾、缺磷,pH 值为 5.5—7.5。旱地土层厚度 40—80cm,有机质含量在 8.5—12.5g/kg,全氮含量 0.62—0.98g/kg,全磷为 0.50—0.79g/kg,全钾为 15.4—25.4 g/kg。项目区内平均土层厚度为 40—50 cm。

从土壤各化学元素来看,土壤化学性质较好,肥力较高,能够较好地满足植物生长所需营养元素,达到高产的目的。项目区均为农村建设用地,宅基地附属用地通过翻耕一般可使有效耕作层达到 40—60cm 厚,可满足耕作需求,不需覆土;院坝拆除后经翻耕后可达到 20—30cm 厚,房屋占地部分拆除后一般可以翻出 20—30cm 厚土,无法满足耕作需求,则需要对其房屋和院坝部分进行客土。

2. 项目区内土层厚度设计标准

根据重庆市国土资源和房屋管理局文件,重庆市国土房管局关于印发《重庆市农村建设用地复垦管理办法(试行)》的通知。其中第十五条规定,项目区竣工后有效土层不低于 40cm,砾石及瓦砾含量不超过 5%。因此在本项目中设计翻耕及内部土量平衡后土层厚度为 40cm。

3. 项目区供需土量分析

本项目居民点供土来源主要为其他附属用地翻耕后除去复垦标准 40cm 外剩余的土量和挖垃圾填埋区基坑土量。对项目各片块房屋占地部分、院坝翻耕后,土层厚度不能达到 0.4m 的耕作要求,因此本部分区域需要客土;片块其他附属用地区域翻耕后,土层厚度高于标准厚度,可以弥补宅基地及院坝区域土层的不足,实现了该项目的土量供需平衡,则不需要从外部客土,仅在片块内部进行土量平衡。

根据实地踏勘调查,项目区各片块需土量和可供土量如表 3-8 所示。

表3-8　项目区片块供需土量分析表

| 片块编号 | 需土分析 | | | | | | 供土分析 | | | | | | | |
| | | | | | | | 内部客土 | | | | | | | 外部客土 |
	房屋占地面积(m²)	房屋占地现有土层厚度(m)	院坝面积(m²)	院坝现有土层厚度(m)	房屋和院坝设计土层厚度(m)	需土量(m³)	土墙捣碎量(m³)	其他附属用地面积(m²)	现有土层厚度(m)	设计土层厚度(m)	其他附属用地面积可供土量(m³)	其他附属用地面积实际供土量(m³)	内部客土运距(m)	外部客土量(m³)
片块1-1	266	0.20	194	0.30	0.4	72.6	0.0	692	0.53	0.4	90.0	72.6	60	0
片块1-2	123	0.20	51	0.30	0.4	29.7	0.0	398	0.50	0.4	39.8	29.7	50	0
片块1-3	972	0.30	449	0.45	0.4	74.8	0.0	981	0.50	0.4	98.1	74.8	20	0
片块1-4	1061	0.30	396	0.35	0.4	125.9	0.0	1753	0.50	0.4	175.3	125.9	55	0
片块1-5	297	0.20	0	0.30	0.4	59.4	0.0	538	0.55	0.4	80.7	59.4	15	0
片块1-6	1093	0.29	637	0.43	0.4	101.1	0.0	696	0.65	0.4	174.0	101.1	30	0
片块1-7	110	0.34	79	0.30	0.4	14.5	0.0	75	0.70	0.4	22.5	14.5	25	0
片块1-8	444	0.20	190	0.30	0.4	107.8	0.0	523	0.66	0.4	136.0	107.8	60	0
片块1-9	148	0.20	95	0.30	0.4	39.1	0.0	154	0.68	0.4	43.1	39.1	30	0
片块1-10	148	0.20	71	0.30	0.4	36.7	0.0	669	0.50	0.4	66.9	36.7	20	0
片块2-1	625	0.28	328	0.34	0.4	94.7	0.0	1450	0.65	0.4	362.5	94.7	25	0
片块2-2	213	0.20	130	0.45	0.4	36.1	0.0	327	0.55	0.4	49.1	36.1	20	0
片块2-3	289	0.28	199	0.30	0.4	54.6	0.0	321	0.62	0.4	70.6	54.6	60	0
片块2-4	298	0.20	155	0.30	0.4	75.1	0.0	987	0.50	0.4	98.7	75.1	50	0

续表

片块编号	需土分析						供需土分析							供土分析	
							供土分析		内部客土					外部客土	
	房屋占地面积 (m²)	房屋占地现有土层厚度 (m)	院坝面积 (m²)	院坝现有土层厚度 (m)	房屋和院坝设计土层厚度 (m)	需土量 (m³)	土墙捣碎量 (m³)	其他附属用地面积 (m²)	现有土层厚度 (m)	设计土层厚度 (m)	其他附属用地面积可供土量 (m³)	其他附属用地面积实际供土量 (m³)	内部客土运距 (m)	外部客土量 (m³)
片块2-5	1621	0.34	437	0.43	0.4	84.2	0.0	1825	0.50	0.4	182.5	84.2	20	0
片块2-6	1162	0.36	913	0.35	0.4	92.1	0.0	1136	0.59	0.4	215.8	92.1	55	0
片块2-7	141	0.20	100	0.30	0.4	38.2	0.0	608	0.50	0.4	60.8	38.2	15	0
片块2-8	189	0.20	0	0.38	0.4	37.8	0.0	232	0.58	0.4	41.8	37.8	30	0
片块2-9	1602	0.35	641	0.37	0.4	99.3	0.0	3226	0.50	0.4	322.6	99.3	25	0
片块2-10	529	0.34	330	0.30	0.4	64.7	0.0	367	0.65	0.4	91.8	64.7	60	0

注:①需土分析中:需土量=(房屋占地面积+院坝面积)×房屋和院坝设计土层厚度-(房屋占地面积×房屋占地现有土层厚度+院坝面积×院坝现有土层厚度)。

②供土分析中:内部客土总量=土墙捣碎量+其他附属用地面积×(现有土层厚度-设计土层厚度);当土墙捣碎量>=需土量时,其他附属用地面积实际供土量=0;当土墙捣碎量<需土量,其他附属用地面积可供土量>=需土量时,其他附属用地面积实际供土量=需土量-土墙捣碎量;当(土墙捣碎量+其他附属用地面积可供土量)<需土量时,外部客土量=需土量-(土墙捣碎量+其他附属用地面积可供土量)。

根据现场踏勘调查,对项目各片块房屋、院坝翻耕后,院坝、房屋占地部分土厚度均达标,因此本项目不需要外部客土,只片块内部土量平衡。根据现场踏勘,对各片块拟翻耕区翻耕后超出复垦厚度标准的区域可以为达不到标准的区域供土,再加上土墙捣碎土,项目区高土量得到了保证,实现了该项目的土量供需平衡,则不需要从外部客土,因此在客土的适宜性评价中项目区的土源保证率为100%。

（二）复垦土地适宜性评价方法与指标

1. 复垦土地适宜性评价体系

客土的适宜性评价是土地复垦的基础,只有保证土源后才能进行土地适宜性评价。根据农村居民点复垦的特点,选择政策性条件、降坡的难度、拆除和弃渣处理的难度、客土的难度、交通区位条件、灌排水措施保证以及土地利用兼容性7个评价因子来对拟复垦的农村居民点各评价单元进行评价。各评价因素的等级、权重及分值如表3-9所示。

表3-9 复垦土地主要评价因子、权重及分值的标准

评价因子	权重 B	分级指标	等级	分值 A
政策性条件	0.20	政策支持,村民积极性高	1	100
		政策支持,村民积极性较高	2	80
		政策支持,村民积极性较低	3	60
		政策不支持,村民积极性较低	4	40
降坡的难度	0.10	2°—6°	1	100
		6°—15°	2	80
		15°—25°	3	60
		>25°	4	0
拆除和弃渣处理的难度	0.15	完全无深坑,且地表较平;拆除容易且交通便利,便于弃渣处理	1	100
		无深坑,但地表不平;拆除容易但仅可以使用双脚轮车运输,弃渣处理比较方便	2	80
		有深坑,但需要填 2m 以内;拆除困难且仅可以用双胶轮车运输,弃渣处理比较困难	3	60
		坑较深,需要填 2m 以上;拆除困难且只能人工挑抬运石渣,弃渣处理困难	4	40

续表

评价因子	权重 B	分级指标	等级	分值 A
客土的难度	0.15	就近有客土,附属用地或附近土堆	1	100
		有客土,运距在 1km 以内,交通方便	2	80
		有客土,运距在 3km 以内,交通方便	3	60
		基本无客土或客土不能满足项目区要求	4	0
交通区位条件	0.10	距离村寨近,有完善的道路系统,生产便捷	1	100
		距离村寨近,有道路但还未形成一个健全的体系	2	80
		距离村寨远,仅有简单的小道,生产极不方便	3	60
		距离村寨远,没有道路	4	40
灌排水措施保证	0.10	有稳定水源,灌排设施齐全	1	100
		有稳定水源,灌排设施较齐全	2	80
		无稳定水源,有排水设施	3	60
		无稳定水源,无排水设施	4	40
土地利用兼容性	0.20	四周或者其中三边与耕地相连接	1	100
		两边与耕地相连接	2	80
		一边与耕地相连接	3	60
		四周没有耕地与之相连接	4	0

将评价单元各因素得分值 A 与权重 B 的乘积累加对土地适宜性综合分值进行计算。计算的综合得分值 C 在 90—100 分为 1 级(必要、适宜),在 75—90 分为 2 级(必要、勉强适宜),在 50—75 分为 3 级(中肯、勉强适宜),小于 50 分的为 4 级(没必要、不适宜)。其中 1 级和 2 级适宜复垦,3 级勉强适宜复垦,4 级为不适宜复垦为耕地。在适宜复垦的基础上,土地利用兼容性因子为 1 级和 2 级时,适宜复垦为耕地,3 级勉强适宜复垦为耕地,4 级为不适宜复垦为耕地。同时,在 4 级中充分结合周边地类实际情况,按照"宜耕则耕、宜园则园、宜林则林"的原则实施。

2. 土地适宜性评价

（1）政策性条件。按照《重庆市农村集体建设用地复垦项目管理规定》等相关文件精神，加大农村建设用地复垦的力度，而且当地村民的积极性高。我们积极推进农村建设用地复垦，优化城乡资源配置，推进农村土地节约集约利用，统筹城乡经济社会全面协调可持续发展。根据土地适宜性评价体系中的评价因子、权重及分值的标准，等级为1。

（2）降坡的难度。降坡的处理主要是针对项目区的坡式田块区域，根据现场踏勘和实测地形图量算，该部分区域坡度在6°—15°之间，但是本项目区坡式区域面积小，对整个项目区复垦难度权重影响较小，在工程处理上只需稍加平整后筑坎即可覆土耕作。根据土地适宜性评价体系中的评价因子、权重及分值的标准，评价等级为1。

（3）建筑物拆除和弃渣处理难度。项目区内片块零散，且部分交通较方便。项目区内房屋大部分尚未拆除，房屋多为浆砌砖、浆砌石结构，有少部分的土木房屋，因此进行建筑拆除的难度较大，再加上本项目拆除的量大，需要进行弃渣处理的量大。根据土地适宜性评价体系中的评价因子、权重及分值的标准，此评价等级为2。

（4）客土的难度。该项目所处区域地貌为低山地貌，项目区内均为宅基地，附属用地区域面积较大且土层较厚，根据现场踏勘，片块均可通过拆除土墙和直接翻耕后达到复垦后土层厚度的要求，固本项目不需要进行客土。根据土地适宜性评价体系中的评价因子、权重及分值的标准，此评价等级为2。

（5）交通区位条件。本次项目所处区域为山区地形，项目区片块零散，部分片块有田间道贯穿，大部分片块均有生产路相通，交通状况较好。根据土地适宜性评价体系中的评价因子、权重及分值的标准，此评价等级为1。

（6）灌排水措施保证。项目区天然降水丰富，通过规划后的地形自然坡度，利用排水沟、沉沙凼等农田水利设施，结合原有路边沟使用，能够保证每个片块的蓄、排、灌。根据土地适宜性评价体系中的评价因子、权重及分值的标准，此评价等级为2。

（7）土地利用兼容性。经现场踏勘,项目区片块与周边耕地融合良好。根据土地适宜性评价体系中的评价因子、权重及分值的标准,此评价等级为2。

综上所述,根据本次农村居民点的特点以及土地适宜性评价体系中的评价因子、权重及分值的标准,评价综合得分为91分,综合评价等级为1级,该项目土地适应性分析结果为"必要、适宜"复垦。

（三）复垦适宜性评价分析

1.影响复垦适宜性的限制性因素分析

根据复垦土地适宜性评价,拆除难度和弃渣处理的难度作为本次复垦主要限制性因素,交通区位条件和排水措施保证作为次要限制性因素。

项目区内片块零散,并且部分片块区域内部的田间道路交通不便;项目区内房屋大部分未拆除,房屋多为浆砌砖石结构,也有不少为土墙瓦房结构,因此进行建筑拆除的难度较大,再加上本项目拆除旧房屋数量大,需要进行弃渣处理的工程量大,造成了项目区主要限制性因素。

部分片块本身路况就较差的生产路由于无人行走,长满杂草,下雨天更是泥泞不堪,难以行走,也影响了复垦后的农业生产条件,造成交通条件成为项目区次要限制性因素。

部分片块在复垦后缺乏有效的排水措施,容易造成水土流失,也成为项目区次要限制性因素。

2.解决和改善限制性因素的主要对策

针对影响本次建设用地复垦的限制性因素,结合限制性因素分析,本方案提出在土地利用总体布局中适当的增加对建筑物拆除和弃渣的处理和农村道路用地及水利设施用地,并通过以下复垦方案,增强项目区复垦适宜性:

（1）针对项目区建筑拆除和弃渣处理难度大的问题,合理利用项目区拆除后的可利用材料以及对弃渣的再次利用。

（2）合理布置生产道路,解决复垦后田块内与田块间的生产交通问题,改善复垦后农业生产条件。

（3）合理布置排水沟和背沟,有效防止水土流失。

四、建设用地复垦方案及复垦标准

（一）建设用地复垦方案

1. 土地利用布局总体方案

结合项目复垦目标,以土地的可持续利用为原则,并结合周边地类情况,按照"优先复垦为耕地"的原则,确定项目区复垦后土地利用方向主要为农用地,其中以耕地为主,部分为林地、园地和其他用地。根据实际情况布局农村道路用地,同时从合理、尽量增加耕地的思路出发,将解决项目区排水的工程用地布设于项目区周边及复垦后田块边缘,达到既满足项目区排水要求,又增加耕地的目的。

2. 拆除工程方案

拆除工程包括建筑物拆除工程和清理工程。建筑物拆除工程主要包括房屋和院坝拆除两部分,房屋拆除采取以下步骤:屋顶拆除—墙体拆除—屋内地板拆除—楼板—基础拆除;院坝拆除主要包括水泥坝拆除类型;清理工程主要是零星杂草和杂树清除。

3. 土地平整方案

土地平整主要包括翻耕、局部挖填、田块修筑和内部土量平衡四项工程。本项目农村建设用地分类包含宅基地和宅基地附属用地两类,其中宅基地主要指房屋占地部分,附属用地主要指院坝及其他附属用地。本次土地平整工程针对房屋占地部分采取以下步骤:翻耕—田块修筑—内部土量平衡;针对附属用地中的院坝,采取以下步骤:翻耕—田块修筑—内部土量平衡;针对其他宅基地附属用地,采取以下步骤:翻耕—田块修筑。通过以上措施达到复垦的标准,满足耕作的需求。

4. 基础设施配套方案

（1）农田水利配套方案

项目区主要采取新修排水沟、新修沉沙凼、新修过生产路农涵等工程措施,就从项目区自然条件、可利用材料和施工条件来看,实现这些工程的修筑是可行的。

（2）田间道路配套方案

对项目区内部分生产路进行新修生产路,解决复垦后田块内与田块间的生产耕作问题,改善复垦后农业生产条件。从现场踏勘的实际条件和充分征求群众意见来看,这种布置方案是切实可行的。

（二）建设标准

根据复垦资源配置方案和技术路线,提出通过规划房屋拆除、土地平整、农田水利、田间道路四大工程,并依据《土地复垦技术标准》,提出本次建设用地复垦应达到以下建设标准。

1. 土地平整工程建设标准

根据适宜性评价分析,将项目区复垦为耕地,同时根据地形坡度,将复垦后的耕地修筑成水平田块和坡式田块两种。根据复垦后土地利用方向,提出针对耕地的土地平整标准如下:

（1）复垦后耕地的土层厚度不低于0.4m。

（2）将房屋占地部分、比较平缓的院坝和附属用地修筑成水平田块,台面坡度<5°,将坡度比较大的附属用地修筑成坡式田块,台面坡度<10°。

（3）复垦后耕地耕作层的砾石含量<5%。

（4）石坎结构坚实美观。

2. 农田水利工程建设标准

根据项目区周边环境特点布设农田水利设施,要求新修农田水利工程与复垦片块周边的农田水利设施相匹配、协调。

(1)排水设施标准:根据项目区排涝面积、地面坡度、植被条件、暴雨特性和暴雨量情况,确定排水依据《开发建设项目水土保持方案技术规范(SL204—98)》中要求设计,采用 10 年一遇排洪标准。

(2)新修排水沟:采用矩形断面,浆砌条石结构,规格为 0.3m×0.3m(宽×深);采用矩形断面,浆砌砖结构,规格为 0.3m×0.4m(宽×深)。

(3)新修沉沙凼:采用方形,浆砌砖结构,规格为 1.48m×1.48m×0.8m(长×宽×深)。

(4)新修过生产路农涵:采用盖板,钢筋混凝土结构,规格为 1m×1m。

3. 田间道路工程建设标准

鉴于项目区生产路参照农村道路标准规划设计,生产路设计材质为水泥,路面宽按照实际情况 0.8m。水泥生产路路基采用素土和弃渣夯实,路面采用 C20 砼现浇成型,路面厚度为 0.08m。维修生产路宽带按照实际情况为 0.8m,路面采用 C20 砼现浇成型,路面厚度为 0.08m。

五、预防控制与复垦工程措施

(一)预防控制措施

按照"统一规划、防复结合"的原则,结合项目区实际情况,对其采取必要的预防控制措施:对房屋和院坝进行拆除时,应预防对周围耕地、基础设施以及周边居民生产生活产生的破坏,拆除过程中,应做好宣传、区内警示等预防措施。

(二)工程技术措施

1. 土地复垦技术质量控制原则

（1）符合合川区土地利用总体规划、三庙镇土地利用总体规划及三庙镇土地复垦规划原则。

（2）依据技术经济合理的原则，兼顾自然条件与土地类型，选择复垦土地的用途，因地制宜，综合治理。

（3）复垦后地形地貌与当地自然环境相协调，与周围耕地相连成片，便于统一耕作。

（4）保护土壤、水源和环境质量，保护生态，防止水土流失及次生污染。

（5）坚持经济效益、生态效益和社会效益相统一的原则。

2. 复垦工程技术措施

根据项目区土地利用现状，结合土地复垦适宜性分析，故本方案设计的技术路线为：房屋拆除—配套设施—土地平整—弃渣处理—育土培肥。

（1）拆除工程

①建筑物拆除工程。主要包括房屋拆除和院坝拆除。拟对土木结构房屋墙体拆除时直接将房屋墙体推倒，将拆除的木料堆放于复垦片块周围，先通知原屋主回收，再由附近居民搬回家中用于柴火；对砖、石房屋墙体采用人工拆除，产生的其他弃渣尽量用作修建生产路的路面路基及其他配套设施的材料，剩余垃圾运至临时堆放点，再进行处理。

②清理工程。建筑物拆除工程以后，对各种材料进行清理，对可继续利用的材料，临时堆放，用作后期利用，不可利用的材料，另行处理，对宅基地附属用地进行清理，去除多余杂物。

（2）配套设施工程

①农田水利工程。为改善复垦区土地利用条件，便于日后群众生产生活，在项目区规划新修排水沟、新修沉沙函、新修过生产路农涵等农业基础设施。

②田间道路工程。经实地勘测,项目区现有生产路为土质路面,本次设计规划新修生产路(砼)和维修生产路(砼)。

(3)土地平整工程

①田坎修筑工程。在前面的工程完成后,需要进行修筑田坎,使田块成型,同时减少水土流失。

②田块平整工程。居民点和院坝拆除以后,对原占用土地进行深翻后利用土墙的土层覆熟土;针对附属地主要措施为表土剥离、平土和熟土内运,然后对台面进行平整。

(4)弃渣处理工程。本项目在现场踏勘中,通过征求当地村社及权利人意见,弃渣有四种处理方式:一是在工程施工中用于石坎填膛;二是在工程施工中用于生产路的垫层;三是用于铺填附近的田间道;四是就近挖掩埋区掩埋,深度不低于50cm。

(5)育土培肥工程。经坡地改梯地、覆土新增的土地,土壤有机质含量低,土壤肥力不高,需对新增土地进行育土培肥,使耕地质量迅速提高。这部分由村社领导组织,不计入工程范围,也不进行预算投资。

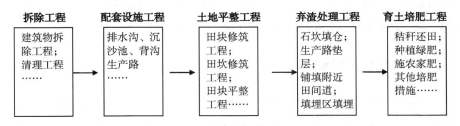

图3-1 土地复垦技术路线图

(三)生物化学措施

复垦后的土地,要采取一定量的生物化学措施以尽快提高土地肥力。生物化学措施主要包括植被恢复、土壤改良和环境优化等工程。生物改良措施由村民或村集体实施,本规划不做硬性规定,也不计入工程量和工程预算。

1. 土壤改良

不管是宅基地还是附属用地在进行拆除和翻耕工程后,都需要尽快地恢复土壤肥力,缩短土壤转换期,尽早投入到农业生产中去。因此,建议采取以下两种方案来快速恢复土壤肥力:其一,可在对竹林进行砍伐和刨根过程中,由村民将有经济价值的竹子或木材运出自行处理,大部分竹子可就地焚烧,以增加土壤肥力。焚烧过程中派专人管理,防止发生火灾。其二,通过调研发现项目区附近村民饲养家禽所产生的畜禽粪便并未利用,可与当地村民商量将粪便运至项目区覆盖于复垦土壤上,并铺上稻草发酵即可熟土。以上两种方案均能最大程度地增加土壤肥力,方便、高效而快速的缩短土壤转换期。

2. 植被恢复

通过生物措施,种植能加速土壤熟化的生物肥料,如种植豆科植物以及多施农家肥,可以加快土壤中的微生物分解、减少水土侵蚀、增加绿色植被覆盖,进而提高农作物成活率及产量。因此,建议土地复垦后,豆科植物与其他粮食作物套种培肥土壤,如胡豆、花生、大豆等与玉米套种。

3. 环境优化工程设计

环境优化应与项目区的自然和社会环境相协调,在环境优化中以防止水土流失为主。在复垦区周边陡坎处种树木,防止雨天坡体下滑。这部分由村社领导组织,不计入工程范围,也不进行预算投资。

(四)管理维护措施

复垦为耕地后的土地,土地使用权归村集体组织所有。集体用地可以通过土地流转承包给经营大户,在土地流转和大户承包前,必须通过签订合同等来约束其土地利用行为,防止土地被建设或土地撂荒。对土地使用权人荒废土地或擅自改变土地用途的,村集体组织有权力收回其土地使用权。

六、土地复垦工程布局、设计及工程量测算

（一）工程布局

1. 拆除工程布局

项目拆除工程主要是针对房屋和院坝。其中房屋的拆除可以分为：屋顶拆除、墙体拆除、屋内地板及楼板拆除和基础拆除；院坝拆除包括水泥坝和条石院坝拆除等。

（1）屋顶拆除

根据实地踏勘，待拆除房屋的屋顶材质主要为瓦顶，另有少部分预制板两种类型。

（2）墙体拆除

根据实地踏勘，待拆除房屋的墙体的材质主要为土、条石和砖结构。

（3）屋内地板拆除

根据实地踏勘，待拆除地板材质主要为三合土或水泥。

（4）楼板拆除

根据实地踏勘，待拆除楼板材质主要为木质和预制板两种类型。

（5）基础拆除

根据实地踏勘，待拆除宅基地基础材质主要为条石。

（6）院坝拆除

根据实地踏勘，待拆除院坝材质主要为水泥和石质，部分为三合土或素土。

项目内各片块建筑物拆除情况布局详表3-10。

表 3—10　项目区各片块建筑物及构筑物拆除布局情况表

片块编号	土墙房屋拆除面积 m²	土墙拆除 m³	木墙体房屋拆除面积 m²	木墙体拆除 m³	浆砌砖墙体房屋拆除面积 m²	浆砌砖墙体拆除 m³	浆砌石墙体房屋拆除面积 m²	浆砌石墙体拆除 m³	屋顶瓦片拆除 m³	屋顶木缘拆除 m³	预制板屋顶拆除 m³	混凝土板拆除 m³	木楼板拆除 m³	预制板楼板拆除 m³	条石基础拆除 m³	条石院坝拆除 m³	三合土院坝拆除 m³	水泥院坝拆除 m³
片块1—1	0	0.0	0	0.0	109	78.6	157	56.6	0.0	0.0	28.3	26.6	0.0	10.9	20.5	0.0	10.0	0.0
片块1—2	0	0.0	0	0.0	123	91.2	0	0.0	0.0	0.0	0.0	12.3	0.0	12.3	9.5	0.0	0.0	0.0
片块1—3	0	0.0	0	0.0	738	366.4	234	82.4	191.0	191.0	116.3	97.2	0.0	32.6	75.1	0.0	53.9	0.0
片块1—4	0	0.0	0	0.0	972	314.4	89	32.1	0.0	0.0	0.0	106.1	0.0	0.0	81.9	0.0	34.7	0.0
片块1—5	0	0.0	0	0.0	297	204.6	0	0.0	172.6	172.6	47.0	29.7	0.0	26.1	22.9	0.0	0.0	0.0
片块1—6	0	0.0	0	0.0	902	346.8	191	67.6	19.8	19.8	0.0	109.3	0.0	13.4	84.4	0.0	62.8	0.0
片块1—7	0	0.0	0	0.0	0	0.0	110	39.6	119.5	119.5	0.0	11.0	0.0	0.0	8.5	0.0	9.5	0.0
片块1—8	0	0.0	0	0.0	187	57.8	257	175.5	26.6	26.6	0.0	66.4	0.0	0.0	51.3	0.0	41.8	0.0
片块1—9	0	0.0	0	0.0	0	0.0	148	53.3	53.3	53.3	0.0	14.8	0.0	0.0	11.4	0.0	11.4	0.0
片块1—10	0	0.0	0	0.0	134	99.3	14	111.7	0.0	0.0	24.1	44.4	0.0	13.4	34.3	0.0	22.8	0.0
片块2—1	0	0.0	0	0.0	569	414.0	56	10.8	0.0	0.0	99.2	62.5	0.0	55.1	48.3	0.0	0.0	0.0
片块2—2	0	0.0	0	0.0	127	94.1	86	31.0	0.0	0.0	22.9	21.3	0.0	12.7	16.4	0.0	0.0	0.0

续表

片块编号	土墙房屋拆除面积 m²	土墙拆除 m³	木墙体房屋拆除面积 m²	木墙体拆除 m³	浆砌砖墙体房屋拆除面积 m²	浆砌砖墙体拆除 m³	浆砌石墙体房屋拆除面积 m²	浆砌石墙体拆除 m³	屋顶瓦片拆除 m³	屋顶木檩拆除 m³	预制板屋顶拆除 m³	混凝土地板拆除 m³	木楼板拆除 m³	预制板楼板拆除 m³	条石基础拆除 m³	条石院坝拆除 m³	三合土院坝拆除 m³	水泥院坝拆除 m³
片块2—3	0	0.0	0	0.0	182	56.2	107	37.2	52.0	52.0	0.0	28.9	0.0	0.0	22.3	0.0	0.0	0.0
片块2—4	0	0.0	0	0.0	139	103.0	159	57.3	0.0	0.0	25.0	29.8	0.0	13.9	23.0	29.7	0.0	5.6
片块2—5	0	0.0	145	4.7	1476	531.1	0	0.0	260.5	260.5	0.0	162.1	0.0	17.4	125.2	0.0	0.0	43.7
片块2—6	0	0.0	0	0.0	880	371.6	282	93.2	157.3	157.3	0.0	116.2	0.0	23.8	89.7	0.0	20.8	74.0
片块2—7	0	0.0	0	0.0	141	104.5	0	0.0	0.0		25.4	14.1	0.0	14.1	10.9	0.0	0.0	10.0
片块2—8	0	0.0	0	0.0	0	0.0	189	68.1	34.0	34.0	0.0	18.9	0.0	0.0	14.6	0.0	0.0	0.0
片块2—9	0	0.0	690	24.5	550	262.4	362	132.4	0.0	0.0	38.5	160.2	0.0	21.4	123.7	0.0	50.8	21.8
片块2—10	0	0.0	0	0.0	529	170.2	0	0.0	95.2	95.2	0.0	52.9	0.0	0.0	40.8	0.0	0.0	33.0
片块3—1	0	0.0	0	0.0	139	43.3	0	0.0	25.0	25.0	0.0	13.9	0.0	0.0	10.7	0.0	0.0	5.6
片块3—2	0	0.0	0	0.0	0	0.0	254	89.8	45.7	45.7	0.0	25.4	0.0	0.0	19.6	0.0	0.0	0.0

2. 土地平整工程布局

项目土地平整工程共包括清理杂物工程、梯田修筑工程、翻耕工程、覆土工程四项工程。

（1）清理杂物工程布局

该部分工程主要是对项目区各复垦点内房屋周围杂树进行清理，这部分杂树主要是由于房屋常年废弃自然生长的一些小树苗和以前房屋周围的枯死的果树等，这部分树木没有什么生态保护价值，以方便田块修筑工程的进行，根据现场踏勘，项目区需清理杂物量86056m²。

表3-11　项目区各片块零星杂物清除统计表

片块编号	清理杂物面积（m²）
片块1—1	692
片块1—2	398
片块1—3	981
片块1—4	1753
片块1—5	538
片块1—6	696
片块1—7	75
片块1—8	523
片块1—9	154
片块1—10	669
片块2—1	1080
片块2—2	327
片块2—3	321
片块2—4	987
片块2—5	1448
片块2—6	1136
片块2—7	608
片块2—8	232
片块2—9	2872
片块2—10	367
片块3—1	256

片块编号	清理杂物面积（m²）
片块 3—2	448
片块 3—3	288
片块 3—4	345

（2）梯田修筑工程布局

①水平梯田工程布局

根据现场踏勘情况了解，水平田块修筑主要在居民点房屋、院坝及其他附属用地等地势较平坦的区域，通过建筑拆除、挖填和翻耕后，在原来台面的基础上自然形成台面。水平梯田不仅拦蓄了本身面积上的降水，而且还能拦蓄上部来的径流及泥沙，具有保土保水、涵养水源、减少水土流失、耕作方便的特点。

②坡改梯工程布局

由于项目区，特别是其他附属用地形较为复杂，根据现场踏勘，设计将项目区划分为若干地块，并根据每个地块与相邻地块的高程关系，设计在地块内和地块间进行土方挖填调配，将项目区修筑成多个区进行降坡平整。降坡后按照实际地形与周边地貌相结合的方式布设石坎，石坎布设方式基本按夯填后的水平梯地边缘进行布设。

项目区共修筑条石坎 750m，高度为 0.9m、1.2m，具体布局情况详见表3-12。

表3-12 项目田坎工程布局情况表

片块编号	石坎编号	长度（m）	高度（m）	顶宽（m）	底宽（m）
片块 2—5	新修石坎 01	17	1.2	0.3	0.3
片块 2—9	新修石坎 01	45	1.2	0.3	0.3
片块 3—1	新修石坎 01	28	0.9	0.3	0.3
片块 4—3	新修石坎 01	46	0.9	0.3	0.3
片块 9—3	新修石坎 01	17	1.2	0.3	0.3
片块 10—8	新修石坎 01	45	0.9	0.3	0.3

片块编号	石坎编号	长度（m）	高度（m）	顶宽（m）	底宽（m）
片块 11—4	新修石坎 01	38	1.2	0.3	0.3
片块 11—5	新修石坎 01	40	1.2	0.3	0.3
片块 13—1	新修石坎 01	16	1.2	0.3	0.3
片块 13—8	新修石坎 01	29	1.2	0.3	0.3
片块 14—4	新修石坎 01	17	0.9	0.3	0.3
片块 15—2	新修石坎 01	40	0.9	0.3	0.3
	新修石坎 02	53	0.9	0.3	0.3
片块 15—6	新修石坎 01	20	1.2	0.3	0.3
片块 15—8	新修石坎 01	20	1.2	0.3	0.3
片块 16—6	新修石坎 01	42	0.9	0.3	0.3
片块 16—9	新修石坎 01	29	0.9	0.3	0.3
片块 20—6	新修石坎 01	175	1.2	0.3	0.3
片块 20—10	新修石坎 01	33	1.2	0.3	0.3
合计		750			

（3）翻耕工程布局

项目区为农村宅基地及周边院坝复垦，各片块内土层比较密实，不能直接用于耕作，需要对片块进行深翻，设计采用人工翻耕的方式，翻耕时需将原表层的一些石渣掩埋于田块底层，同时将土墙拆除的土质敲碎后撒于翻耕后的土壤表层。通过实际量算，项目人工翻耕土方量为 54114m³，具体翻耕区域详见各片块工程布局图。

（4）覆土工程布局

根据现场踏勘和适宜性分析，确定将项目区各复垦点复垦为农用地，结合各复垦点内的地形条件、成台现状和土层厚度土质等情况，主要是先对个片块内部现有土方量进行核算分析，通过对本项目现场踏勘后确定本项目不需要进行客土，在片块内部（每个复垦点内）进行土量平衡，通过人工方式对土壤厚度不能达到耕种要求的田块进行覆土，使其满足耕作土要求。通过实际量算，项目区覆土量为 8287m³，人工平土面积 107004m²。具体覆土区域详见各片块工程布局图。

3. 农田水利工程布局

根据实地踏勘和结合当地农民意见及建议进行项目农田水利的布局,本项目主要涉及新修排水沟、新修沉沙凼、新修过生产路农涵等工程。

（1）新修排水沟工程布局

根据项目区地形条件和实际需要,为了排除坡面汇集的来水和将坡面来水引入路边沟或原有冲沟中,项目共新修 0.3m×0.4m 排水沟(砖)545m,新修 0.3m×0.3m 排水沟(石)625m。

（2）新修沉沙凼工程布局

沉沙凼主要布设在集水沟进入水田、田间道边沟前 2.5m 处,用来拦截水中携带的泥沙(可将泥沙挑回梯地内作补充土壤);也可以布设在排水沟的上游以及在排水沟进入水田和山坪塘时,用来沉淀泥沙,以免泥沙进入水田和山坪塘。项目区的沟渠沿地形起伏渠底纵比降一般较小,规划在集水沟水流进入水田或者山坪塘之前,选择地形平缓沟段以及在排水沟即将进入水田或者山坪塘地段布置沉沙凼,以便达到较好的沉沙效果。本项目共布设沉沙凼 13 口。

（3）新修过生产路农涵工程布局

涵洞是交叉建设物,当沟渠穿越道路时,为了使沟渠中的水流顺利穿过田间道或其他道路,同时保证道路的畅通和行人的通过,需要规划新修涵洞。其布置方向与原有沟、渠方向一致,使进出口水流顺畅,避免上下游冲刷。本项目共规划新修农涵 16 个,全部为生产路农涵,可以利用拆除预制板进行修筑。

表 3-13　项目区各片块农田水利工程布局情况表

片块编号	新修 0.3m×0.4m 排水沟（砖）	新修 0.3m×0.3m 排水沟（石）	新修沉沙凼	新修过生产路农涵
单位	m	m	口	座
片块 1—4	71		1	1
片块 1—6	42			1
片块 1—8				1
片块 4—1		47		1

片块编号	新修 0.3m× 0.4m 排水沟（砖）	新修 0.3m× 0.3m 排水沟（石）	新修沉沙凼	新修过 生产路农涵
片块 4—4		44		1
片块 4—7		34	1	
片块 5—10	85		1	
片块 7—1		58	1	
片块 7—7	95			1
片块 8—3				1
片块 9—4		33	1	
片块 9—5		52	1	
片块 9—8				
片块 9—9	104		1	1
片块 10—4		26	1	
片块 10—9	29			1
片块 11—1		28	1	
片块 11—5		44		
片块 13—5	43		1	1
片块 13—8		34		
片块 15—1	45		1	
片块 15—3	31			
片块 17—3				
片块 17—4		62	1	1
片块 19—1		41	1	
片块 20—6		122	1	1
合计	545	625	13	16

4. 田间道路工程布局

道路布局遵循以下原则：在生产路布置中尽量利用原有道路，以节省投资和节约土地；各级道路做好连接，统一协调规划，使各级道路形成系统网络。项目区田间道路工程规划主要依托现有道路设施，结合区内地形地貌以及规划田块与外界的协调一致性的要求，考虑复垦后片块的有效利用和方便耕种的程度,合理规划各级道路。

根据实际踏勘及当地农民的建议和意见,本项目新修 0.8 米宽的生产路817 米,维修 0.8 米宽的生产路 6568 米。

表 3-14　项目区各片块生产道路工程布局情况表

片块编号	新修 0.8 米宽生产路（砼）	备注（外延长度）
单位	m	m
片块 2—1	43	
片块 3—5	27	
片块 4—1	78	
片块 8—3	132	
片块 9—3	110	
片块 13—2	29	
片块 13—5	59	
片块 14—2	57	
片块 16—7	47	
片块 17—3	44	
片块 17—4	65	
片块 18—7	91	
片块 20—6	35	
合计	817	0
片块编号	维修 0.8 米宽生产路（砼）	备注（外延长度）
单位	m	m
片块 1—1	134	70
片块 1—2	42	
片块 1—3	184	60
片块 1—6	176	50
片块 1—7	71	20
片块 1—8	233	100
片块 2—4	243	170
片块 2—5	111	
片块 2—6	279	130
片块 2—9	280	120

（二）工程设计

1. 拆除工程设计

通过实地踏勘,片块内房屋大部分保留完整,少数房屋已部分损坏。需拆除的墙体绝大部分为砖石结构,少部分为土木墙,屋顶大部分瓦砾结构,少部分为预制板结构,地板为水泥结构,院坝为水泥和石结构,基础为浆砌条石结构,设计对墙体、屋顶、地板和楼板、院坝和大部分浆砌条石基础进行人工拆除,对部分原房屋台地间基础进行保留(可作为田坎),拆除后的可利用材料可用于工程建设中,拆除的条石可用于砌筑石坎,拆除的砖可用于修筑沉沙凼及排水沟。拆除后的石渣可用于石坎填膛、生产路垫层、铺设附近田间道以及挖填埋基坑掩埋,深度不低于50cm。石渣临时堆置应选择地势较低处,以免石渣滑落伤及人、畜。

设计墙体拆除按现有房屋实际情况计算。拆除工程分为五类:

(1)墙体拆除,墙体为土木墙、砖墙和石墙,拆除量 V 墙=A 墙×B 墙×C 墙

其中:A 墙——墙体宽;B 墙——墙体高;C 墙——墙体长度。

(2)地板拆除,地板为水泥,其拆除量 V 板=A 板×B 板

其中:A 板——水泥地板面积;B 板——水泥地板厚度。

(3)屋顶拆除,屋顶为瓦木和预制板,其拆除量 V 顶=A 顶×B 顶

其中:A 顶——屋顶面积;B 顶——屋顶厚度。

(4)屋基拆除,屋基为条石,其拆除量 V 石=A 石×B 石×C 石

其中:A 石——屋基宽度;B 石——屋基深度;C 石——屋基长度。

(5)院坝拆除,院坝为水泥和石坝,其拆除量 V 院坝=A 院坝×B 院坝

其中:A 院坝——院坝面积;B 院坝——院坝厚度。

经计算,项目区拆除工程中需进行木墙房屋拆除面积8048m²,木结构墙体拆除量为279m³;土墙房屋拆除面积1770m²,土结构墙体拆除量为664m³;浆砌条石墙体房屋拆除面积35889m²,浆砌条石墙体拆除量为13958m³;浆砌砖墙体房屋拆除面积20795m²,浆砌砖墙体拆除量为10671m³;瓦木屋顶拆除

量为8924m³(木缘拆除量＝木缘面积×木缘厚度,木缘拆除面积＝瓦木屋顶面积×0.2,木缘厚度＝0.03m),屋顶瓦片拆除量为9001m³,预制板屋顶拆除量为1209m³,混凝土地板拆除量为6571m³,条石基础拆除量为5198m³,预制板楼板拆除量为1206m³,水泥院坝拆除量为1146m³,三合土坝拆除量为968m³,石坝拆除量为7199m³,剩余物转运量为9573m³,弃渣量为9860m³,弃渣坑人工开挖和弃渣人工回填8854m³。具体每个片块拆除工程量详见表3-15。

2. 土地平整工程设计

（1）清理杂物工程设计

现场调查发现,大部分宅基地附属用地中存在杂草和灌木等杂物,对这些附属用地进行复垦首先应对杂物进行清除。杂草采用人工割除,割除后就地堆放,其腐烂后可增加土壤肥力。掩埋地下的树根采用人工挖除,树根应运出项目区选择合适处堆放。

（2）梯田修筑工程设计

通过实地踏勘,结合片块内的地形条件,规划耕作田块,确定田坎布局,修筑坡式田块和水平田块。本次耕作坡式田块修筑工程是根据各片块现状条件进行单独规划的。

①水平田块修筑工程设计

水平田块修筑主要在居民点房屋、院坝及其他附属用地等地势较平坦的区域,通过建筑拆除、挖填和翻耕后,在原来台面的基础上自然形成台面。根据项目区的实际情况,本次水平田块规划,田面长一般为20—120m,田面宽一般为4—20m,边角地带随地形布局为不同规格田块。

②坡改梯工程设计

a.降坡平整

坡改梯工程主要针对宅基地附属用地,采用坡式梯田方式降坡。坡式梯田,可以起到很好的水土保持作用,综合考虑地形条件和工程投资,规划对项目区的降坡区域实施坡改梯技术,这种平整方式既减少了工程量,节约了资金,也达到了水土保持的良好效果。

表3-15 各片块建筑物拆除统计工程量表

片块编号	土墙房屋拆除面积	土墙拆除	木墙体房屋拆除面积	木墙体拆除	浆砌砖墙体房屋拆除面积	浆砌砖墙体拆除	浆砌石墙体房屋拆除面积	浆砌石墙体拆除	屋顶瓦片拆除	屋顶木梁拆除	预制板屋顶拆除	混凝土地板拆除	木楼板拆除	预制板楼板拆除	条石基础拆除	条石院坝拆除	三合土院坝拆除	水泥院坝拆除
	m²	m³	m²	m³	m²	m³	m²	m³	m³	m³	m³	m³	m³	m³	m³	m³	m³	m³
片块1—1	0	0.0	0	0.0	109	78.6	157	56.6	0.0	0.0	28.3	26.6	0.0	10.9	20.5	0.0	10.0	0.0
片块1—2	0	0.0	0	0.0	123	91.2	0	0.0	0.0	0.0	0.0	12.3	0.0	12.3	9.5	0.0	0.0	0.0
片块1—3	0	0.0	0	0.0	738	366.4	234	82.4	0.0	0.0	116.3	97.2	0.0	32.6	75.1	0.0	53.9	0.0
片块1—4	0	0.0	0	0.0	972	314.4	89	32.1	191.0	191.0	0.0	106.1	0.0	0.0	81.9	0.0	34.7	0.0
片块1—5	0	0.0	0	0.0	297	204.6	0	0.0	0.0	0.0	47.0	29.7	0.0	26.1	22.9	0.0	0.0	0.0
片块1—6	0	0.0	0	0.0	902	346.8	191	67.6	172.6	172.6	0.0	109.3	0.0	13.4	84.4	0.0	62.8	0.0
片块1—7	0	0.0	0	0.0	0	0.0	110	39.6	19.8	19.8	0.0	11.0	0.0	0.0	8.5	0.0	9.5	0.0
片块1—8	0	0.0	0	0.0	187	57.8	257	175.5	119.5	119.5	0.0	66.4	0.0	0.0	51.3	0.0	41.8	0.0
片块1—9	0	0.0	0	0.0	0	0.0	148	53.3	26.6	26.6	0.0	14.8	0.0	0.0	11.4	0.0	11.4	0.0
片块1—10	0	0.0	0	0.0	134	99.3	14	111.7	53.3	53.3	24.1	44.4	0.0	13.4	34.3	0.0	22.8	0.0
片块2—1	0	0.0	0	0.0	569	414.0	56	10.8	0.0	0.0	99.2	62.5	0.0	55.1	48.3	0.0	0.0	0.0
片块2—2	0	0.0	0	0.0	127	94.1	86	31.0	0.0	0.0	22.9	21.3	0.0	12.7	16.4	0.0	0.0	0.0

续表

片块编号	土墙房屋拆除面积 m²	土墙拆除 m³	木墙体房屋拆除面积 m²	木墙体拆除 m³	浆砌砖墙体房屋拆除面积 m²	浆砌砖墙体拆除 m³	浆砌石墙体房屋拆除面积 m²	浆砌石墙体拆除 m³	屋顶瓦片拆除 m³	屋顶木缘拆除 m³	预制板屋顶拆除 m³	混凝土地板拆除 m³	木整板拆除 m³	预制板楼板拆除 m³	条石基础拆除 m³	条石院坝拆除 m³	三合土院坝拆除 m³	水泥院坝拆除 m³
片块2—3	0	0.0	0	0.0	182	56.2	107	37.2	52.0	52.0	0.0	28.9	0.0	0.0	22.3	0.0	0.0	0.0
片块2—4	0	0.0	0	0.0	139	103.0	159	57.3	0.0	0.0	25.0	29.8	0.0	13.9	23.0	29.7	0.0	5.6
片块2—5	0	0.0	145	4.7	1476	531.1	0	0.0	260.5	260.5	0.0	162.1	0.0	17.4	125.2	0.0	0.0	43.7
片块2—6	0	0.0	0	0.0	880	371.6	282	93.2	157.3	157.3	0.0	116.2	0.0	23.8	89.7	0.0	20.8	74.0
片块2—7	0	0.0	0	0.0	141	104.5	0	0.0	0.0	0.0	25.4	14.1	0.0	14.1	10.9	0.0	0.0	10.0
片块2—8	0	0.0	0	0.0	0	0.0	189	68.1	34.0	34.0	0.0	18.9	0.0	0.0	14.6	0.0	0.0	0.0
片块2—9	0	0.0	690	24.5	550	262.4	362	132.4	0.0	0.0	38.5	160.2	0.0	21.4	123.7	0.0	50.8	21.8
片块2—10	0	0.0	0	0.0	529	170.2	0	0.0	95.2	95.2	0.0	52.9	0.0	0.0	40.8	0.0	0.0	33.0
片块3—1	0	0.0	0	0.0	139	43.3	0	0.0	25.0	25.0	0.0	13.9	0.0	0.0	10.7	0.0	0.0	5.6
片块3—2	0	0.0	0	0.0	0	0.0	254	89.8	45.7	45.7	0.0	25.4	0.0	0.0	19.6	0.0	0.0	0.0

田块布设按"等高不等宽、大弯随弯、小弯取直"的原则,沿等高线修成坡式梯田。田面宽度根据地形、运输等条件的要求,尽量控制在 3—20m,长50—150m,具体的长宽也可以根据每块具体田宽实际情况进行调整。项目区内附属用地坡度在 6°—25°之间,将区域内的坡地整理为坡式梯田,其中 6°—10°的地块选取田面典型坡度 8°,降低坡度至 6°以下,按田面高差 1.0m 布设一道田坎。10°—15°的地块选取田面典型坡度 13°,降低坡度至 10°以下,按田面高差 1.5m 布设一道田坎。15°—20°的地块选取田面典型坡度 17°,降低坡度至 13°以下,按田面高差 1.7m 布设一道田坎。20°—25°的地块选取田面典型坡度 22°,降低坡度至 15°以下,按田面高差 2.0m 布设一道田坎。为保护耕作层,达到保土、保肥的目的,建议平整后在梯田内侧布设背沟。

表 3-16 降坡平整单位工程量表

地类	降坡前典型坡度（a）	降坡后在典型坡度（β）以下	高差 H0（米）	每公顷挖填方量 V（立方米）
旱地	4	2	1	639
	8	6	1	317
	13	10	1.2	355
	18	13	1.5	544
	20	15	1.5	495
合计				2350

表 3-17 降坡平整工程量表

片块号	降坡区域面积（m²）	降坡前典型坡度	降坡后典型坡度	典型坡度每公顷挖填方量（m³）	总挖填方量（m³）
片块 2—1	370	8	6	317	11.7
片块 2—5	377	13	10	355	13.4
片块 2—9	354	8	6	317	11.2
片块 3—1	865	13	10	355	30.7
片块 3—4	276	8	6	317	8.7

片块号	降坡区域面积（m²）	降坡前典型坡度	降坡后典型坡度	典型坡度每公顷挖填方量（m³）	总挖填方量（m³）
片块 3—5	202	8	6	317	6.4
片块 4—3	224	13	10	355	8.0
片块 4—4	212	8	6	317	6.7
片块 4—10	254	13	10	355	9.0
片块 7—5	173	13	10	355	6.1
片块 8—1	66	18	13	544	3.6
片块 8—2	140	13	10	355	5.0
片块 8—3	404	13	10	355	14.3
片块 9—2	229	18	13	544	12.5
片块 9—3	473	13	10	355	16.8
片块 9—5	773	13	10	355	27.4
片块 9—6	355	18	13	544	19.3
片块 9—8	589	18	13	544	32.0
片块 9—9	1174	13	10	355	41.7
片块 10—3	138	13	10	355	4.9
片块 10—4	459	18	13	544	25.0
片块 10—5	108	13	10	355	3.8
片块 10—8	223	13	10	355	7.9
片块 11—1	124	18	13	544	6.7

b. 石坎修筑工程设计

根据现场踏勘情况,结合田块设计进行石坎修筑。设计石坎采用条石坎,安砌方式为干砌,项目石坎高 0.9m 或 1.2m,条石规格采用 300mm×300mm,长度不小于 600mm。坎高 0.9m 的,按照单轮竖直安放;坎高 1.2m 的需按砌丁字石,自第二轮起砌,沿坎长方向每 3 条按砌 1 条丁字石,丁字石垂直于坎长方向按砌,其余的层数按照单轮竖直安放。石坎开挖基槽深度按照 0.25m

计算。石坎砌筑量计算方法如下：

坎高 0.9m 的，V＝K×h×L

坎高 1.2m 的，V＝K×h×L+L×K×0.3×0.7×0.3/3.3

式中：V：石坎总量，m³。

K：石坎宽，m。

h：石坎高，m。

L：石坎长，m。

经实地布局和量算，项目区共新修石坎 750m，新砌石坎量为 243m³，石坎基槽开挖量为 56m³。

（3）翻耕工程设计

由于房屋和院坝下部地层经过了长年的压实，拆除后地表板结，直接在此基础上进行客土耕种，不利于水分渗透和通风，妨碍作物生长，本次规划对房屋和院坝拆除后的地表层进行人工翻耕，设计翻耕厚度根据片块的实际土层厚度确定。而其他附属用地下层土壤土质疏松度不够，透气性差，不利于耕作，需通过翻耕措施使其达到耕作要求。本项目人工翻耕土方量为 54114m³，具体情况见表 3-19。

（4）覆土工程设计

根据调查，项目区部分片块的房屋及院坝下部土层含有较高比例石砾，这种土层由于石砾含量高、风化不完全不适宜作为耕作表层土壤。因此规划对房屋及院坝拆除后的区域翻耕后进行客土，根据宅基地和院坝下部地表层土体的实际现状设计覆土厚度，覆土后有效土层厚度不低于 0.4m，砾石及瓦砾含量不超过 5%，客土土壤质量不低于周边一般耕地耕作层土壤质量，应适宜当地大部分作物种植。通过前文分析可知，本项目只需内部客土，不需要进行外部客土。项目区各片块可用土墙拆除捣碎供土和附属用地的现有土层进行客土，内部客土设计采用人工运土至覆土区，平均运距为 35m，内部客土量等于附属用地实际供土量即为 8287m³，人工平土面积等于需覆土区的面积，即房屋占地部分面积和院坝部分面积之和，平土面积 107004m²。

表 3-18　田坎修筑工程量计算表

片块编号	石坎编号	长度（m）	高度（m）	顶宽（m）	底宽（m）	每米基槽开挖量（m³）	基槽开挖量（m³）	每米石坎砌筑量（m³）	石坎砌筑量（m³）	每米填缝量（m³）	石坎填缝总量（m³）
片块 2—5	新修石坎 01	17	1.2	0.3	0.3	0.075	1.3	0.4	6.1	0.0051	0.1
片块 2—9	新修石坎 01	45	1.2	0.3	0.3	0.075	3.4	0.4	16.2	0.0051	0.2
片块 3—1	新修石坎 01	28	0.9	0.3	0.3	0.075	2.1	0.3	7.6	0.0051	0.1
片块 4—3	新修石坎 01	46	0.9	0.3	0.3	0.075	3.5	0.3	12.4	0.0051	0.2
片块 9—3	新修石坎 01	17	1.2	0.3	0.3	0.075	1.3	0.4	6.1	0.0051	0.1
片块 10—8	新修石坎 01	45	0.9	0.3	0.3	0.075	3.4	0.3	12.2	0.0051	0.2
片块 11—4	新修石坎 01	38	1.2	0.3	0.3	0.075	2.9	0.4	13.7	0.0051	0.2
片块 11—5	新修石坎 01	40	1.2	0.3	0.3	0.075	3.0	0.4	14.4	0.0051	0.2
片块 13—1	新修石坎 01	16	1.2	0.3	0.3	0.075	1.2	0.4	5.8	0.0051	0.1
片块 13—8	新修石坎 01	29	1.2	0.3	0.3	0.075	2.2	0.4	10.4	0.0051	0.1
片块 14—4	新修石坎 01	17	0.9	0.3	0.3	0.075	1.3	0.3	4.6	0.0051	0.1
片块 15—2	新修石坎 02	40	0.9	0.3	0.3	0.075	3.0	0.3	10.8	0.0051	0.2
片块 15—6	新修石坎 01	53	0.9	0.3	0.3	0.075	4.0	0.3	14.3	0.0051	0.3
片块 15—8	新修石坎 01	20	1.2	0.3	0.3	0.075	1.5	0.4	7.2	0.0051	0.1
片块 16—6	新修石坎 01	20	1.2	0.3	0.3	0.075	1.5	0.4	7.2	0.0051	0.1
片块 16—9	新修石坎 01	42	0.9	0.3	0.3	0.075	3.2	0.3	11.3	0.0051	0.2
片块 20—6	新修石坎 01	29	0.9	0.3	0.3	0.075	2.2	0.3	7.8	0.0051	0.1
片块 20—10	新修石坎 01	175	1.2	0.3	0.3	0.075	13.1	0.4	63.0	0.0051	0.9
合计	新修石坎 01	33	1.2	0.3	0.3	0.075	2.5	0.4	11.9	0.0051	0.2
合计		750					56		243		4

表 3-19　项目区各片块翻耕工程统计表

片块编号	翻耕区域净面积	房屋占地部分			院坝部分			其他附属用地部分			总翻耕量
	m²	翻耕面积 m²	翻耕深度 m	翻耕量 m³	翻耕面积 m²	翻耕深度 m	翻耕量 m³	翻耕面积 m²	翻耕深度 m	翻耕量 m³	m³
片块 1—1	1152	266	0.20	53.2	194	0.25	48.5	692	0.4	276.8	378.5
片块 1—2	572	123	0.20	24.6	51	0.25	12.8	398	0.4	159.2	196.6
片块 1—3	2402	972	0.10	97.2	449	0.15	67.4	981	0.4	392.4	557.0
片块 1—4	3208	1061	0.10	106.1	396	0.15	59.4	1751	0.4	700.4	865.9
片块 1—5	835	297	0.20	59.4	0	0.25	0.0	538	0.4	215.2	274.6
片块 1—6	2426	1093	0.11	120.2	637	0.16	101.9	696	0.4	278.4	500.6
片块 1—7	264	110	0.06	6.6	79	0.11	8.7	75	0.4	30.0	45.3
片块 1—8	1157	444	0.20	88.8	190	0.25	47.5	523	0.4	209.2	345.5
片块 1—9	269	148	0.20	29.6	95	0.25	23.8	26	0.4	10.4	63.8
片块 1—10	888	148	0.20	29.6	71	0.25	17.8	669	0.4	267.6	315.0
片块 2—1	2403	625	0.12	75.0	328	0.17	55.8	1450	0.4	580.0	710.8
片块 2—2	670	213	0.20	42.6	130	0.25	32.5	327	0.4	130.8	205.9
片块 2—3	809	289	0.12	34.7	199	0.17	33.8	321	0.4	128.4	196.9
片块 2—4	1355	298	0.20	59.6	155	0.25	38.8	902	0.4	360.8	459.2

续表

片块编号	翻耕区域净面积	房屋占地部分			院坝部分			其他附属用地部分			总翻耕量
	翻耕面积	翻耕面积	翻耕深度	翻耕量	翻耕面积	翻耕深度	翻耕量	翻耕面积	翻耕深度	翻耕量	
	m^2	m^2	m	m^3	m^2	m	m^3	m^2	m	m^3	m^3
片块2—5	3883	1621	0.06	97.3	437	0.11	48.1	1825	0.4	730.0	875.3
片块2—6	3211	1162	0.04	46.5	913	0.09	82.2	1136	0.4	454.4	583.1
片块2—7	763	141	0.20	28.2	100	0.25	25.0	522	0.4	208.8	262.0
片块2—8	421	189	0.20	37.8	0	0.25	0.0	232	0.4	92.8	130.6
片块2—9	5469	1602	0.15	240.3	641	0.20	128.2	3226	0.4	1290.4	1658.9
片块2—10	1141	529	0.06	31.7	330	0.11	36.3	282	0.4	112.8	180.8
片块3—1	1316	139	0.20	27.8	56	0.25	14.0	1121	0.4	448.4	490.2
片块3—2	702	254	0.20	50.8	0	0.25	0.0	448	0.4	179.2	230.0
片块3—3	840	272	0.14	38.1	280	0.19	53.2	288	0.4	115.2	206.5

注：翻耕量＝翻耕面积×翻耕深度；总的翻耕量＝房屋占地部分翻耕量＋院坝部分翻耕量＋其他附属用地部分翻耕量。

表 3-20　项目区各片块客土工程统计表

片块编号	内部客土量（m³）	内部客土运距（m）	人工平土面积（m²）
片块 1—1	72.6	60	460
片块 1—2	29.7	50	174
片块 1—3	74.8	20	1421
片块 1—4	125.9	55	1457
片块 1—5	59.4	15	297
片块 1—6	101.1	30	1730
片块 1—7	14.5	25	189
片块 1—8	107.8	60	634
片块 1—9	39.1	30	243
片块 1—10	36.7	20	219
片块 2—1	94.7	25	953
片块 2—2	36.1	20	343
片块 2—3	54.6	60	488
片块 2—4	75.1	50	453
片块 2—5	84.2	20	2058
片块 2—6	92.1	55	2075
片块 2—7	38.2	15	241
片块 2—8	37.8	30	189
片块 2—9	99.3	25	2243
片块 2—10	64.7	60	859
片块 3—1	33.4	30	195
片块 3—2	50.8	20	254
片块 3—3	66.1	25	552

3. 农田水利工程设计

根据实地踏勘和结合当地农民意见及建议进行项目农田水利的布局，本项目主要涉及新修排水沟、新修沉沙凼以及新修过生产路农涵等工程。

（1）新修排水沟工程设计

排水沟一般垂直等高线沿布设，沟底坡降比取 5‰，宅基地和院坝部分修筑背沟与排水沟相连，同时要与原有沟渠、坑塘、蓄水池、主排水沟或天然排水道相通。排水沟在暴雨时起排出坡面径流作用。根据项目区各片块集雨面积较小及借鉴排水沟修筑经验设计排水沟断面尺寸，新修排水沟为矩形断面（宽×深）0.3m×0.4m，采用下埋式，砌筑方式采用先砌边墙后浇筑底板的方式,边墙采用 M7.5 水泥砂浆砌,边墙顶部用 C20 砼压顶 4cm 厚;新修排水沟为矩形断面(宽×深)0.3m×0.3m,采用下埋式,砌筑方式采用先浇筑底板后砌边墙的方式,边墙采用 M7.5 水泥砂浆砌条石;排水沟底板采用 0.06m 厚 C20砼现场浇筑,砼底板每隔 10 米设一道伸缩缝,伸缩缝采用沥青木板处理。

表 3-21　新修排水沟工程量统计表

片块编号	排水沟编号	长度(m)	尺寸(宽×高)	材质	承泄区
片块 1—4	排水沟(砖)1	71	0.3×0.4	砖	水田
片块 1—6	排水沟(砖)1	42	0.3×0.4	砖	水田
片块 4—1	排水沟(石)1	47	0.3×0.3	条石	水田
片块 4—4	排水沟(石)1	44	0.3×0.3	条石	水田
片块 4—7	排水沟(石)1	34	0.3×0.3	条石	水田
片块 5—10	排水沟(砖)1	85	0.3×0.4	砖	水田
片块 7—1	排水沟(石)1	58	0.3×0.3	条石	水田
片块 7—7	排水沟(砖)1	95	0.3×0.4	砖	水田
片块 9—4	排水沟(石)1	33	0.3×0.3	条石	水田
片块 9—5	排水沟(石)1	52	0.3×0.3	条石	水田
片块 9—9	排水沟(砖)1	104	0.3×0.4	砖	水田
片块 10—4	排水沟(石)1	26	0.3×0.3	条石	水田
片块 10—9	排水沟(砖)1	29	0.3×0.4	砖	水田
片块 11—1	排水沟(石)1	28	0.3×0.3	条石	水田
片块 11—5	排水沟(石)1	44	0.3×0.3	条石	水田
片块 13—5	排水沟(砖)1	43	0.3×0.4	砖	水田
片块 13—8	排水沟(石)1	34	0.3×0.3	条石	水田
片块 15—1	排水沟(砖)1	45	0.3×0.4	砖	水田

(2)新修沉沙凼工程设计

本项目新修沉沙凼的设计根据农村水土保持的多年经验采用嵌入式。新修沉沙凼采用 M7.5 水泥砂浆砌砖,凼壁厚 0.24m(除 1:2.5 砂浆抹面厚度为 20mm),沉沙凼规格为净长 1m、净宽 1m、净深 0.8m。底板采用现浇 80mm 厚 C20 砼底板。底板应放置于岩层或承载力较大的老土层上。在实际施工中,在满足设计沉沙要求以及沉沙凼容积的前提下,可根据实际地形适当调整沉沙凼的具体形状,但要求尽量少占耕地,避免高填深挖。

（3）新修过生产路农涵工程设计

本项目规划新修农涵安装预制 C20 钢筋混凝土板,每块混凝土板板宽为 1m、板长为 1m、板厚为 0.1m,受力钢筋采用 φ12mm,分布钢筋采用 φ8mm。

表 3-22　沉沙凼及农涵统计表

片块编号	沉沙凼尺寸（m）	个数	材质	农涵尺寸（m）	个数	材质
片块 1—4	1.48×1.48×0.8	1	砖	1×1×0.1	1	预制板
片块 1—6					1	预制板
片块 1—8					1	预制板
片块 4—1					1	预制板
片块 4—4					1	预制板
片块 4—7	1.48×1.48×0.8	1	砖			
片块 5—10	1.48×1.48×0.8	1	砖			
片块 7—1	1.48×1.48×0.8	1	砖			
片块 7—7					1	预制板
片块 8—3					1	预制板
片块 9—4	1.48×1.48×0.8	1	砖	1×1×0.1	1	预制板
片块 9—5					1	预制板
片块 9—9	1.48×1.48×0.8	1	砖	1×1×0.1	1	预制板
片块 10—4	1.48×1.48×0.8	1	砖			
片块 10—9					1	预制板
片块 11—1	1.48×1.48×0.8	1	砖	1×1×0.1	1	预制板
片块 13—5	1.48×1.48×0.8	1	砖	1×1×0.1	1	预制板
片块 13—8					1	预制板
片块 15—1	1.48×1.48×0.8	1	砖			
片块 17—4	1.48×1.48×0.8	1	砖	1×1×0.1	1	预制板
片块 19—1	1.48×1.48×0.8	1	砖			
片块 20—6	1.48×1.48×0.8	1	砖	1×1×0.1	1	预制板
合计		13			16	

4. 田间道路工程设计

本项目涉及的田间道路工程主要为新修生产路（砼）和维修生产路（砼）。

（1）新修生产路设计

新修生产路,采用现浇 C20 砼铺筑,路面路宽为 0.8m,原土夯实路基,弃渣垫层 0.1m 厚,路面采用现浇 C20 砼铺筑,厚 0.08m,砼路面每隔 10m 设一道伸缩缝,每道伸缩缝缝宽为 1cm。同时,当新建生产路纵坡大于 15°时需设梯步,梯步高 0.15m,梯步踏面宽 0.3m;当生产路纵坡在 10°—15°之间时,设计对路面采取凹槽防滑处理,防滑槽深 7mm;坡度小于 10°时,采用平路面。

(2)维修生产路设计

为将项目区内分散的各地块与现有田间道以及地块与地块间联系起来,方便整理后的农业生产,设计将原来片块中以及周边的泥质路面的生产便道进行维修。维修生产路的路面采用砼路面。采用砼路面作为生产路铺设材料的生产路,路基采用素土夯实和弃渣垫层,弃渣垫层 0.1m 厚,路面宽 0.8m,路面采用 C20 砼现浇成型,路面厚度为 0.08m,砼路面每隔 10m 应预留一道伸缩缝;同时,当生产路纵坡大于 15°时需设梯步,梯步高 0.15m,梯步踏面宽 0.30m;当生产路纵坡在 6°—15°之间时,设计对路面采取凹槽防滑处理;坡度小于 6°时,采用普通平路面。维修和新修生产路在交叉处应设置变形缝。

表 3-23　新修生产路统计表

片块编号	生产路编号	总长度	外延长度	规划厚度	规划宽度	路面材料
单位	——	m	m	m	m	
片块 2—1	新修生产路 1	43	0	0.08	0.8	砼路面
片块 3—5	新修生产路 1	27	0	0.08	0.8	砼路面
片块 4—1	新修生产路 1	78	0	0.08	0.8	砼路面
片块 8—3	新修生产路 1	132	0	0.08	0.8	砼路面
片块 9—3	新修生产路 1	110	0	0.08	0.8	砼路面
片块 13—2	新修生产路 1	29	0	0.08	0.8	砼路面
片块 13—5	新修生产路 1	59	0	0.08	0.8	砼路面
片块 14—2	新修生产路 1	57	0	0.08	0.8	砼路面
片块 16—7	新修生产路 1	47	0	0.08	0.8	砼路面
片块 17—3	新修生产路 1	44	0	0.08	0.8	砼路面
片块 17—4	新修生产路 1	65	0	0.08	0.8	砼路面
片块 18—7	新修生产路 1	91	0	0.08	0.8	砼路面
片块 20—6	新修生产路 1	35	0	0.08	0.8	砼路面
合计	——	817	0			——

表 3-24　维修生产路统计表

片块编号	生产路编号	总长度	外延长度	规划厚度	规划宽度	路面材料
单位	——	m	m	m	m	——
片块 1—1	维修生产路 1	134	70	0.08	0.8	砼路面
片块 1—2	维修生产路 1	42	0	0.08	0.8	砼路面
片块 1—3	维修生产路 1	184	60	0.08	0.8	砼路面
片块 1—6	维修生产路 1	176	50	0.08	0.8	砼路面
片块 1—7	维修生产路 1	71	20	0.08	0.8	砼路面
片块 1—8	维修生产路 1	233	100	0.08	0.8	砼路面
片块 2—4	维修生产路 1	243	170	0.08	0.8	砼路面
片块 2—5	维修生产路 1	111	0	0.08	0.8	砼路面
片块 2—6	维修生产路 1	279	130	0.08	0.8	砼路面
片块 2—9	维修生产路 1	280	120	0.08	0.8	砼路面
片块 3—2	维修生产路 1	30	0	0.08	0.8	砼路面
片块 3—4	维修生产路 1	195	140	0.08	0.8	砼路面
片块 3—5	维修生产路 1	81	60	0.08	0.8	砼路面
片块 4—3	维修生产路 1	96	30	0.08	0.8	砼路面
片块 4—4	维修生产路 1	88	0	0.08	0.8	砼路面
片块 5—10	维修生产路 1	98	0	0.08	0.8	砼路面
片块 7—2	维修生产路 1	108	0	0.08	0.8	砼路面
片块 7—7	维修生产路 1	290	210	0.08	0.8	砼路面
片块 8—3	维修生产路 1	79	0	0.08	0.8	砼路面
片块 8—5	维修生产路 1	50	0	0.08	0.8	砼路面
片块 8—6	维修生产路 1	274	170	0.08	0.8	砼路面
片块 8—8	维修生产路 1	101	0	0.08	0.8	砼路面
片块 9—3	维修生产路 1	99	60	0.08	0.8	砼路面
片块 9—4	维修生产路 1	117	40	0.08	0.8	砼路面
片块 9—7	维修生产路 1	100	0	0.08	0.8	砼路面
片块 9—8	维修生产路 1	211	110	0.08	0.8	砼路面
片块 10—7	维修生产路 1	114	70	0.08	0.8	砼路面
片块 11—5	维修生产路 1	114	30	0.08	0.8	砼路面
片块 11—9	维修生产路 1	50	0	0.08	0.8	砼路面
片块 13—5	维修生产路 1	89	70	0.08	0.8	砼路面
片块 13—7	维修生产路 1	81	30	0.08	0.8	砼路面
片块 15—1	维修生产路 1	136	50	0.08	0.8	砼路面
片块 15—6	维修生产路 1	140	70	0.08	0.8	砼路面
片块 15—8	维修生产路 1	58	0	0.08	0.8	砼路面

片块编号	生产路编号	总长度	外延长度	规划厚度	规划宽度	路面材料
片块 16—1	维修生产路 1	201	100	0.08	0.8	砼路面
片块 16—8	维修生产路 1	88	30	0.08	0.8	砼路面
片块 18—3	维修生产路 1	92	0	0.08	0.8	砼路面
	维修生产路 2	54	0	0.08	0.8	砼路面
片块 18—5	维修生产路 1	267	50	0.08	0.8	砼路面
片块 18—10	维修生产路 1	150	110	0.08	0.8	砼路面
	维修生产路 2	136	40	0.08	0.8	砼路面
片块 19—2	维修生产路 1	129	70	0.08	0.8	砼路面
片块 19—3	维修生产路 1	46	0	0.08	0.8	砼路面
片块 19—9	维修生产路 1	167	110	0.08	0.8	砼路面
片块 20—3	维修生产路 1	204	140	0.08	0.8	砼路面
片块 20—5	维修生产路 1	337	130	0.08	0.8	砼路面
	维修生产路 2	91	60	0.08	0.8	砼路面
片块 20—6	维修生产路 1	54	0	0.08	0.8	砼路面
合计		6568	2700			

（三）可利用材料及弃渣处理分析

1. 建筑物拆除工程统计

建筑物拆除工程包括：房屋墙体拆除、房屋屋顶拆除、房屋地板和楼板拆除、房屋屋基拆除和院坝拆除以及片块中其他建筑物的拆除，均采用人工拆除。各片块拆除工程量统计见表 3-15。

2. 可利用材料分析

拆除产生的条石可作为新修石坎的原材料，拆除产生的砖可以作为新修排水沟和沉沙函的原材料，拆除的预制板可以直接作为农涵盖板的原材料。

拆除预制板、条石的可利用量按现有房屋实际情况计算。可利用量计算公式如下：

V 利（预制板）＝V 拆（预制板）×（1-S 损（预制板））

V 利（石）＝V 拆（石）×（1-S 损（石））

V 利（砖）＝V 拆（砖）×（1-S 损（砖））

V 损（预制板）＝V 拆（石）×S 损（预制板）

V 损（石）＝V 拆（石）×S 损（石）

V 损（砖）＝V 拆（砖）×S 损（砖）

式中，V 拆（预制板）——预制板拆除工程量；

　　　V 拆（石）——条石拆除工程量；

　　　V 拆（砖）——砖拆除工程量；

　　　V 利（预制板）——预制板可利用量；

　　　V 利（石）——条石可利用量；

　　　V 利（砖）——砖可利用量；

　　　V 损（预制板）——预制板拆除损毁量；

　　　V 损（石）——条石拆除损毁量；

　　　V 损（砖）——砖拆除损毁量；

　　　S 损（预制板）——预制板拆除损毁率；

　　　S 损（石）——条石拆除损毁率；

　　　S 损（砖）——砖拆除损毁率。

按照拆除物综合利用于复垦工程中的原则，需要针对各片块可利用材料进行利旧分析，拆除物能够满足本片块工程所需但有剩余的人工挑抬运至附近居民点堆放；拆除物不能够满足本片块工程所需但其他片块有剩余能提供的考虑片块之间的材料平衡，尽量不通过购买的方式解决。经计算，条石拆除量为 7274m³，条石可利用量为 4849m³，可利用率为 2/3；砖拆除量为 4233m³，砖可利用量为 2116m³，可利用率为 0.5；预制板拆除量为 4245m³，预制板可利用量为 2971m³，可利用率为 0.6，具体的各片块可利用材料利旧情况见表 3-25。

表 3-25　项目建筑材料调配表

片块编号	条石可利用旧量	新修石坎	新修石沟	条石实际用量	条石调入量	条石剩余量	砖可利旧量	新修砖沟	新修沉沙凼砖用量	砖实际用量	砖调入量	砖剩余量	预制板可利旧量	新修农涵	预制板实际用量	预制板调入量	预制板剩余量	剩余物转运量
	m³	m³	m³	m³	m³	m³	m³	m³	m³	m³	m³	m³	m³	m³	m³	m³	m³	m³
片块1—1	58.7	0.0	0.0	0.0	0.0	58.7	39.3	0.0	0.0	0.0	0.0	39.3	0.0	0	0	0	0.0	98.0
片块1—2	14.5	0.0	0.0	0.0	0.0	14.5	45.6	0.0	0.0	0.0	0.0	45.6	0.0	0	0	0	0.0	60.1
片块1—3	12.7	0.0	0.0	0.0	0.0	12.7	18.3	0.0	0.0	0.0	0.0	18.3	0.0	0	0	0	0.0	31.0
片块1—4	76.0	0.0	0.0	0.0	0.0	76.0	15.7	10.7	1.1	11.8	0.0	3.9	13.4	0.1	0.1	0	13.3	93.2
片块1—5	32.7	0.0	0.0	0.0	0.0	32.7	10.2	0.0	0.0	0.0	0.0	10.2	0.0	0	0	0	0.0	42.9
片块1—6	11.0	0.0	0.0	0.0	0.0	11.0	17.3	6.4	0.0	6.4	0.0	11.0	12.1	0.1	0.1	0	12.0	34.0
片块1—7	32.1	0.0	0.0	0.0	0.0	32.1	0.0	0.0	0.0	0.0	0.0	0.0	13.9	0	0	0	13.9	45.9
片块1—8	15.1	0.0	0.0	0.0	0.0	15.1	28.9	0.0	0.0	0.0	0.0	28.9	8.4	0.1	0.1	0	8.3	52.3
片块1—9	43.2	0.0	0.0	0.0	0.0	43.2	0.0	0.0	0.0	0.0	0.0	0.0	18.6	0	0	0	18.6	61.8
片块1—10	10.6	0.0	0.0	0.0	0.0	10.6	49.7	0.0	0.0	0.0	0.0	49.7	37.3	0	0	0	37.3	97.6
片块2—1	76.1	0.0	0.0	0.0	0.0	76.1	20.7	0.0	0.0	0.0	0.0	20.7	0.0	0	0	0	0.0	96.8
片块2—2	40.1	0.0	0.0	0.0	0.0	40.1	47.1	0.0	0.0	0.0	0.0	47.1	0.0	0	0	0	0.0	87.2
片块2—3	39.7	0.4	0.0	0.0	0.0	39.7	28.1	0.0	0.0	0.0	0.0	28.1	3.6	0	0	0	3.6	71.4
片块2—4	6.3	0.8	0.0	0.0	0.0	6.3	51.5	0.0	0.0	0.0	0.0	51.5	0.0	0	0	0	0.0	57.8

农村土地整治与交易研究

续表

片块编号	条石可利旧量 m³	新修石坎 m³	新修石沟 m³	条石实际用量 m³	条石调入量 m³	条石剩余量 m³	砖可利旧量 m³	新修砖沟 m³	新修沉沙砖池用量 m³	砖实际用量 m³	砖调入量 m³	砖剩余量 m³	预制板可利旧量 m³	新修农涵 m³	预制板实际用量 m³	预制板调入量 m³	预制板剩余量 m³	剩余物转运量 m³
片块2—5	9.5	6.1	0.0	6.1	0.0	3.4	26.6	0.0	0.0	0.0	0.0	26.6	18.2	0	0	0	18.2	48.2
片块2—6	13.8	0.0	0.0	0.0	0.0	13.8	18.6	0.0	0.0	0.0	0.0	18.6	11.0	0	0	0	11.0	43.4
片块2—7	16.7	0.0	0.0	0.0	0.0	16.7	52.3	0.0	0.0	0.0	0.0	52.3	0.0	0	0	0	0.0	68.9
片块2—8	55.1	0.0	0.0	0.0	0.0	55.1	0.0	0.0	0.0	0.0	0.0	0.0	23.8	0	0	0	23.8	78.9
片块2—9	18.5	16.2	0.0	16.2	0.0	2.3	13.1	0.0	0.0	0.0	0.0	13.1	0.0	0	0	0	0.0	15.4
片块2—10	27.2	0.0	0.0	0.0	0.0	27.2	8.5	0.0	0.0	0.0	0.0	8.5	6.7	0	0	0	6.7	42.4
片块3—1	7.2	7.6	0.0	7.6	0.4	0.0	21.7	0.0	0.0	0.0	0.0	21.7	17.5	0	0	0	17.5	39.2
片块3—2	7.3	0.0	0.0	0.0	0.0	7.3	0.0	0.0	0.0	0.0	0.0	0.0	32.0	0	0	0	32.0	39.3

注：损毁量=拆除量×损毁率，可利用量=拆除量-损毁量，耗用量=工程量×单位工程耗用量。

130

表 3-26 项目用材计划表

片块编号	新修石坎、新修石沟			新修砖沟、沉沙凼			新修农涵		
	条石用量(m³)	利旧量(m³)	调入量(m³)	砖用量(m³)	利旧量(m³)	调入量(m³)	预制板用量(m³)	利旧量(m³)	调入量(m³)
片块 1—1	0.0	0.0	0.0	0.0	0.0	0.0	0.0	0.0	0.0
片块 1—2	0.0	0.0	0.0	0.0	0.0	0.0	0.0	0.0	0.0
片块 1—3	0.0	0.0	0.0	0.0	0.0	0.0	0.0	0.0	0.0
片块 1—4	0.0	0.0	0.0	11.8	11.8	0.0	0.1	0.1	0.0
片块 1—5	0.0	0.0	0.0	0.0	0.0	0.0	0.0	0.0	0.0
片块 1—6	0.0	0.0	0.0	6.4	6.4	0.0	0.1	0.1	0.0
片块 1—7	0.0	0.0	0.0	0.0	0.0	0.0	0.0	0.0	0.0
片块 1—8	0.0	0.0	0.0	0.0	0.0	0.0	0.1	0.1	0.0
片块 1—9	0.0	0.0	0.0	0.0	0.0	0.0	0.0	0.0	0.0
片块 1—10	0.0	0.0	0.0	0.0	0.0	0.0	0.0	0.0	0.0
片块 2—1	0.0	0.0	0.0	0.0	0.0	0.0	0.0	0.0	0.0
片块 2—2	0.0	0.0	0.0	0.0	0.0	0.0	0.0	0.0	0.0
片块 2—3	0.0	0.0	0.0	0.0	0.0	0.0	0.0	0.0	0.0
片块 2—4	0.0	0.0	0.0	0.0	0.0	0.0	0.0	0.0	0.0
片块 2—5	6.1	6.1	0.0	0.0	0.0	0.0	0.0	0.0	0.0
片块 2—6	0.0	0.0	0.0	0.0	0.0	0.0	0.0	0.0	0.0
片块 2—7	0.0	0.0	0.0	0.0	0.0	0.0	0.0	0.0	0.0
片块 2—8	0.0	0.0	0.0	0.0	0.0	0.0	0.0	0.0	0.0
片块 2—9	16.2	16.2	0.0	0.0	0.0	0.0	0.0	0.0	0.0
片块 2—10	0.0	0.0	0.0	0.0	0.0	0.0	0.0	0.0	0.0
片块 3—1	7.6	7.2	0.4	0.0	0.0	0.0	0.0	0.0	0.0
片块 3—2	0.0	0.0	0.0	0.0	0.0	0.0	0.0	0.0	0.0
片块 3—3	0.0	0.0	0.0	0.0	0.0	0.0	0.0	0.0	0.0
片块 3—4	0.0	0.0	0.0	0.0	0.0	0.0	0.0	0.0	0.0
片块 3—5	0.0	0.0	0.0	0.0	0.0	0.0	0.0	0.0	0.0

3. 弃渣处理分析

本次复垦工程建设弃渣主要由损毁的砖、条石、拆除的混凝土、瓦片和损毁的预制板块组成。经测算,项目区工程建设弃渣量为 9860m³,各片块弃渣量如表 3-27 所示。

表3-27 各片块弃渣统计表

片块编号	木墙体拆除	木楼板拆除	屋顶木像拆除	木材废弃量	浆砌砖墙体拆除	浆砌砖墙体破损量	浆砌石墙体拆除	条石基础拆除	条石院坝拆除	条石破损量	屋顶瓦片拆除	瓦片破损量	预制板屋顶拆除	预制板楼板拆除	预制板破损量	混凝土地板拆除	水泥院坝拆除	三合土院坝拆除	混凝土、三合土废弃量	小计
	m³	m³	m³	m³	m³	m³	m³	m³	m³	m³	m³	m³	m³	m³	m³	m³	m³	m³	m³	m³
片块1—1	0.0	26.6	0.0	26.6	78.6	39.3	56.6	10.9	20.5	29.3	0.0	0.0	0.0	0.0	0.0	28.3	10.0	10.0	48.2	116.8
片块1—2	0.0	12.3	0.0	12.3	91.2	45.6	0.0	12.3	9.5	7.3	0.0	0.0	0.0	0.0	0.0	0.0	0.0	0.0	0.0	52.9
片块1—3	0.0	97.2	0.0	97.2	36.6	18.3	82.4	32.6	75.1	6.3	0.0	0.0	0.0	0.0	0.0	116.3	53.9	53.9	224.0	248.7
片块1—4	0.0	106.1	191.0	297.1	31.4	15.7	32.1	0.0	81.9	38.0	191.0	19.1	191.0	0.0	5.7	0.0	34.7	34.7	69.4	147.9
片块1—5	0.0	29.7	0.0	29.7	20.5	10.2	0.0	26.1	22.9	16.3	0.0	0.0	0.0	0.0	0.0	47.0	0.0	0.0	47.0	73.6
片块1—6	0.0	109.3	172.6	281.9	34.7	17.3	67.6	13.4	84.4	5.5	172.6	17.3	172.6	0.0	5.2	0.0	62.8	62.8	125.5	170.8
片块1—7	0.0	11.0	19.8	30.8	0.0	0.0	39.6	0.0	8.5	16.0	19.8	2.0	19.8	0.0	5.9	0.0	9.5	9.5	19.0	42.9
片块1—8	0.0	66.4	119.5	185.9	57.8	28.9	175.5	0.0	51.3	7.6	119.5	12.0	119.5	0.0	3.6	0.0	41.8	41.8	83.5	135.5
片块1—9	0.0	14.8	26.6	41.4	0.0	0.0	53.3	0.0	11.4	21.6	26.6	2.7	26.6	0.0	8.0	0.0	11.4	11.4	22.8	55.0
片块1—10	0.0	44.4	53.3	97.7	99.3	49.7	111.7	13.4	34.3	5.3	53.3	5.3	53.3	0.0	16.0	24.1	22.8	22.8	69.7	146.0
片块2—1	0.0	62.5	0.0	62.5	41.4	20.7	10.8	55.1	48.3	38.1	0.0	0.0	0.0	0.0	0.0	99.2	0.0	0.0	99.2	157.9
片块2—2	0.0	21.3	0.0	21.3	94.1	47.1	31.0	12.7	16.4	20.0	0.0	0.0	0.0	0.0	0.0	22.9	0.0	0.0	22.9	90.0
片块2—3	0.0	28.9	52.0	80.9	56.2	28.1	37.2	0.0	22.3	19.8	52.0	5.2	52.0	0.0	1.6	0.0	0.0	0.0	0.0	54.7

续表

片块编号	木墙体拆除 m³	木楼板拆除 m³	屋顶木缘拆除 m³	木材废弃量 m³	浆砌砖墙体拆除 m³	浆砌砖墙体破损量 m³	浆砌石墙体拆除 m³	条石基础拆除 m³	条石院坝拆除 m³	条石破损量 m³	屋顶瓦片拆除 m³	瓦片破损量 m³	预制板屋顶拆除 m³	预制板楼板拆除 m³	预制板破损量 m³	混凝土地板拆除 m³	水泥院坝拆除 m³	三合土院坝拆除 m³	混凝土、三合土废弃量 m³	小计 m³
片块2—4	0.0	29.8	0.0	29.8	103.0	51.5	57.3	13.9	23.0	3.1	0.0	0.0	0.0	0.0	0.0	25.0	0.0	0.0	25.0	79.7
片块2—5	4.7	162.1	260.5	427.2	53.1	26.6	0.0	17.4	125.2	4.8	260.5	26.0	260.5	0.0	7.8	0.0	0.0	0.0	0.0	65.2
片块2—6	0.0	116.2	157.3	273.5	37.2	18.6	93.2	23.8	89.7	6.9	157.3	15.7	157.3	0.0	4.7	0.0	20.8	20.8	41.5	87.4
片块2—7	0.0	14.1	0.0	14.1	104.5	52.3	0.0	14.1	10.9	8.3	0.0	0.0	0.0	0.0	0.0	25.4	0.0	0.0	25.4	86.0
片块2—8	0.0	18.9	34.0	52.9	0.0	0.0	68.1	0.0	14.6	27.6	34.0	3.4	34.0	0.0	10.2	0.0	0.0	0.0	0.0	41.2
片块2—9	24.5	160.2	0.0	184.7	26.2	13.1	132.4	21.4	123.7	9.3	0.0	0.0	0.0	0.0	0.0	38.5	50.8	50.8	140.0	162.4
片块2—10	0.0	52.9	95.2	148.1	17.0	8.5	0.0	0.0	40.8	13.6	95.2	9.5	95.2	0.0	2.9	0.0	0.0	0.0	0.0	34.5
片块3—1	0.0	13.9	25.0	38.9	43.3	21.7	0.0	0.0	10.7	3.6	25.0	2.5	25.0	0.0	7.5	0.0	0.0	0.0	0.0	35.3

表3-28 各片块弃渣处理分析表

片块编号	废渣量 (m³)	木材废料回收 (m³)	石坎填腔 (m³)	处理方式							
				铺填附近田间道			生产路垫层或者铺填土路 (m³)	填埋区（0.5m 以下）掩埋			
				铺筑量 (m³)	位置	平均运距 (m)		掩埋量 (m³)	位置	平均运距 (m)	
片块1-1	116.8	26.6	0.0	0.0	—		0.0	116.8	片块东	0-50
片块1-2	52.9	12.3	0.0	31.7	附近田间道	20-50	0.0	21.1	片块西	0-50
片块1-3	248.7	97.2	0.0	149.2	附近田间道	20-50	0.0	99.5	片块东	0-50
片块1-4	147.9	297.1	0.0	0.0	—		0.0	147.9	片块东	0-50
片块1-5	73.6	29.7	0.0	0.0	—		0.0	73.6	片块东	0-50
片块1-6	170.8	281.9	0.0	102.5	附近田间道	20-50	0.0	68.3	片块东	0-50
片块1-7	42.9	30.8	0.0	0.0	—		0.0	42.9	片块东	0-50
片块1-8	135.5	185.9	0.0	81.3	附近田间道	20-50	0.0	54.2	片块东	0-50
片块1-9	55.0	41.4	0.0	0.0	—		0.0	55.0	片块东	0-50
片块1-10	146.0	97.7	0.0	0.0	—		0.0	146.0	片块东	0-50
片块2-1	157.9	62.5	0.0	0.0	—		4.3	153.6	片块东	0-50
片块2-2	90.0	21.3	0.0	54.0	附近田间道	20-50	0.0	36.0	片块东	0-50

续表

片块编号	废渣量（m³）	处理方式								
		木材废料回收（m³）	石块填隙（m³）	铺填附近田间道			生产路路垫层或者铺填土路（m³）	填埋区（0.5m以下）掩埋		
				铺筑量（m³）	位置	平均运距（m）		掩埋量（m³）	位置	平均运距（m）
片块2—3	54.7	80.9	0.0	0.0	—		0.0	54.7	片块东	0~50
片块2—4	79.7	29.8	0.0	0.0	—		0.0	79.7	片块东	0~50
片块2—5	65.2	427.2	0.1	0.0	—		0.0	65.1	片块东	0~50
片块2—6	87.4	273.5	0.0	0.0	—		0.0	87.4	片块东	0~50
片块2—7	86.0	14.1	0.0	0.0	—		0.0	86.0	片块东	0~50
片块2—8	41.2	52.9	0.0	0.0	—		0.0	41.2	片块东	0~50
片块2—9	162.4	184.7	0.2	0.0	—		0.0	162.2	片块东	0~50
片块2—10	34.5	148.1	0.0	0.0	—		0.0	34.5	片块东	0~50

本项目在现场踏勘中,通过征求当地村社及权利人意见,木材废料由权利人、当地村民自行回收当作柴火;弃渣有四种处理方式:一是在工程施工中用于石坎填膛;二是在工程施工中用于生产路的垫层;三是用于铺填附近的坑洼田间道;四是就近挖掩埋区(可利用废弃的农村粪坑作为掩埋区)掩埋。经测算,本项目柴火回收 15850m³,拆除的弃渣用于石坎填膛的 4m³,用于生产路垫层的 82m³,用于铺填附近田间道的 920m³,就近挖掩埋区掩埋的 8854m³。

(四)工程量测算

根据上述土地复垦工程设计得出本次土地复垦各项工程量见表3-29。

表3-29 项目工程量统计表

序号	项目		单位	合计
1	拆除工程	木墙房屋拆除面积	m²	8048
2		土墙房屋拆除面积	m²	1770
3		浆砌条石墙体房屋拆除面积	m²	35889
4		浆砌砖墙体房屋拆除面积	m²	20795
5		条石基础拆除	m³	5198
6		砼地面(砼地板与水泥院坝)拆除	m³	7717
7		石坝地面拆除	m³	7199
8		三合土地面拆除	m³	968
9		剩余物总量	m³	9573
10		弃渣总量	m³	9860
11		弃渣坑人工开挖	m³	8854
12		弃渣人工回填	m³	8854

续表

序号	项目		单位	合计
13	土地平整工程	清理杂物	m²	86056
14		内部土方平衡方量	m³	8287
15		土墙捣碎	m³	664
16		人工覆土、平土面积	m²	107004
17		人工翻耕土方量	m³	54114
18		降坡挖填方量	m³	630
19		新修条石坎砌筑量	m³	243
20		人工挖石坎基槽	m³	56
21	农田水利工程	新修0.3m×0.4m排水沟（砖）	m	545
22		新修0.3m×0.3m排水沟（石）	m	625
23		新修沉沙凼	口	13
24		新修过生产路农涵	座	16
25	田间道路工程	新修0.8米宽生产路（砼）	m	817
26		维修0.8米宽生产路（砼）	m	6568

七、施工组织设计

（一）施工条件

1.自然条件

项目区属亚热带湿润季风气候区，海拔高差大，地形性气候独特，全年雨量充沛，冬暖夏凉，空气清新，四季宜人，月平均气温1月最冷为3.8℃，7月最高为37.5℃。这样的气候条件，除夏季因炎热、多雨不利于施工外，其他季节对施工影响不大，因此在安排施工时，把全部的工程施工任务安排在冬春农闲季节实施。同时,项目区地处岭谷与山地过渡地带,四周山峦重叠,深丘峡谷纵横、地质复杂、地形多样、海拔较高,将对施工造成一定的影响。

2. 交通条件

本次施工采用公路运输作为项目实施的交通运输方式,项目区内现有的田间道路基本能够满足施工所需要的建筑材料和机械设备运输到施工现场。

3. 主要建筑材料供应

本次施工采用公路运输作为项目实施的交通运输方式,项目区内所需水泥、特细砂、碎石等主要材料到合川区或者三庙镇购买,本项目所需条石主要为各片块内拆除材料利旧,拆除物能够满足本地块工程所需但有剩余通过的人工挑抬的方式运至附近居民点堆放;拆除物不能够满足本地块工程所需但其他地块有剩余能提供的考虑地块之间的材料平衡,尽量不通过购买的方式解决。

4. 其他条件

项目区农网改造已经完成,电网配套,220V、380V电网密布,电力设施及电力供应能保证项目区工程施工的需要。无线电通讯覆盖项目区,为工程实施提供了良好的通讯条件。施工用水可就地提取,施工用电采用农村电网和各施工单位自备柴油发电机结合利用。

(二)施工总布置和主要工程施工方法

1. 施工总布置

施工总体布置应遵循"因地制宜、因时制宜"和有利生产、方便生活、便于管理的原则。

施工、生活用水采用附近坑塘取水的方法解决。施工、生活用电可采用工程沿线电网供电。

（1）施工道路

利用项目区片块周边的田间道路。

（2）施工用水

生活用水：由于项目区靠近居民点，生活用水直接使用当地生活用水。

生产用水：由于项目区地表水较丰富，根据需要就近取水。

（3）施工用电

项目区内农用电网密布，施工用电十分方便。

（4）材料堆放

①水泥库

为保证水泥质量，在生活区附近租赁空房作为水泥仓库，并在地面铺油毡或彩条布隔潮，四周做好排水沟。

②砂料堆放场

砂料露天堆放，根据需要直接放置在搅拌机附近，堆料周围设置排水沟，防止雨水冲刷。

2. 主要工程施工方法

本项目所涉及的主要的工程包括：拆除工程、土方工程、石方工程、砌体工程及砼工程。

（1）拆除工程

①房屋拆除

拟对房屋墙体、房屋基础、院坝、房屋屋顶、地板和楼板采用人工拆除，并将土墙拆除后的土方捣碎，用作耕作层。

拆除工程在施工前，先清除拆除倒塌范围内的物资、设备；将电线、燃气道、水管、供热设备等干线与该建筑物的支线切断或迁移；检查周围危旧房，必要时进行临时加固；向周围群众出安民告示，在拆除危险区周围应设禁区围栏、警戒标志，派专人监护，禁止非拆除人员进入施工现场。

施工人员进行拆除工作时，应该站在专门搭设的脚手或者其他稳固的结构部分上进行操作。操作人员要戴安全帽和其他防护用品。拆除过程多属高空作业，工具、设备、材料杂乱，粉尘、日晒较多，作业工人应佩戴安全帽、手套、安全鞋等个人防护用品,为防止砖石、灰尘及切割螺钉等的操作,应佩戴护目镜。拆除轻型结构屋面工程时,严禁施工人员直接踩踏在轻型结构板上进行工作,必须使用移动板梯,板梯上端必须挂牢,防止高处坠落。拆除过程中,现场照明不得使用拆除建筑物中的配电线,应另外设置配电线路。

拆除过程中,应有专业技术人员现场监督指导。为确保未拆除部分建筑的稳定,应根据结构特点,有的部位应先进行加固,再继续拆除。当拆除某一部分的时候应防止其他部分的倒塌,把有倒塌危险的构筑物,用支柱、支撑、绳索等临时加固。

拆除作业应严格按拆除方案进行:拆除建筑物应该自上而下依次进行;拆除建筑物的栏杆、楼梯和楼板等,应该和整体程度相配合,不能先行拆除;禁止数层同时拆除;建筑物的承重支柱和横梁,要等待它所承担的全部结构和荷重拆除后才可以拆除。

拆除建筑物采用推倒法时,拆除墙时人员应避至安全地带,必须遵守以下规定:砍切墙根的深度不能超过墙厚的1/3,墙的厚度小于两块半砖的时候,不许进行掏掘;为防止墙壁向掏掘方向倾倒,在掏掘前,要用支撑撑牢;建筑物推倒前,应发出信号,待所有人员远离建筑物高度2倍以上的距离后,方可进行;在建筑物推倒倒塌范围内,有其他建筑物时,严禁采用推倒方法。

②院坝拆除

院坝及房屋地面的混凝土拆除在房屋拆除后进行,采用人工拆除。地面砼采取人工凿除表块,屋基条石采取人工撬出。

③拆除物处理

建筑物拆除产生的弃渣、石渣等建筑垃圾用于新修配套设施,实现材料回收利用,节约投资,其余由施工方挖坑就近掩埋,主要为片块的低洼处。设计填埋深度必须大于40cm,根据实际情况自地表向下开挖深度不低于60cm,垃圾填埋后在垃圾表层覆盖一层土壤,要求填埋垃圾完全包裹在土壤内部,不应有垃圾暴露在地面上。

(2)土方工程

①土方开挖

建筑物基础采取人工开挖,开挖土方就近堆放。在土方开挖过程中,定期测量校正开挖平面尺寸和标高,并按施工图纸的要求检查开挖边坡的坡度和平整度,并将测量资料提交监理单位。

土方开挖工程完成后,施工单位会同主管单位对主体工程开挖基础面检查清理情况进行验收,主要按施工图纸要求检查基础开挖平面尺寸、标高和场地平整度和取样检测基础土物理力学性质指标,会同主管单位检查和验收砌体填筑前基础面有无积水或流水,基础面表面是否受扰动。

施工区范围内所有垃圾及多余的土方要及时地运到指定垃圾场,以便创造一个文明施工的环境。

②土方回填

填筑的土料应将腐植土、堤坡草皮、垃圾等清掉。根据该工程的土方施工特点和施工环境,本工程土方回填的压实机具主要采用蛙式打夯机,对于机械碾压不到的位置应辅以人工夯实。

③坡改梯

坡改梯施工技术包括:测量放线→揭表土→深啄底土→开挖土方→砌筑田坎→表土复位。

(3)石方工程

在石方开挖过程中,定期测量校正开挖平面尺寸和标高,并按施工图纸的要求检查开挖边坡的坡度和平整度,并将测量资料提交监理单位。

石方开挖工程完成后,会同主管单位对主体工程开挖基础面检查清理情况进行验收,主要按施工图纸要求检查基础开挖平面尺寸、标高和场地平整度和取样检测基础土物理力学性质指标,会同主管单位检查和验收砌体填筑前基础面有无积水或流水,基础面表面是否受扰动。

(4)砌体工程

①石料砌筑

干砌条石施工方法步骤:首先,测设控制桩,并拉设纵横向控制弦线。对直线段起始处、直线与圆弧段交接处、直线段每隔6块(15m长)、圆弧段每隔4块(约10m长)等部位,均在坡脚及坡顶设置控制桩,并拉设纵横向弦线,作为条石砌筑时的控制基线。条石固定前先进行预摆放,尽可能使成形后的条石缝隙较小,缝形规则,再最终予以固定。对局部条石缝隙较大的部位,采用切割机进行修割。条石安装自下而上进行,以底部第一批条石作为其后条石控制的参照。安装底部第一批条石前,按事先测放的控制点进行条石位置校正,严格保证第一批条石的安装质量,为后续条石的施工创造有利条件。安装过程中,砌石工及施工员须依据控制基线对已安装段条石进行质量自检,确保安装质量达到目标要求。质量员加强过程巡检,对不满足质量标准的要坚决予以返工,将质量缺陷消灭在过程中。减少条石砌筑后的不均匀沉降。条石底部的碎石垫层要回填密实,并且,在条石就位时,将其底部垫层适当填高2cm左右,待条石调整到位后,有条件的再用挖掘机的挖斗轻置于条石表面用力施压使其底部碎石密实,保证条石的稳固。

砂浆砌筑条石施工方法应按《水工建筑物砌石工程施工技术规范》操作。砌前应按设计要求将工作面进行清理,打上木桩拉好线,经验收合格后再开始砌石。砂浆应采用移动式拌和机或拌浆机拌浆。采用座浆法进行砌筑,砌体与基础面先铺一层同标号的砂浆、摊平后再砌石。砌筑时,应逐块放浆,逐块砌筑,先放浆后放石,石料摆放前将突出角去掉,石与石之间留有一定的竖缝(2—3cm)用砂浆灌满,石块应错开安放。同一层面应保持平衡升高,上下层或同一层前后的石块砌缝应错开,避免形成通缝。放好砂浆铺完后,进行竖缝灌浆,并用插刀捣实,使砂浆密实,并勾好缝,勾缝线条要流畅、美观。砌石要做到"平、稳、密、错"四落实。要经常检查砌筑砂浆的强度以及和易性,稠度控制在50—70mm。砌筑12—18h后应及时养护,经常保持外露面湿润,养护时间一般为7—14天。浆砌石后填土要压实,干容重不小于1.60g/cm^3。

②砖砌体工程

砌筑砖砌体时,砖应提前1—2天浇水湿润。当采用铺浆法砌筑时,铺浆长度不得超过750mm;施工期间气温超过30℃时,铺浆长度不得超过500mm。240mm厚承重墙的每层墙的最上一皮砖,砖砌体的阶台水平面上及挑出层,应整砖丁砌。竖向灰缝不得出现透明缝、瞎缝和假缝,砖砌体的灰缝应横平竖直,厚薄均匀,水平灰缝厚度宜为10mm,但不应小于8mm,也不应大于12mm,砌体水平灰缝的砂浆饱满度不得小于80%。砖砌体施工临时间断处补砌时,必须将接槎处表面清理干净,浇水湿润,并填实砂浆,保持灰缝平直。砖砌体的转角处和交接处应同时砌筑,严禁无可靠措施的内外墙分砌施工。对不能同时砌筑而又必须留置的临时间断处应砌成斜槎,斜槎水平投影长度不应小于高度的 2/3。

（5）砼工程

①砼拌制要求

对混凝土原材料如水泥、粗细骨料、水等要符合国家的现行标准规定及设计要求。混凝土的拌和时间应根据塌落度确定,一般不宜少于 1.5 分钟。从拌成到开始浇筑,根据经验,以不超过 45 分钟为宜。混凝土温度一般控制范围在 15℃左右,夏季施工时,当外界气温高于 30℃时,要求砼出仓温度低于 15℃。施工时应严格按操作规程,以防出现麻面、蜂窝、露筋、空洞、裂缝等。混凝土浇筑时,如遇降雨但又无防雨措施,则应停止浇筑。混凝土的养护及拆模期限都要严格按照有关规范规程执行。

②砼施工要求

混凝土工程分为预制、现浇两种方法进行施工,预制应根据工程布局和需要,采用分散或集中预制。现场浇筑可采用 0.4m³ 搅拌机集中拌和,机动翻斗车水平运输,直接入仓浇筑。浇筑时采用插入式或平板式振捣器振捣,要求振捣密实。浇筑完毕后应做好洒水养护工作。

3. 施工工序

（1）土地平整工程施工工序和方法

确定根据设计需要降坡的田块位置,降坡区范围。施工准备测量放线→土方工程→确定人工挖填土方案→施工。施工时注意与排水管工程施工配合。

（2）配套农田水利工程

①放线。沟、道路等主要建筑物的施工放线要严格按设计规范放线。

②基槽开挖。排水沟一般采用台阶式分层开挖,层高为上下土块的高差,开挖程序是先挖台阶后削坡。为避免超挖,初挖断面应略小于设计断面。蓄水池开挖土石方较多,要规划弃渣、堆料场地,做好开挖土石方调配。

③现浇混凝土施工。现浇混凝土施工包括沉沙池、排水沟的底部,生产路的路面。

现浇混凝土施工的施工要点:第一,整理凼底、沟床、路基。第二,准备配料,拌合和浇筑用的称量、搅拌、运输、摊铺以及压实等工具。第三,水泥、碎石、砂子等原材料制备。第四,拌合,严格按照重量配合比配料,控制人工拌合时间。第五,摊铺和压实。第六,分层与接缝。第七,混凝土初凝后,洒水养护七天。第八,一般水灰比 0.65,坍落度 3—5cm。

④修建的排水沟要能够满足排水的要求,即沟底应低于台面,以便田内的水能够通过排水沟排出。

石块安放:石块大面朝下,小面在上。

砌缝:砌缝应交错紧密,忌通缝。

灌浆:灌缝砂浆稠度 5—7cm,灌浆后用手搬动石块,使砂浆充满石块底部和间隙。

填缝:根据石块间空隙大小,选用合适的整块小石挤进石缝的砂浆中。不宜用几块碎石填缝,不允许先塞石块,后灌浆。

保护:石块砌妥后,不要在其上敲打修理其他石块,以防震动分离。砌筑过程中如发现个别石块松动,则应坚决取下,清除掉石块上的砂浆后,再用新砂浆重砌。

养护:正常情况下,洒水养护不应小于 7 天。

(3)配套生产路施工工序及要求

①放线。放线应大弯随弯、小弯取直、分叉转弯自然。

②清基。清除树根、草根和表层熟土。

③路基修筑。路基应高出田面高程 0.15m 以上,宜为 0.15—0.5m,根据路面平整需要,填方区路基可更高,宽度宜大于路面 0.1—0.2m;垫层与路面同宽,采用碎石或条石,应放平、压实,在填方区或流水冲刷区宜采用浆砌砖、石。

④夹板。对于不同厚度的砼路面采取不同高度的板来做模板(最好用木板),对于转弯分岔处应增加比较柔软的模板(最好用竹子),使其转弯分岔比较自然、美观。

⑤砼面层铺筑。路面应平整;坡度在 10°—15° 时,设置防滑槽,当坡度大于 15° 时,应设置梯步,梯步宽不宜超过 15cm,步宽不宜小于 25cm;在坡度不

大、有小型机动车进出的,应将梯步段部分路面做成平面,其宽度宜为路面的 1/4—1/3。(若修筑石渣路面,则将该段换为以下内容:路面应平整;由于利用废弃石渣,因此需保证石渣的压实,压实度为 80%,当坡度大于 15°时,应设置梯步,梯步高不宜超过 15cm,步宽不宜小于 25cm)

4. 安全施工方式设计

(1)拆除作业施工安全

①拆除现场必须设警戒区域,张挂醒目的警戒标志。警戒区域内严禁非操作人员通行或在脚手架下方继续组织施工。地面监护人员必须履行职责。

②仔细检查吊运机械包括索具是否安全可靠。吊运机械不允许搭设在脚手架上,应另立设置。

③如遇强风、雨等特殊气候,不应进行脚手架的拆除。夜间实施拆除作业,应具备良好的照明设备。

④所有高处作业人员,应严格按高处作业规定执行和遵守安全纪律。

⑤建筑立体内所有窗户必须关闭锁好,不允许向外开启或向外伸挑物件。

⑥拆除人员进入岗位以后,先进行检查,加固松动部位,清除步层内留的材料、物件及垃圾块。所有清理物应安全输送至地面,严禁高处抛掷。

⑦按搭设的反程序进行拆除,即安全网—竖挡笆—垫铺笆—防护栏杆—搁栅—斜拉杆—连墙杆—大横杆—小横杆—立杆。

⑧不允许分立面拆除或上、下两步同时拆除(踏步式)。认真做到一步一清,一杆一清。

⑨所有连墙杆、斜拉杆、隔排措施、登高措施必须随脚手架步层拆除同步进行下降。不准先行拆除。

⑩所有杆件与扣件,在拆除时应分离,不允许杆件上附着扣件输送地面,或两杆同时拆下输送地面。

⑪所有垫铺笆拆除,应自外向里竖立、搬运,防止自里向外翻起后,笆面垃圾物件直接从高处坠落伤人。

⑫脚手架内必须使用电焊气割工艺时,应严格按照国家特殊工种的要求和消防规定执行。增派专职人员,配备料斗(桶),防止火星和切割物溅落。

严禁无证动用焊割工具。

⑬当日完工后,应仔细检查岗位周围情况,如发现留有隐患的部位,应及时修复或继续完成至一个程序、一个部位的结束,方可撤离岗位。

⑭输送至地面的所有杆件、扣件等物件,应按类堆放整理。

(2)现场临时用电(低压)电工操作施工安全

①必须经技术培训考核合格后持有效的特种作业上岗,从事作业的难易程度,须符合电工等级要求。对难度较大、较复杂的电气工程不得由低等级电工完成。

②电工必须熟悉《施工现场临时用电安全技术规范》,所有绝缘检验工具,应妥善保管,严禁他用,并要定期检查、校检。

③线路上禁止带负荷接电或断电,并禁止带电操作、带危险作业,必须有人在安全距离外监护。

④电力传动装置调试和维修时,除采取可靠的断电措施外,在开关箱外应悬挂"有人操作、禁止合闸"标志牌,并有专人监护。

⑤配电系统必须采取分级配电,各类配电箱、开关箱的安装和内部设置必须符合有关规定,开关电器标照用途,各类配电箱、开关箱外观应完整、牢固、防雨、防尘,箱体应外涂安全色标,统一编号,停止使用的配电箱应切断电源,箱门上锁。

⑥独立配电系统应按有关标准规定采用三相五线制的接零保护系统,非独立系统可根据现场实际情况采取相应的接零或接地保护,各种电气设备和电力施工机具的金属外壳,金属支架和底座必须按规定采取可靠的接零或接地保护。同时,应设两级漏电保护装置,实行分级保护,形成完整的保护系统。

八、项目投资预算

(一)编制依据

1.《土地开发复垦项目资金管理暂行办法》;

2.《土地开发复垦项目管理与预算编制审查及农地复垦规划设计实用手册》;

3.《土地开发复垦项目规划设计规范》(TD/T1012-2000);

4.《土地开发复垦项目预算编制暂行办法》;

5. 财政部、国土资源部《土地开发复垦项目预算定额》(2005);

6. 财政部、国土资源部《土地开发复垦项目施工机械台班费定额》(试行稿)(2005);

7.《土地开发复垦项目预算编制与实务》;

8.《重庆市房屋修缮工程计价定额》;

9. 合川发改发〔2011〕250 号文;

10.《重庆市农村建设用地复垦项目管理规定(试行)》;

11.《合川区人民政府关于加强农村建设用地复垦工作的通知》。

(二)基础单价

1. 根据《土地开发整理项目预算定额标准》按六类工资区计算,甲类工为 26.75 元/天,乙类工为 16.01 元/天。

2. 地方外购材料信息价采用合川发改发〔2011〕250 号文认定的材料价格,利旧建材价格按外购价格的 30% 取计,汽油、柴油等其余材料的单价主要根据市场价格执行。

表 3-30 主要材料单价表

名称	单位	信息价(元)	外购材料场内运杂费(元)	利旧材料场内运杂费(元)	预算价(元)	备注
水泥 325#	元/t	320.0	43.46	0	363.46	运距按 400m 算
毛条石	元/m³	120.0	43.46	0	163.46	运距按 400m 算
利旧毛条石	元/m³	36.0	0	12.35	48.35	运距按 50m 算
页岩砖	元/千匹	420.0	43.46	0	463.46	运距按 400m 算
利旧页岩砖	元/千匹	126.0	0	12.35	138.35	运距按 50m 算
钢筋	元/t	5000.0	43.46	0	5043.46	运距按 400m 算

续表

名称	单位	信息价（元）	外购材料场内运杂费（元）	利旧材料场内运杂费（元）	预算价（元）	备注
特细砂	元/m³	75.6	43.46	0	119.06	运距按400m算
碎石	元/m³	76.5	43.46	0	119.96	运距按400m算

注：①外购材料信息价采用合川发改发〔2011〕250号文认定的材料价格。其中信息价为采购地点至项目区主干机耕道的价格，已包含采购及保管费、运杂费等；

②利旧材料信息价由业主审定；

③特细砂的材料换算系数取1.4，碎石的材料换算系数取1.5；

④根据各个项目主干机耕道距离工程具体实施地点的不同，场内运杂费参照《土地开发整理项目预算定额标准》中人工挑抬运石渣定额子目进行预算。如运距为50m，即采用定额20192（人工运石渣40—50m）进行预算，则运距为50m，场内人工搬运费为12.35元/m³；如运距大于等于100m，即采用定额20197（人工运石渣90—100m）+定额20198（每增运10m）进行预算，如运距为100m，则场内人工搬运费为16.56元/m³；运距为150m，则场内人工搬运费为21.04元/m³；运距为200m，则场内人工搬运费为25.52元/m³；运距为250m，则场内人工搬运费为30.01元/m³；运距为300m，则场内人工搬运费为34.49元/m³；运距为350m，则场内人工搬运费为38.98元/m³；运距为400m，则场内人工搬运费为43.46元/m³；运距为450m，则场内人工搬运费为47.94元/m³；运距为500m，则场内人工搬运费为52.43元/m³。

3. 施工用电、水、风的预算价格计算如下：

（1）施工用电价格＝基本电价÷（1-高压输电线路损耗）÷（1-变配电设备及线路损耗）+供电设施摊销价

公式中，基本电价，取0.58元；高压输电线路损耗取6%；变配电设备及线路损耗，取8%，供电设施摊销价，取0.02元/千瓦时；施工用电价格＝0.69元/千瓦时。

（2）施工用水价格＝［水泵台班费用÷（水泵额定容量之和×8小时×K1×K2）］÷（1-供水损耗率）+供水设施整修摊消费

公式中，K1为时间利用系数，取0.7；K2为能量利用系数，取0.8；供水损耗率，取6%；供水设施整修摊销费，取0.03元/m³；施工用水价格＝0.37元/m³。

（3）施工用风价格由基本风价、供风损耗和供风设施维修摊消费组成，空气压缩机计算时选用电动空气压缩机，排气量3m³/min，风价计算公式：

施工用风价格＝［空气压缩机台班总费用÷（空气压缩机额定容量之和×60分钟×8小时×K1×K2）］÷（1-供风损耗率）+单位循环冷却水费+供风设施

维修摊消费

公式中,空气压缩机台班总费用 = 124.58 元/台班;K1/时间利用率,取 0.8;K2/能量利用率,取 0.8;供风损耗率,取 10%;单位循环冷却水费 0.005 元/m³;供风设施维修摊销费 0.003 元/m³;施工用风价格 = 0.16 元/m³。

（4）主要设备价格的编制依据

本项目不涉及仪器设备购买,因此不需要计算设备费。

（5）指标、定额、费用计算标准及依据

根据《土地开发整理项目预算编制暂行规定》和渝国土房管〔2010〕384 号文件的规定,项目预算由退地工作经费、工程施工费、设备费、其他费用(包括前期工作费、工程监理费、拆迁补偿费、竣工验收费、业主管理费)和不可预见费组成,在计算中以元为单位,取整数。

①退地工作经费

根据渝国土房管〔2010〕384 号文件的规定,本项目的退地工作经费按房屋和地上构(附)着物补偿费、土地使用权补偿费、农户购房补助三项费用之和的 2.8% 核算。由于本项目的"三项费用"目前正在协同统计中,在入库备案时会同实施方案一起提交,故本方案暂未计算此项费用。

②措施费

措施费主要包括:临时设施费、冬季施工增加费、夜间施工增加费、施工辅助费和特殊地区施工增加费。临时设施费和施工辅助费按规定计取;由于该工程不在冬季施工,因此冬季施工增加费按低值 0.7% 计取;本工程不计算特殊地区施工增加费。措施费 = 直接工程费(或人工费)×措施费率。

表 3-31 措施费率取值表

分类	措施费率（%）
土方工程	2.40
石方工程	2.40
砌体工程	2.40
混凝土工程	3.40
其他工程	2.40

③间接费

间接费由规费和企业管理费组成,其费率按规定计取。

间接费=直接费(或人工费)×间接费费率。

表 3-32　间接费费率表

序号	工程类别	计算基础	间接费费率(%)
1	土方工程	直接费	5
2	石方工程	直接费	9
3	砌体工程	直接费	7
4	混凝土工程	直接费	6
5	其他工程	直接费	5

④利润

利润指施工企业完成所承包工程获得的盈利,按规定利润率为 3%。

利润=(直接费+间接费)×3%

⑤税金

税金指按国家税法规定的应计入工程造价内的营业税、城乡维护建设税和教育费附加。由于项目区在县城以外,其税率为 3.22%。

税金=(直接费+间接费+利润)×税率。

⑥其他费用

其他费用包括前期工作费、工程监理费、竣工验收费、业主管理费和拆迁补偿费。具体各项费用的取费基础及取费费率按照重庆市国土资源和房屋管理局《关于印发〈关于规范地票价款使用促进农村集体建设用地复垦的指导意见(试行)〉的通知》(渝国土房管〔2010〕384 号)关于复垦项目工作成本和融资成本的相关要求计取。

a. 前期工作费按 0.15—0.22 万元/亩取值。本次按 0.20 万元/亩取值(项目勘测费按照 0.08 万元/亩计取、项目设计与预算编制费按照 0.1 万元/亩计取)。

b. 工程监理费按 0.02—0.03 万元/亩取值。本次按 0.03 万元/亩取值。

c. 竣工验收费按 0.04—0.06 万元/亩取值。本次按 0.06 万元/亩取值。

d. 业主管理费按 0.02—0.03 万元/亩取值。本次按 0.03 万元/亩取值。

e. 拆迁补偿费

根据合川府发〔2008〕15 号文件中的原房补偿：即我区建设用地复垦基本补偿标准按重庆市合川府发〔2008〕15 号文件征地拆迁房屋的基本补偿标准执行，复垦房屋具体标准（二类标准）为：

表 3-33　间接费费率表

类型	价格
钢砼结构	315 元/平方米
砖墙（条石）预制盖	285 元/平方米
砖墙（条石）瓦盖	255 元/平方米
砖墙（条石、木板）穿逗瓦盖	225 元/平方米
砖墙（片石）瓦盖	195 元/平方米
砖墙石棉瓦（含油毡、玻纤瓦）	180 元/平方米
穿逗、土墙瓦盖	165 元/平方米
石棉瓦、玻纤瓦盖	150 元/平方米
土墙毡盖（含棚盖）	105 元/平方米
简易棚房	60 元/平方米

以上房屋层高在 2.4m（不含 2.4m）以下，1.5m（含 1.5m）以上的，按同类标准的 70% 计算补偿；房屋层高在 1.5m 以下，1.0m（含 1.0m）以上的，按同类标准的 50% 计算补偿；房屋层高在 1.0m 以下，按同类标准的 20%—40% 计算补偿（本方案按 40% 计算）。

其他补偿：对拆除的构筑物、简易房等参照我区现行征地补偿标准据实补偿，对宅基地内外的其他附着物按 5000 元/亩包干补偿。

根据合川区土地开发整理中心提供的数据资料，本项目拆迁补偿费为 13463694 元。

f. 不可预见费指在施工过程中因自然灾害、设计变更及不可预计因素的变化而增加的费用。根据《土地开发复垦项目预算编制暂行规定》的规定，不可预见费计算基础为工程施工费、设备费和其他费用之和，其费率不得超过 2%，由于本次项目的投资小于 1000 万元，所以本预算取 2%。

（三）投资预算

根据农村建设用地复垦设计,本项目由拆除工程、土地平整工程、农田水利工程、田间道路工程组成。预算总投资 1783.52 万元(说明:由于小数进位原因,特性表中费用稍有调整),各项费用值及构成比例见表3-34。

表 3-34　各项费用构成表

序号	工程或费用名称	预算金额(万元)	各项费用占总费用的比例
	（一）	（二）	（三）
一	工程施工费	303.81	17.03%
1	拆除工程	198.96	11.16%
2	土地平整工程	74.56	4.18%
3	农田水利工程	7.16	0.40%
4	田间道路工程	23.13	1.30%
二	设备费	0	0.00%
三	其他费用	1444.74	81.00%
1	前期工作费	60.84	3.41%
2	工程监理费	9.38	0.53%
3	竣工验收费	18.76	1.05%
4	业主管理费	9.38	0.53%
5	拆迁补偿费	1346.37	75.49%
四	不可预见费	34.97	1.96%
总计		1783.52	100.00%

九、土地复垦效益分析

（一）新增耕地来源分析

结合项目区规划,待复垦的农村建设用地将复垦为耕地、林地、交通运输用地和水域及水利设施用地。当复垦点红线面积大于 1 亩时,林地、园地面积为根据规划图实际量取的成片面积 100m² 及以上的地类面积;当复垦点红线面积不大于 1 亩时,林地、园地面积为占红线面积的 10% 及以上的成片地类面积。当复垦点红线面积大于 1 亩时,交通运输用地、水域及水利设施用地即为占地宽度 1m 以上的线性工程和成片面积 100m² 及以上的面状工程面积;当复垦点红线面积不大于 1 亩时,交通运输用地、水域及水利设施用地即为占地宽度 1m 以上的线性工程和占红线面积的 10% 及以上的成片面状工程面积。净增耕地计算方法采用建设规模减去林地、园地、交通运输用地和水域及水利设施用地的面积。项目区复垦前后面积变化如表 3-35 所示。

表 3-35 复垦前后地类面积变化表

项目	建设规模	减少建设用地面积	新增耕地	新增林地	新增交通运输用地	新增水域及水利设施用地	保留工程占地	新增耕地率
单位	hm²	hm²	hm²	hm²	hm²	hm²	hm²	%
片块 1—1	0.1152	0.1152	0.1152	0.0000	0.0000	0.0000	0.0000	100.00
片块 1—2	0.0572	0.0572	0.0572	0.0000	0.0000	0.0000	0.0000	100.00
片块 1—3	0.2402	0.2402	0.2402	0.0000	0.0000	0.0000	0.0000	100.00
片块 1—4	0.3210	0.3210	0.3208	0.0000	0.0000	0.0002	0.0000	99.94
片块 1—5	0.0835	0.0835	0.0835	0.0000	0.0000	0.0000	0.0000	100.00
片块 1—6	0.2426	0.2426	0.2426	0.0000	0.0000	0.0000	0.0000	100.00
片块 1—7	0.0264	0.0264	0.0264	0.0000	0.0000	0.0000	0.0000	100.00

续表

项目	建设规模	减少建设用地面积	新增耕地	新增林地	新增交通运输用地	新增水域及水利设施用地	保留工程占地	新增耕地率
片块 1—8	0.1157	0.1157	0.1157	0.0000	0.0000	0.0000	0.0000	100.00
片块 1—9	0.0397	0.0397	0.0269	0.0000	0.0000	0.0000	0.0128	67.76
片块 1—10	0.0888	0.0888	0.0888	0.0000	0.0000	0.0000	0.0000	100.00
片块 2—1	0.2403	0.2403	0.2403	0.0000	0.0000	0.0000	0.0000	100.00
片块 2—2	0.0670	0.0670	0.0670	0.0000	0.0000	0.0000	0.0000	100.00
片块 2—3	0.0809	0.0809	0.0809	0.0000	0.0000	0.0000	0.0000	100.00
片块 2—4	0.1440	0.1440	0.1355	0.0085	0.0000	0.0000	0.0000	94.10
片块 2—5	0.3883	0.3883	0.3883	0.0000	0.0000	0.0000	0.0000	100.00
片块 2—6	0.3211	0.3211	0.3211	0.0000	0.0000	0.0000	0.0000	100.00
片块 2—7	0.0849	0.0849	0.0763	0.0000	0.0000	0.0000	0.0086	89.87
片块 2—8	0.0421	0.0421	0.0421	0.0000	0.0000	0.0000	0.0000	100.00
片块 2—9	0.5469	0.5469	0.5469	0.0000	0.0000	0.0000	0.0000	100.00
片块 2—10	0.1226	0.1226	0.1141	0.0085	0.0000	0.0000	0.0000	93.07
片块 3—1	0.1316	0.1316	0.1316	0.0000	0.0000	0.0000	0.0000	100.00
片块 3—2	0.0702	0.0702	0.0702	0.0000	0.0000	0.0000	0.0000	100.00
片块 3—3	0.0840	0.0840	0.0840	0.0000	0.0000	0.0000	0.0000	100.00
片块 3—4	0.1038	0.1038	0.1038	0.0000	0.0000	0.0000	0.0000	100.00
片块 3—5	0.0651	0.0651	0.0651	0.0000	0.0000	0.0000	0.0000	100.00
片块 3—6	0.0673	0.0673	0.0673	0.0000	0.0000	0.0000	0.0000	100.00
片块 4—1	0.1787	0.1787	0.1787	0.0000	0.0000	0.0000	0.0000	100.00
片块 4—2	0.1307	0.1307	0.1307	0.0000	0.0000	0.0000	0.0000	100.00
片块 4—3	0.1304	0.1304	0.1304	0.0000	0.0000	0.0000	0.0000	100.00
片块 4—4	0.1229	0.1229	0.1229	0.0000	0.0000	0.0000	0.0000	100.00
片块 4—5	0.1586	0.1586	0.1586	0.0000	0.0000	0.0000	0.0000	100.00

项目	建设规模	减少建设用地面积	新增耕地	新增林地	新增交通运输用地	新增水域及水利设施用地	保留工程占地	新增耕地率
片块 4—6	0.3114	0.3114	0.3114	0.0000	0.0000	0.0000	0.0000	100.00
片块 4—7	0.0620	0.0620	0.0618	0.0000	0.0000	0.0002	0.0000	99.68
片块 4—8	0.1054	0.1054	0.1054	0.0000	0.0000	0.0000	0.0000	100.00
片块 4—9	0.0469	0.0469	0.0469	0.0000	0.0000	0.0000	0.0000	100.00
片块 4—10	0.0635	0.0635	0.0635	0.0000	0.0000	0.0000	0.0000	100.00
片块 5—1	0.0411	0.0411	0.0411	0.0000	0.0000	0.0000	0.0000	100.00

经量算项目区新增耕地净面积 20.6430hm²，新增耕地率 99.02%。

（二）经济效益分析

项目区复垦后新增耕地 20.6430hm²，主要作为旱地使用，复种指数为 140%，耕地种植两季，大春时节，旱地以种植玉米、红薯为主；小春期水田部分种植蔬菜。由于新增耕地土壤为生土，作物产量在短期相对于熟土要低一些。新增耕地净收益合计 47.22 万元。详见表 3-36 所示。

表 3-36　新增耕地效益分析表

项目	品种	种植面积	产量	单价	毛收益	成本	净收益
		hm²	kg/hm²	元/kg	元	元	元
农作物	蔬菜	5.7800	18000	4	416163	249698	166465
	玉米	14.4501	6750	2.4	234092	81932	152160
	红薯	8.6701	18000	1.2	187273	33709	153564
合计		28.9002	—	—	—	—	472189

（三）社会效益分析

1. 项目建设期的社会影响

本项目的建设和实施将为农村剩余劳动力转移提供新的途径，从而促进农村社会稳定和繁荣。当前城镇和农村普遍存在着大量剩余劳动力，如何为这部分劳动力创造就业机会是关系社会稳定的重要问题，本项目建设和实施可为解决这一问题发挥一定的作用。

2. 项目完成后在维持社会稳定、耕地总量动态平衡方面的作用

通过本项目的实施，明显增加了有效耕地面积，缓解了人地矛盾；增强了农业发展后劲，保证了农业持续稳定发展。同时，本项目的实施将为合川区土地复垦工作积累经验。规划实施后，项目区形成的良好的农业生产环境和巨大的经济效益，将使广大农民群众感受到土地复垦工作是一项利国利民的事业，是一项为老百姓办实事的事业，有利于增进广大农民对土地管理工作的支持和理解，增强农民"切实保护耕地、合理利用土地"的意识及参与土地开发复垦的主动性、积极性，进一步推动土地开发复垦工作的全面、深入开展。

3. 项目在促进社会主义新农村建设方面所发挥的作用

通过此项目的建设和实施能促进农村脱贫致富和区域经济发展。项目实施后增加了耕地面积，交通及相关农田基础设施的配套完善，将大大提高劳动生产率，改善农业生产条件，节约生产成本，为农业增产和农民增收提供了物质基础，为社会主义新农村建设提供了基础保证，促进了农村物质文明和精神文明的建设。同时通过合理、合法的土地权属调整，明晰了土地产权关系，可以减少今后土地利用过程中可能引发的各种纠纷，有利于保持项目区的社会稳定。

4.项目在提高土地利用率,改善土地利用结构的作用

本项目属于农民宅基地的建设用地复垦项目,项目区现有土地利用效益较低,通过土地复垦,可以重新组织土地利用,提高土地利用率,达到增加耕地,提高土地效益的目的。道路及农田水利设施配套,项目区土地利用结构趋于合理化。形成路成框、林成行、沟成网的生产布局模式,耕地具有较强的保水、保肥、抗灾能力,从而改善了项目区农业生产条件,提高了农业生产效率,保证农业生产的稳定发展,促进了农业的可持续增长和农村经济可持续发展。复垦前后土地利用结构调整变化见表3-37。

表3-37　复垦前后土地利用结构调整表

项目名称	复垦前土地利用现状	复垦后土地利用方向				
	住宅用地	耕地	林地	交通运输用地	水域及水利设施用地	其他用地
	hm²	hm²	hm²	hm²	hm²	hm²
合川区三庙镇石堰村农村建设用地复垦项目	20.8464	20.6430	0.1021	0.0000	0.0026	0.0987
合计	20.8464	20.6430	0.1021	0.0000	0.0026	0.0987

(四)生态效益分析

通过对项目区进行综合性整治,减少了水土流失,改善了生态环境,促进和保持各农业生态系统间的良性循环,最大限度地为农民生产、生活提供良好的空间,为项目区进一步发展打下良好的基础。

本项目通过修建田土坎,改善水利设施和交通条件等措施,本着统一规划、统一实施、综合开发的原则,通过对田、水、路综合治理,实现了"田块规则化、沟渠永久化、道路网络化"。可有效减轻水土流失,改善生态环境,构成了稳定性强、生产能力高的复合农业生态系统,形成了经济合理的物质能量流,

提高其自然灾害抵御能力。

通过后续农业生产,增施有机肥,实施生物改良措施,能改善项目区土壤结构性状,促进农田生态良性循环,对维护和改善项目区内生物多样性,发展多种作物种植起到积极影响。

十、土地复垦工作计划安排

(一)施工进度安排的原则和依据

1. 搞好项目排队,保证重点、统筹安排;

2. 科学合理安排施工顺序,优化施工;

3. 确保工程质量和安全施工;

4. 加快施工进度,缩短工期;

5. 采用先进科学技术和科学组织方法,发展产品工业化生产,简化现场施工;

6. 科学、合理地安排施工计划,提高施工的连续性和均衡性。

(二)安排施工总进度

本着"一次规划,成块建设,逐步到位"的总体要求,工程计划工期为四个月。

表 3-38　项目工作计划安排表

工作阶段	工作进程	第1月	第2月	第3月	第4月
准备工作	招投标		—	—	—
主体工程施工进度	拆除工程	—		—	—
	土地平整	—			
	农田水利	—			—
	田间道路	——			—
工程完成建设	竣工初验	—	—	—	

（三）土地复垦权属调整方案

搞好土地开发复垦中的权属管理,对巩固土地复垦成果、提高土地利用效益、避免土地产权纠纷有重要作用和意义。

1. 土地复垦权属管理的主要内容

农村土地复垦权属管理是指在农村土地复垦过程中涉及的土地所有权、土地使用权和他项权利调整、确认以及变更登记的行为。

土地复垦权属调整包括土地所有权、使用权调整及在其上设定的他项权利调整。土地所有权调整包括农村集体土地之间、国有土地与农村集体土地之间的权属调整。土地使用权调整包括农村集体土地使用权、国有土地使用权的调整。土地他项权利调整包括土地复垦过程中因所有权或使用权调整而产生的他项权利的调整。

2. 土地复垦权属调整方案

（1）成立权属调整指导小组办公室（归领导小组领导）。成立由土地整理中心主任为办公室主任,分管副镇长、国土房管所所长为副主任,镇政府所属农经、地税、财政、国土、各村村委会等为成员的土地权属调整指导小组办公室。

（2）土地复垦前先进行土地权属现状调查并统一进行确权登记。主要包括:项目区域的确切边界;宗地的数量、类型、质量;土地权利人类型、数量;原有土地的确权登记发证情况。土地权属现状调查完成后,区国土资源局应就现有土地状况进行综合评价。

（3）土地复垦后的农用地分配,坚持参与复垦各方土地总面积不变和集中连片、便于利用的原则,参照土地综合评价结果,按项目区内各村的原有土地比例,以标准田块为基本单元,尽量按照规划的路、渠、沟或其他明显线状地物重新调整权属界线,确认边界,埋设界桩。成片的新增耕地可由原所有权主体承包给种粮大户或单位使用,实行规模经营;如条件允许可实行招标承包,原所有权主体内的个人和单位拥有优先承包权。零星的新增耕地可按就近原则补划给离现有承包地最近的土地承包者,也可按比例平均分划给项目区内所有的拆迁户。

（4）调整的土地涉及跨村、组的,必须经跨村组的双方或多方的村组集体经济组织三分之二的村民或村民代表同意,双方签字认可,方可作为上报土地所有权变更登记的依据。涉及农民承包地调整的,由农业部门依据复垦参与承包人签订的协议重新调整并登记造册。

（5）土地复垦后,要确保原土地承包人的使用权益,以土地复垦前后土地评估结果为依据进行土地再分配,保证土地质量得到提高,数量应有所增加。涉及土地所有权、使用权调整的,负责开发复垦的单位应当组织协调各方签订所有权和使用权调整协议。所有权、使用权的调整协议报区以上人民政府批准后,作为土地所有权、使用权调整的依据。

（6）区国土资源管理部门应根据土地分配结果进行权属调整,权属调整工作完成以后,依据（1995）国土资发第 184 号通知进行权属变更登记与核发土地证书;涉及所有权调整的,由区国土资源行政主管部门依据复垦前的权属调整协议重新勘定地界,并登记造册,发放土地所有权证书;涉及农民承包地调整的,由农业部门依据复垦前与承包人签订的协议重新调整并登记造册。

土地权利人对权属调整方案有异议者,应于公告期内向土地管理部门书面提出,由其予以调处。涉及他项权利者,应通知他项权利人参加调处。经调处仍有异议者可上诉到区人民法院裁定。具体按照《中华人民共和国土地管理法》和《土地权属争议调查处理办法》（国土资令〔2003〕17 号）处理。

土地复垦涉及土地权属的变更和调整,牵涉到集体和农民个人的利益。因此,土地复垦必须在"尊重现实、照顾历史、有利生产、有利稳定"的原则下,做好土地权属调整工作,确保各土地权属主体的利益。

（四）保障措施

本次农村建设用地复垦工作全部由合川区土地开发整理中心承担,为了使复垦工作能够顺利实施,提出以下保障措施。

为保证本土地复垦方案顺利实施、土地破坏得到有效恢复并基于确保土地复垦方案提出的各项工程得到实施和落实,本方案采取业主治理的方式,成立土地复垦项目领导小组,负责地复垦工程管理和实施工作,按照土地复垦实施方案的治理措施、进度安排、技术标准等,严格要求施工单位,保质保量地完成土地复垦各项措施。领导小组成员由分管国土的副区长担任组长,区国土资源局和高粱镇主要领导担任副组长,区农业局、交通局、林业局、财政局、环保局、计委等部门主要负责人为成员,在合川区国土资源局设立"合川区高粱镇农村集体建设用地复垦项目办公室",分工负责管理土地施工监督、计划财务和复垦土地使用权确认等工作。

在项目实施中,建立健全法人责任制、招投标制、工程监理制、合同制和公告制。

一是项目承担单位组织项目的实施,并对项目建设履行项目法人责任,项目法人为项目承担单位合川区土地开发整理中心,对投资方负责;项目勘测设计、施工、监理等单位法定代表人按照各自职责对所承建项目的工程质量负终身责任。

二是工程招投标,对争取到的项目实施招投标管理。主要根据国家政策、法律要求及项目自身特点,采用社会招标方式组织项目建设,促进机制转化,强化政府的管理职能,将建设、经营职能移交给社会,让有能力、有资质的单位公司参与到土地复垦整理工程建设中来,以利提高效率,保证质量。

项目工程要按照《招投标法》及重庆市国土资源与房屋管理局有关土地开发整理项目招投标的规定进行招投标。项目承担单位在项目规划设计和预算批准后要及时组织项目招投标工作,科学划分标段,认真编制标底,并把招投标文件报市国土资源与房屋管理局备案。

三是应委托具有资质的监理单位对项目实施全过程进行监理,监理机构受建设单位委托,对工程进度、工程质量、资金使用等进行监督管理。

四是按照合同法等有关规定,制定工作细则,项目业主应与施工单位、监理单位签订合同,明确各方权、责、利。

五是项目承担单位应对项目建设背景、项目建设目的、项目规划任务、项目建设期限、工程总体布局、规划方案的效益分析、土地复垦使用权确认等进行公告,以取得群众的理解和支持,并接受社会的监督。

(五)后期管护利用

项目方案编制完成后,土地权利人表示将在复垦工程实施时给予支持,并尽量配合工程的实施。项目竣工后,应及时将所建工程设施移交给当地人民政府和当地村民委员,按照"谁使用、谁管护"的原则,由受益者管理、维护。管护主体可根据实际情况确定,为明确责任,单个村民小组受益的设施,直接移交给集体经济组织负责管理。采取以下管护措施:

1. 加大宣传力度。农民群众是项目的直接受益者和管理者,应向当地农民群众讲解工程设施后期管护的重要性和必要性,提高他们的管护意识和责任心。

2. 及时移交,完善移交手续。工程竣工后,项目业主(法人)应根据实际情况将所竣工的设施及时移交给当地政府或村、村民小组集体组织,签订交接协议,将工程设施有关竣工技术资料、工程质量保证书等一并移交。

3. 成立管理机构、建立健全管理制度。工程移交后,应协助、监督当地政府和村、村民小组集体组织制定管理制度,把责任落实到人。管理制度的制定因根据不同情况,充分征询当地群众的意见和建议。具体管护可以采用以下几种方式:一是由当地村、村民小组集体派专人管理;二是由当地政府、村委会引导项目区农民成立农民用水协会等自行管护的组织,自行对农田水利设施或田间道路系统进行维护;三是由当地政府或国土部门成立专门的对工程设施进行后期维护的机构或团体。管理方式一经确定,当地政府或村、村民小组集体与具体管理的个人或团体组织签订目标责任书,明确双方的责任、义务。管理责任人应对工程设施认真看护,防止人为破坏,定期维修、保养,并做好详细记录。管理部分应不定期对工程设施进行检查,监督、督促管理责任人,使工程后期管护落到实处。

（六）基本农田补划

基本农田是指按照一定时期人口和社会经济发展对农产品的需求，依据土地利用总体规划确定的不得占用的耕地。

本次规划涉及的片块，在竣工后，根据三庙镇土地利用总体规划，与基本农田相连的尽量补划为基本农田，四周与一般农田相连的补划为一般农田。

（七）复垦后土地质量评价方法

复垦项目工程竣工后，由合川区国土资源和房屋管理局牵头，邀请重庆市和合川区农业等部门领导专家组成考察小组，对复垦后的土地进行综合评价，评价方法可采用德尔菲法（专家评分法）。

十一、保障措施

本次建设用地复垦工作全部由重庆市合川区国土房屋管理局土地开发整理中心承担，为了使复垦工作能够顺利实施，提出以下保障措施。

（一）组织管理

《合川区三庙镇石堰村农村建设用地复垦项目》报重庆市国土资源和房屋管理局批准后，为保证本建设用地复垦方案顺利实施、工程区及周边生态环境良性发展，工程业主单位应在组织领导、技术力量和资金来源等方面制定切实可行的方案，实施保证措施。

基于确保建设用地复垦方案提出的各项土地破坏防治措施的实施和落实，本方案采取业主治理的方式，成立土地复垦项目领导小组，负责工程建设中的建设用地复垦工程管理和实施工作，按照实施方案的治理措施、进度安排、技术标准等,严格要求施工单位,保质保量地完成水土保持各项措施。

本项目严格按照国家行政部门审查、批准的项目设计和相关标准开展各项工作,不得随意变更和调整。需选择县级部门作为项目的总体负责单位,负责对项目设计初审、工程竣工验收,按工程进度拨款,并对项目的实施情况监督检查。组成一个强有力的工作领导小组,统一协调和领导本次建设用地复垦工作。同时,设立专门机构,选调责任心强、政策水平高、懂专业的得力人员,具体负责建设用地复垦的各项工作。

同时请求当地村委会协助对村民进行宣传,让当地村民了解建设用地复垦的意义,明白开展建设用地复垦工作是履行国家规定的复垦义务,同时也是为了保护当地的生态环境和土地资源,是一件利国利民的好事。争取当地村民对复垦工作最大的支持,为全面完成本次建设用地复垦工作打下基础,在项目实施过程中,并主动接受合川区国土资源主管部门的监督和检查。

(二)技术措施

1. 业主单位应选取资信度高、有丰富施工经验的施工单位进行施工。

2. 施工单位在实施本方案时,应按照设计图纸完成相应的工程,对设计内容如有变更,应按有关规定、程序实施报批。

3. 工程所需的各类材料及设备从市场购买,所有的材料都要符合本方案的标准。

4. 工程施工中实施项目监理制。坚持"初检、复检、终检"的三检制。即单项施工负责人初检,质检工程师复检,复检不合格就立即进行返工,复检合格后报项目技术负责人终检,终检合格后再报请监理工程师审批。

(三)安全措施

本项目涉及废弃宅基地的拆除,拆除过程中应注意安全。项目经理必须对拆除工程的安全生产负全面领导责任。项目经理部应设工程安全负责人,检查落实各项安全技术措施。施工前应做好安全教育工作,制订科学合理的施工方案,现场组织切合实际的作业程序,正确严格地执行和运用施工及安全规范。施工人员必须佩戴安全帽,实施拆除前应确保建筑物内无人方可开始拆除,拆除时应从上往下拆除,不应采取推倒方式拆除,拆房施工作业时严禁向下抛掷,拆卸各种材料应及时清理,分别堆放在指定场所。

(四)资金保障

1. 资金来源

本次建设用地复垦项目总投资为 1783.52 万元,主要来源于合川区土地开发整理专项资金。

2. 资金管理办法

完善土地复垦资金管理办法,确保资金足额到位、安全有效。设立专门账户,专款专用。建设单位要做好资金使用管理,专款专用,保证建设资金及时足额到位,保障复垦工作顺利进行。建设用地复垦设施竣工验收时建设单位应就土地复垦投资预算调整情况、分年度投资安排、资金到位情况和经费支出情况写出总结。

(五)公众参与情况

本方案的编制得到了当地政府部门的大力支持。通过方案编制人员的详细介绍,当地老百姓认为闲置的居民点能得到治理是件大好事,他们会全力配合进来。方案编制人员通过征求当地政府部门的建议和当地村民的意见,以使编制的设计方案更切合实情。

1. 信息公开

项目组协助建设单位向公众发布环保公告,公示建设项目的基本情况、建设用地复垦工作的主要内容及公众提出意见的方式等。公告主要粘贴在项目区敏感点的人流集中处,引来群众驻足观看,当地群众对公告的内容和形式也较接受。

2.发放调查表

项目组走访了工程涉及的单位和群众,广泛征询了项目区所在地土地、农牧、林业、交通、管理等多个部门的意见和建议,并采取发放公众意见调查表的方式了解群众对本工程的意见。

3.增强土地复垦意识

要深入开展土地基本国情和国策教育,加强土地复垦法规和政策宣传,提高全社会对土地复垦在全面建设小康社会,实施可持续发展战略,保护和建设生态环境中的重要作用的认识。树立依法、按规划进行土地复垦的观念,增强公众参与和监督意识。

(六)竣工验收与监督管理

建设用地复垦过程中应加强土地复垦监测,对破坏土地复垦措施的可行性、复垦效果等进行监测检查,以保证复垦质量。必须是具有相关资质的单位和人民政府及国土资源部门共同组织,才可以实施本工程项目,并建立专职机构,专职人员具体管理负责制,制定详细的勘查、设计施工方案,建立质量监测及验收等工作程序。自觉的接受财政、监察、国土资源等部门的监督与检查,配备专职人员和有管理经验的技术人员组成建设用地复垦办公室,专门负责建设用地复垦工程的实施。

参与项目勘查、设计、施工及管理的单位,必须是具备和完成过同类相关项目的单位,做到责任明确,奖罚分明,施工所需材料须经质检部门验收合格后方可使用;工程竣工后,应及时报请国土资源行政主管部门组织专家验收。

验收时,建设单位应提交验收申请及总结报告,对实施的建设用地复垦项目的数量、质量进行评价,总结工程实施过程中的成功经验和不足部分,对没有足额完成的部分或有缺陷的工程,责令建设单位补充完善,直到土地复垦措施能够按照土地复垦标准达到验收的指标。

（七）后期利用

《合川区三庙镇石堰村农村建设用地复垦项目实施方案》编制完成后,土地权属人表示在建设用地复垦工程实施时给予支持,并尽量配合工程的实施。经三庙镇政府、合川区国土资源和房屋管理局及重庆市合川区土地开发整理中心协商决定,将复垦出来的耕地承包给附近村民耕种,并签订承包协议。项目区交通条件良好,周边耕地以种植粮食作物和蔬菜为主,复垦后耕地可用以种植粮食作物和蔬菜。相关部门应进行监督和引导,防止复垦耕地,抛荒、撂荒或者用作非农业用途。

十二、结论及建议

（一）结论

按照"因地制宜,综合利用"的原则,依据合川区土地利用总体规划和三庙镇土地利用总体规划,合理复垦土地用于农业生产。

通过对本项目废弃宅基地建设破坏的土地采取整治措施进行土地复垦,使其恢复到可供农业生产状态。对恢复和改善项目区生态环境、推进社会主义新农村和美丽乡村建设、建设节约型社会、促进经济社会全面协调可持续发展,实现秀美山川具有十分重要的意义。

（二）建议

1. 合理安排施工组织计划

本项目涉及面积比较小,因此必须考虑尽量缩短施工时间,尽快安排农民耕种。为达到上述目的,就必须合理安排施工组织计划,在本方案通过评审前可以做好施工安排准备,如材料选购、施工方招标和复垦领导小组组建等。

2. 复垦后土地使用权安排

复垦后的土地,建议采用大户承包方式。但必须保证土地的农用地性质,如发现有违法建设行为,权属人有权收回土地使用权。

3. 土地统计台账变更

为保证土地统计台账的科学、合理性,建议土地复垦工程实施并经专家验收后,依法对项目区土地统计台账进行变更。

十三、对宅基地复垦规划的分析

在此,我们需要说明的有几点。第一,本规划是本课题组负责人及相关成员受地方党政部门的委托,具体承担的横向课题,内容完全真实,相关数据都来源于课题组成员的实际测量及调查,完全能够确保其真实有效。第二,这一规划也是完全按照国家规定的基本框架和流程来设计,最后获得相关政府部门批准实施的,达到了预期经济社会效益。在本规划及类似的规划编制中,我们发现还存在不少问题,需要改进的空间较大。

(一)重物不重人的观念依然严重

宅基地复垦规划,都必须遵循上级党政部门制定的相关规划,如"十二五"规划、"十三五"规划、区域产业规划、土地规划、城乡建设规划等多种规划。在众多的规划中,大多强调规划的严肃性和执行性。但是,我们也看到,近年来各种规划出台不久,地方党政领导新一届班子上任,都会有自己的施政纲领,结果导致规划不断修订。规划难以认真执行的根源还在于没有充分重视人民群众的主体作用,新一届领导往往为了凸显自己的能力,打造所谓的政绩工程,对各种规划的延续性重视不够,这是需要引起注意的问题。

就规划本身来看,以宅基地复垦规划为例,几乎所有的规划对需要复垦使用的劳动力有明确的预算。但是,上级部门文件规定给予劳动力的报酬明显偏少。现在农村大多数年轻人都外出打工了,有的是举家迁移到沿海城市,留在乡村的就是为数不多的老人、妇女和儿童,只有极个别的中年农民在家务农。如果一小时的劳动力报酬低于80—200元,很难请到农民来复垦土地。但是按照上级文件的规定,一个熟练劳动力一小时的报酬仅仅20—30元左右,谁来做宅基地上的旧房拆除? 宅基地及院坝大石头、混凝土的搬动、粉碎谁来做? 现场的建筑垃圾谁来清理? 我们有许多好的规划为什么落实下去难,就在于脱离社会实际。当前由于大中城市的吸虹效应,以及人口结构的变化,农村大多面临劳动力、资金等缺乏的问题,如果要在农村有所作为,开展新农村建设、新修水利设施等就必须找到合适的劳动力。

(二)部分农民搭便车的思想严重

从理论上讲,每个农民想搭便车的行为都是理性选择的结果。在农村宅基地复垦过程中,我们常常发现,由于要去片区进行宅基地整理和平整地块,就不得不经过部分农民的家门旁,路过部分农民的庄稼地、菜地等。部分农民觉得机会来了,往往采取阻碍施工的方法,逼迫承包施工的公司派人把他家门口或者附近那一段便道拓宽、水泥硬化,修建晒谷子的院坝,或是要参加施工获得劳动报酬,等等。这些不合理的要求如果得不到满足,往往就会漫天要价,直接影响工程进度。

当然,我们也发现,部分农民的要求是正当的诉求,完全可以在征求复垦规划意见的座谈会上当面提出来,也可以在规划正式公布张贴之后提出来,还可以直接找到公司负责人提前说出来。但是,他们往往懈怠于行使正当的权利,而采取非正式的途径。这是因为人人都有"搭便车"心理,大多数人不愿意付出代价,而希望搭便车坐享其成。根据神经学和心理学的研究,人类的思维具有格式辨认的特点,人类具有模仿他人的天性,人们往往运用原有形成的经验认识来处理新生事物,这种思维认识的特点既给人类发展带来空前的力量,也会造成认识上的陷阱。绝大多数人不是仅仅凭借理性来改变自己的固有行为,而是依靠情绪,进而形成思维惯性来判断处理问题,这也是不少农民不愿意参加相关会议运用正当渠道表达而是直接诉诸非正规、不合理的方式来获得额外的收益的一大诱因。

(三)精准测绘是复垦规划和地票交易的基础

在我们实地调查中,多次发现宅基地的面积确认争议最大,这往往是农民最为关注的重大问题,它直接涉及利益分享。对于交通便利的山区,汽车可以到达的作业区,测绘人员往往容易去现场核实;对于高山峡谷的零星地块,位置边远,而且汽车无法到达,只能步行,测绘人员往往不愿意实地测绘,而是依赖远程卫星图像来完成测量作业,由于前期测绘工作不扎实,直接影响到规划编制的准确性和科学性。有的规划中,地图上标识设计的蓄水池,到达现场才发现放到了山顶上,根本无法起到蓄积雨水,保障灌溉的作用。但是规划已经做出来,而且上级已经审核通过了,施工的公司就只能按照规划图纸实施,其结果农民不满意,地方政府不满意。这是需要认真反思的大问题。

除了测绘的地表建筑物标识和面积不准确之外,对宅基地面积的测绘和认定更成为群众关注的焦点。然而,我们在多个现场发现,不少农民对宅基地的面积认定很不满意。其根本原因是农民对宅基地面积的认定范围普遍不满,农民获得的收益不多。

按照地票形成来看,它来源于农民的宅基地等建设用地。测绘人员、党政机关的领导、学界对宅基地的面积认定都有不同见解。有的认为就是农民手中的房屋产权证上所记载的面积,有法律依据,以此作为农民进行地票交易的面积;有的人则认为,地票不仅包括农民的宅基地部分,还包括农民使用的公共设施建设用地部分,包括农民使用的房前屋后排水沟渠和院坝、堆放柴草的茅棚、养鸡喂牛喂猪的饲养场所、粮食堆放场地等,如果仅仅以农民的房屋产权证书上所记录的面积来计算地票面积,农民就吃大亏了,因为这些面积加在一起,往往比农民实际居住的房屋面积要大很多。所以不少农民认为,地票面积除了宅基地之外,农民实际占用使用的饲养棚等都应当计算在内。在边远山区,不少农民的柴草棚、饲养棚的面积都比较大,有的面积超过 400 平方米,而农民的住房面积也就 100—200 平方米左右,如果不计算在内,地票面积缩小很大;而且在实际复垦的时候,往往也会把这些柴草棚、饲养棚全部拆除掉,统一转变为新增耕地。按照重庆市地票交易净收益的 85% 都直接补贴给农民,按照目前净收益的市场行情不低于 10 万元计算,农民就会直接损失 5 万元左右。

我们认为,绝大多数农民是淳朴善良的,其不少诉求是合理的。要解决上述问题,需要行政主管部门要有改正错误的勇气,直面问题,以不损害农民利益为代价,来谋求地方经济的发展。

(四)加强规划协调,做好农村基础设施建设

十多年来,从全国开展土地复垦的情况看,复垦之后的土地利用率低下成为最普遍的现象。一方面,各级地方政府想方设法把辖区内的一片片土地包装整理成各种项目,向上级乃至中央政府申请资金;另一方面,却是大批农民离开乡村到经济发达地区打工,或者举家搬迁到附近的城镇,或者在场镇周边违法修建房屋。这些废弃的厂房、农民抛弃的老家房屋和宅基地土地经过专业公司进行规划和整理,形成新增耕地。大多数复垦新增耕地,如果地理位置较好,正好附近还有农民居住,这种情况下,其土地使用效率就很高。如果是高山峡谷的偏远山区,交通不便,附近也没有居民居住,一般复垦工程完成验收之后就很快抛荒了。近几年我们多次深入到乡村,回到原来整理过的宅基地现场,感觉痛心疾首,大量宝贵的资金沉淀在这里,没有起到任何作用。

为什么会一再出现这种抛荒现象,而且大面积发生?我们认为,农民用脚投票来表达,自然是理性选择的结果。发生这种现象的根本原因还是农民从事农业生产的比较效益低下,农村缺乏产业支撑,种植粮食和经济作物成本太高,劳动强度大,缺乏人力,缺乏专业技术支撑等。

就复垦来看,主要还是因为交通不便,道路基础设施十分落后,先进的农业机器设备无法进村入户,例如按照国土管理部门的文件规定,只允许在复垦片区修建 80 厘米宽的人行便道,超过 80 厘米的人行便道就要扣减新增耕地

面积。而且极度简易的人行便道,大多数的规划也是就地取材,有的使用低标号的水泥砂石;国家规定的建设标准也很低,很少要求使用高标号的水泥,其建设质量不过关,而且建筑标准中规定的建设费用极低,规划单位、施工单位无利可图,不得不因陋就简,其结果是最多两三年就破破烂烂了。规划的道路太狭窄,完全无法适应大规模的机械化作业。农业常用的拖拉机、犁地犁田的农具无法直接搬运到田间地头,农业必须使用的化肥、农家肥、种子等不得不使用最原始的肩挑背扛,也需要农产品运输到外地的转运停车的场地,这些诉求,在国家复垦规划的标准中是没有的。复垦规划与其他规划的衔接程度不高,这涉及农业、发改委、建设、水利、规划等多个政府部门。例如,我们在做宅基地等建设用地复垦规划的过程中,许多农民希望按照高标准农田的标准来做规划,这就涉及两到三个部门,而且所需要执行的规划标准也不一样,资金来源渠道、检查验收的标准同样不一样,协调起来的难度很大,几年时间过去了,我们发现至今也没有有机地统一起来。

我们认为,要做好宅基地整理规划,就要从各个省市的地质结构、地形外貌、水利水源、气象气候、交通设施等多个角度来考虑,不能够拘泥于一个统一的标准,把西北平原、沙漠地带的复垦标准拿到江南水乡来运用,就很难达到预期的效果。要赋予省市县级地方政府的调整权限,允许县级政府部门根据地方交通、产业特色等因地制宜地给予调整。各种规划都要具有超前性、科学性和可操作性,以提高农业生产效益为目标,防止复垦为耕地之后,农民弃之不用,浪费资源和时间。

对于西部地区的农村水利设施建设,应当铆足干劲,拼命建设。要千方百计修建大中型水库,小型山坪塘、蓄水池等,这在西部干旱地区、喀斯特地区、生态脆弱地区尤其重要。没有良好的水土保持环境,无法解决人畜饮用水安全、农业及相关产业的用水,就无法使这些地区兴旺发达起来。

(五)做好土地整治权属调整

总结国内外土地整治的成功经验,我们发现土地产权明晰是前提,规模经营是农户获得收益的必要条件,也是农民热心土地、用心保护耕地的动力。因此,我们要做好土地整治,就必须依法办事,对于需要改变土地用途的,必须按照土地管理法和土地承包经营法及其相关法律实施条例的规定,依法持向乡镇政府的批准文件,向土地所在地的县级以上人民政府土地行政主管部门提出土地变更登记。

农村土地整治涉及所有权、使用权、承包经营权等多种权利,必须坚持公平、公正、公开和自愿的原则,让农户直接参与到权属调整的各个环节,重大决策活动全部公开,畅通农民反映其意见和诉求的渠道,把农民和其他利益主体的意见和建议都公开,通过讲事实、摆道理,寻求最大公约数,这样才能够确保土地权属调整工作的顺利进行。

为了便于土地整治工作的开展,在实际工作中,要尽可能保持农村土地原有边界和行政边界的稳定性,尽量在一个行政村里面安排一个土地整治项目,避免产生新的土地纠纷。对于确实需要调换土地的,也要采取等质等量的原则,遵循价值规律和法定流程,通过协商,土地价值评估等方法,进行土地置换,使相同权属的土地适度集中,形成规模效应。在权属调整的时候,要注意土地肥力、区位和等级,实现等价交换,避免主观武断,尊重农民等当事人的意愿。对于整治之后的零星新增耕地,应当就近并入周边地块;对于新形成的成片地块,其权属来源清晰,布局相对集中,可以在空间上重新组合,结合农村人口户籍调整,补偿于新入户的农民;也可以采取入股、流转等多种方式,交给新的业主,颁发新的土地使用权证。

(六)加强特色小镇建设,促进城乡融合

当前,国家大力支持发展特色小镇,我们完全可以把特色小镇建设与高山生态移民异地搬迁、特色产业、扶贫脱困有机结合起来。对于特色小镇建设,首先要健全分类分级投入体制,对于农村道路等没有收益的基础设施,各级地方政府要切实承担起主体责任,可以采取发行一般债券的方式支持农村道路建设。对于交通设施较好、环境优美的地区,农村的基础设施可以与乡村旅游、产业园区进行捆绑,实行一体化开发和建设。对于农村供水、污水处理、电信、供电等以经营性为主的基础设施,建设投入可以采取 PPP 模式,把农村基

础设施项目整体打包,地方政府和社会资本合作,引导社会资本投入农村基础设施领域,建立运营补偿机制,一开始就要明确收入来源、项目周期,建设投入以企业为主,保障社会资本获得合理的投资回报,政府只对贫困地区和重点区域给予补助。

其次,产业是农村特色小镇的灵魂和生命力。要把特色产业摆在最突出的位置,强化科技含量、高新技术、高端装备、先进制造和历史经典产业的转型升级。要着力通过产业升级,打造小镇的自然生态,建成 AAA 级以上景区。应当说,每一个特色小镇都是美丽乡村的代表。重庆、四川、贵州等西部省市要大胆创新,把美丽乡村和城镇化、工业化、农业现代化结合起来,吸引本地社会资本和外来资本投资于本地的特色产业,形成如养老产业、物流产业、互联网经济等。可以借力互联网,把内陆地区的优秀特色产业做大,做成品牌。例如湖北潜江的小龙虾、江苏昆山的大闸蟹卖到了全球;浙江吉安的竹子产业不仅深加工为竹家具,还有竹纤维纺织产业,已经形成很大的影响力。这些地方政府依托本地的资源优势,错位发展,实现了城乡人流、物流、资金流的双向互动,城乡融合效果良好。

总之,土地整理规划涉及方方面面。我们要树立用户体验的观念,真正从人民利益出发,深入到最底层去调查,接地气,关心群众疾苦,掌握第一手信息资料,这样才能够发现现行制度运行过程中存在的问题,找到对策。我们制定各项法律和政策,都始终要从最广大群众的根本利益出发,确保人民利益不受损失。

(七)大力发展农产品物流体系

要进一步加快推进西部地区农产品交易中心的规划建设。为此,我们建议:一是在重庆、成都、西安、兰州市等中心城市农副产品批发中心现有设施的基础上,进一步扩大经营场地,设立和配套完善农产品博览展示中心、产品交易中心、电子商务中心、仓储中心、货运中心、生活服务等功能区,形成产品博览、商品集散、价格形成、信息传递、交易结算、产业带动等功能。二是设立农业深加工产品展销展示专区和交易专区,采取展销和交易相结合的方式,引进外资进场经营,打造美洲及东南亚、中亚、欧洲等农产品在大陆展示、推介和销售服务的新平台。三是进一步提高国外农产品进口通关效率,减少泰国等周边国家农产品进口成本,吸引农产品登陆西部城市,并利用高水平的农产品交易市场辐射全国。

第四章　宅基地整治研究

一、宅基地整治概述

（一）宅基地整治的含义

宅基地整治就是依照国家颁布的技术规范，调整土地产权，通过规划引导，运用工程技术将布局不合理、闲置、废弃的宅基地进行整治，以实现土地资源综合利用达到最佳效益的一种方法。土地整治一方面可以有效地增加耕地面积，并通过地票转换为新增建设用地指标满足城镇建设用地的需求；另一方面可以达到农村建设用地节约的目的，同时改善农民生活和生产条件。因此宅基地整治已成为近年来全国加强新农村建设，提高土地产出效益，做好土地整理工作的重点任务之一。

（二）宅基地整治的必要性

重庆是典型的山地城市，大城市、大农村、高山、峡谷与狭小的平原、河谷平地相伴，地形地貌十分特殊，宅基地在很大程度上受到了制约，许多农民建房都是依山傍水，沿着山脉走向、依照农村承包田地和山林的远近，零散地分布在崇山峻岭之中，具有西部浓郁的山地农居风情。"小、散、乱"是其主要特点。"小"主要体现在单家独院比例大，大多数居民院落的规模也很小。一方面是多年来农村严格执行计划生育政策，导致农村出生人口锐减，缺少几代同堂的可能性了。加之改革开放四十多年来,农村外出务工求学的人员越来越多,留守乡村的农民大多属于老人、妇女和儿童。这些弱势群体既没有经济实力,也没有劳力和体力来修建新房屋,原有的房屋就凑合着居住了。随着地貌类型的不同,农民院子的规模也存在着明显的差异:平坝区单家独院的比例大体是15%,丘陵地区单家独院的比例约为30%,而在中山区、低山区则超过了50%。"散"主要体现在农民建房缺乏必要的约束,村庄缺乏合理的规划,院落间的平均距离有的只有几十米,而有的却达到了几百米,格局呈"满天星"式分布,或沿交通线路式的"线性"扩张,或向村庄外围延伸式的"块状"扩张。"乱"主要体现在农村居民点内部土地利用结构不合理,基础设施缺乏或者布局不合理,居住环境较差,农民饮用水源有许多是山泉水和堰塘水,没有经过任何净化处理。山区的道路崎岖狭窄,通行十分困难。

西部农村的宅基地用地规模一般都比较大,居住分散,集约利用低。根据重庆市统计局的统计,2013年,重庆市农村居民点用地36万公顷,占到了建设用地总规模的60%左右,城乡建设用地总规模的70%。农村宅基地占城乡建设用地比重与区域社会经济发展水平有关,一小时经济圈范围地势相对平缓,经济相对发达,具有较高的城市化水平,该比重相对较低,约占64%;渝东南和渝东北片区的山地分布广,经济相对落后,城市化水平不高,该比重相对比较高,分别为81%和85%左右。全重庆市农村户籍人口村庄用地面积约为165m²/人,超过《村镇规划用地标准》(GB 50188-93)规定的150m²的人均用地上限,更高于国家《镇规划标准》(GB 50188-2007)规定的140m²的人均用地最高限。农村居民点零星分散,单家独户多。加之其周围林盘、晒坝和其他用地面积大,导致占地面积较大。随着时代的发展,全市的城镇化进程也逐步加快,越来越多的农村人口选择向非农转移,同时由于地灾避让、搬迁、移民等诸多原因,农村外出户或外迁户大量增加。课题组在大足区调查中发现,举家外迁的户数占被调查户数的30%左右,外出人数占被调查人数的60%左右,他们中的大多数都还保留着原有的宅基地,造成宅基地的闲置、废弃率较高。由此看出,重庆市城乡土地利用统筹不够,村庄复垦潜力较大。

要想实现新农村建设和统筹城乡改革发展,农村宅基地整治是一个不可或缺的步骤。重庆市国土房管局出台了《重庆市国土房管局关于申报国土整治整村推进示范村的通知》,就结合土地整治、建设用地复垦、红层找水、地灾防治搬迁避让等工作,在全重庆市部署开展了整村推进的农村土地整治工程,也就是建设 1000 个推进村、100 个示范村。在项目实施过程中,采取市区(县)共建的方式,以农村土地整治规划为龙头,以农村土地整治项目为平台、以财政投入土地整治的专项资金作为引导资金,吸引社会民间资本积极参与,实现共赢。以行政村或建制镇为实施单位,整合中央和地方各方项目、规划、力量和资金,实施农村道路、山林、田地、水源、村庄环境的统一布局整治。通过高标准农田建设,提高土地平整度、耕作层厚度,改善耕地质量,提高机械化耕种水平,整治好村庄卫生环境,统一规划,改造农房结构,把原来的茅草房改造成砖木瓦房、钢筋水泥楼房,改善农村生产生活基础设施,拓宽乡村道路、桥梁、新建垃圾处理站、卫生室、购物中心、村社公共服务中心等公共设施建设,使农民生产生活更加方便,孩子入学、老人就医更加便捷这些有效地促进了集体建设用地的市场交易,降低了劳动强度和生产成本,通过农村规模化经营与超市对接等方式,促进农村特色产业快速发展,优化了农村产业结构,增加了农民收入。运用建设用地指标增减挂钩制度,运用城乡空间置换的方式,保障了城镇发展建设用地指标的需求,也打通了城乡之间资金、人才、资源流动的渠道,真正开创了中央倡导的城市支持农村、工业反哺农业的崭新局面,促进了农村经济发展,不少农民迈上了致富的康庄大道。

(三)宅基地整治类型

宅基地整治表现出多样性和丰富性,对于不同的宅基地类型和经济发展水平,采用的整治模式也是不一样的,重庆市采用的整治模式主要有城乡建设用地增减挂钩、地票、生态移民、户籍制度改革四种。

1. 城乡建设用地增减挂钩

2008 年,《城乡建设用地增减挂钩试点管理办法》出台。该办法依据土地利用的总体规划,将大量农村居民的旧房屋宅基地和城镇建设的地块等面积置换,主要是通过土地整理复垦、建新拆旧等措施,把废弃的农村建设用地改造为新的耕地,同时还要保障土壤质量,一般要求覆土层达到 40 厘米厚,而且没有杂物,适合种养殖业,以确保农民耕种。

2. 地票

所谓地票,是重庆市地方政府的创新做法,实际上是将无人居住的农村屋舍、废弃的学校、卫生室等与其所携带的设施所占地、原乡镇企业遗留废弃的厂区或者房屋用地等建设用地,统一按照国家规定标准复垦,使之转变为符合农作物需要的耕地,并且从政府采购专家库、招标评标专家库随机抽取专家进行实地抽查,经过一系列严格仔细的检查后,腾出的建设用地指标,由重庆市国土房管部门发给等量面积建设用地的指标凭证。这个凭证就称为"地票"。由此可见,地票交易是"先造地后用地",农村复垦所包括的土地可以不通过国家征收,而直接进入重庆市农村土地市场通过指标竞拍的方式获得相应的市场价格。

在城乡建设用地指标统合方面,重庆运作地票通过农村土地交易所平台建立了以地票权利为中心的法律调整机制,是一次意义非凡的尝试。地票不仅有效增加了城市建设用地的需求,而且在确保耕地总量的前提下实现了农民对土地增值利益的分享。过去 6 年,重庆累计交易地票 15.26 万亩,成交额307.59 亿元,成交均价稳定在 20 万元/亩左右。复垦宅基地生成的地票,扣除必要成本后,价款按 15∶85 的比例分配给集体经济组织和农户,实现了农民增收和"三农"融资,有效推进了全市新农村建设和农村经济发展。

3. 生态移民

生态移民是为了更好地保护人类生存的环境,实现可持续发展目标,把原来居住在生态环境十分恶劣,属于长江、黄河等主要河流的水源地以及位于苦寒地带的高山峡谷和地理位置十分偏僻、人烟稀少的贫瘠地区的居民主动迁移到交通便利、居住环境良好的平坝地区。这是人类主动适应环境和气候变迁,保护自然资源的积极行为。实际上,某些高寒边远山区的农村,交通比较落后、信息流通不便、教育文化水平低,人口总体素质差,在生活上也存在很多困难,这些地区的农民就会搬迁到其他地方,而这些地方的宅基地就会被腾出来用作建设用地指标。特别是近年来,中央对省市领导的考核指标进行了较大的调整,不再以 GDP 论英雄,认为绿水青山就是金山银山。青海、重庆、四川、贵州、云南、西藏等边远地区实行生态移民搬迁,总结了不少经验和教训,取得显著成就,仅重庆市就进行了 50 万生态大移民,为保护三峡库区一江清水作出了贡献。

4. 户籍制度改革

我国的户籍制度是以城乡二元管理体制为基础形成的管理制度,党的十八大以来,面对国内外经济形势的深刻变化,中央加快了户籍制度改革的步伐,以此促进土地、劳动力、资金等生产要素按照市场经济进行配置,鼓励符合条件的农民能够根据个人意愿"放弃初始土地承包经营权"和"放弃宅基地使用权",将其出售给国家,用腾退的建设用地指标获得现代社会保障体系中的社会保障。

到 2015 年为止,重庆市户籍制度改革已经实行了 6 年时间,户籍制度改革在维护农民工合法权益、促进城乡要素流动、加快城镇化进程、繁荣农村经济等方面取得了明显的社会、经济效益。随着户籍制度的不断改革,越来越多进城务工的农民从闲置的土地、宅基地退出,由国家给予相应的安置和补偿,提高了土地集约节约利用率,也缓解了建设用地指标的压力。截至 2014 年 12 月 31 日,重庆户籍人口城镇化率达到 40.63%,2014 年累计有 105.5 万户,共 409.1 万农村居民办理转户手续。2019 年新修订的《土地管理法》中也明确规定:国家允许进城落户的农村村民依法自愿有偿退出宅基地,鼓励农村集体经济组织及其成员盘活利用闲置宅基地和闲置住宅。

(四)宅基地整治效益分析

1. 经济效益分析

通过调研可知,重庆宅基地整治的经济收益主要来源于地票价款分配和复垦宅基地的新增耕地种植收益。截至 2015 年 4 月,重庆农村土地交易地票累计达 15.35 万亩,亩均地票收益 20 万多元,扣除了土地复垦成本后其主要收益归"三农"所有。农户实际上使用的合法宅基地,农户和集体经济组织按比例85∶15分享收益,农户均得17.13万元/亩。课题组在合川区调研复垦宅基地的新增耕地种植收益时发现,复垦后新增耕地主要作为旱地使用,复种指数一般能达到140%,耕地种植两季,大春期以种植玉米和红薯为主,小春期以种植蔬菜为主,由于新增耕地土壤为生土,作物产量在短期相对于熟土要低一些,如此计算下来,除去种植成本,新增耕地年净收益约为1600元/亩。

2.社会效益分析

第一,在维持社会稳定和耕地总量动态平衡方面的作用。通过宅基地整治,有效耕地面积的增加,可以有效缓解人地之间的矛盾,增强农业发展后劲,保证农业持续稳定发展。宅基地整治后,项目区形成的良好的农业生产环境和巨大的经济效益,将使广大农民群众感受到宅基地整治工作是有利于国家和人民的一项事业,是实际为老百姓着想、为老百姓谋福利的一项事业,在很大程度上使得大多数的农民能够打心底理解和支持土地管理工作,增强农民"切实保护耕地、合理利用土地"的意识及参与宅基地整治的主动性、积极性,对宅基地整治工作的全面、深入开展起到推进作用。

第二,在促进社会主义新农村建设方面所发挥的作用。通过宅基地整治能促进农村脱贫致富和区域经济发展。项目实施后耕地面积增加,交通及相关农田基础设施的配套逐渐完善,将大大提高劳动生产率,节约生产成本,为农业增产和农民增收提供了物质基础,也有利于农村开展文化教育等精神活动,改善其生存质量。同时,按照有利生产、方便农民生活的原则,小范围地调整土地权属,有利于减少村民纠纷,实现规模化经营,让土地资源发挥更大的经济效益,保持社会稳定。

第三,农村宅基地整治是改善农村生产生活条件,促进城乡统筹发展的重要环节。由于长期以来缺乏科学规划和管理,农村基础设施滞后,生活污水、垃圾随意排放,居住条件较差,难以适应农村现代化、城乡统筹发展的需要。随着各镇特色产业的建设发展以及招商引资的不断扩大,村民生活水平及思想观念逐渐转变,逐步富裕起来的农户对生活与生产环境提出了更高的要求,恰好可以通过农村宅基地整治改善农村生产生活条件。

第四,优化城乡土地资源利用、满足城镇化建设用地需求,可以实现节约用地、珍惜土地的目标。宅基地整治,通过拆除旧房平整为新耕地,可以极大地减少土地资源的浪费,其挂钩用地指标,还可以化解农民建新房和城镇建设用地指标的难题,最终实现不使耕地总量减少,也不会使用地总数量增加,布局更加恰当有效的目标,有效缓解了保护耕地与保障发展的双重压力。

3. 生态效益分析

对土地复垦的项目区进行统一规划,由专业公司进行平整,建设好沟渠、田间道路、打好蓄水池,有效地扩大了机械化耕种土地面积,也有利于老年农民继续耕种土地,减轻劳动强度,还能够确保农作物灌溉的需要,客观上优化了生态环境,方便农民生产和生活,促进农业增产增收。

在西部山区,由于土地资源十分珍贵,农民可耕种面积很少,通过宅基地整治项目最后实现了"田块规则化、沟渠永久化、道路网络化",有效地减轻了水土流失;避免了"晴天一身灰、雨天一身泥"的情况,农民可以很方便地开着拖拉机等小型农机具到田间地头进行劳作,生产的粮食、土豆、出栏的肥猪等可以快速地运到集贸市场销售,再也不会出现油菜籽、红薯等粮食作物烂在田地里面,无法运出的情况。化肥等农用物资可以方便地运到田间,农民的种粮积极性大大提高。同时,也改善了局部生态,初步形成生产能力高、稳定性强的复合农业生态系统,形成了经济合理的物质能量流,抗洪、抗旱能力得到极大地提升,靠天吃饭的局面初步得到缓解。

通过后续农业生产,增加有机肥的施放,实施生物改良措施,能够使项目所在区域内的土壤结构性状得到改善,在维持、改善项目所在区域内复杂生物的多样性和发展种植多种作物上有着积极的影响。

二、农村宅基地复垦的典型问题与对策研究

农村宅基地整治节余的土地,通过拆除工程、配套设施工程、土地平整工程、弃渣处理工程、育土培肥工程等工程措施将其复垦后的耕地或转变为其他

通途的农用地或者耕地,使之投入到农业生产上,因此宅基地整治的一项重要环节就是宅基地复垦。农村宅基地复垦的技术路线如图4-1。

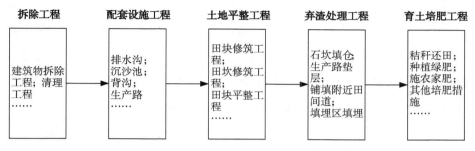

图4-1　农村宅基地复垦技术路线图

其实,我国实施农村宅基地复垦至今为止的时间并不长,技术和实际上的经验积累得不多,所以在实施中尚存大量的问题,这些问题在一定程度上对宅基地复垦进程造成了阻碍。为了农村宅基地复垦工作的顺利开展,我们选择西部重庆进行典型解剖,探讨目前宅基地复垦存在的难题,同时结合本地实际有针对性地提出相应的对策与建议。

(一)宅基地复垦的典型问题

1.复垦程序繁冗,复垦进展缓慢

宅基地复垦的程序(图4-2)是"摸底—前期测绘—前期测绘审查—规划设计—专家评审—备案入库—复垦实施—竣工测绘—测绘审查—专家验收—验收确认—颁发建设用地整理合格证"。这样繁冗的程序有科学合理的一面,但是由于流程复杂,耗费时间太久,导致宅基地复垦到上市交易之后的资金回笼太缓慢,也诱发基层群众的不满。另一方面,繁冗的程序容易滋生腐败,给权力寻租提供了空间,个别区县国土整治管理部门的负责人为此贪污受贿而身陷牢狱。此外,还增加了不必要的工作经费。例如,土地复垦编制方案必须通过专家评审之后,才能够进入整理项目备案入库,同时,还要提交原有土地权利人的申请表、复垦户主去向证明、户口本、同意土地复垦的协议书、土

地复垦的宅基地房产证证明、建新或购新房产证证明等一大堆资料。这些资料凭据也是保证宅基地进行复垦合法的重要依据,当然需要对人名、面积等基础信息核准。这是十分理想的状态。但是,事实上,所有资料信息高度一致的就很少。例如,有的农民早就举家外出打工多年,在外地买房置业了,要让他本人对原来破旧不堪的老房屋进行复垦,他本人很可能是同意的,但是要他专程跑回来办理所有手续,就很可能不愿意了,因为实在费时费力。如果一定要让农民补办相关手续,无疑备案入库的时间就会被拖延,也可能一户农民的手续没有办理好,导致整个项目多个村社上百户农民的宅基地无法走完流程。

同时,繁冗的程序也使不同行政部门之间的协调难以到位,各复垦工作参与单位(包括专家们)对法律和政策的理解也有歧义,例如对土地复垦的红线确定、新增耕地的计算、整理土地所需要的工程量、该项目所采取的工程措施、测绘图表等,都可能产生意见,这就会直接导致复垦方案编制单位反复修改,在备案时无法全面领会相关修改意见,完善方案内容,最终导致方案出现"初改、再改、续改"等恶性循环,使复垦设计方案工作人员苦不堪言,拖延了方案备案入库时间,直接推延整个复垦项目的向前推进。

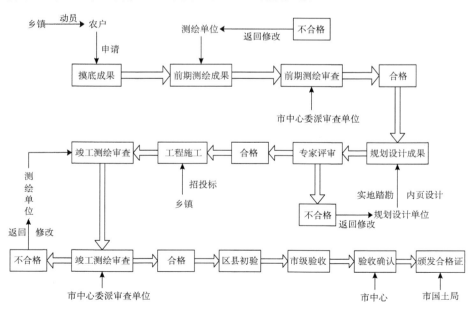

图4-2 农村宅基地复垦的程序

2. 重视复垦新增耕地指标,轻视复垦后新增耕地的管护利用

新增耕地后期管护利用是将农村闲置的或利用不合理的耕地进行集中整治,通过多种途径加以利用,使耕地能发挥最大效益,同时通过管护利用,促进新型农业化的发展,缓解耕地矛盾,坚持 18 亿亩红线不被打破。复垦备案入库时有乡镇政府的"后期管护利用承诺书",该承诺书明确要求乡镇政府保证合理、有效的利用新增耕地,对项目新增耕地不闲置、不撂荒,要落实专人管理和维护,不得损坏项目区内的配套设施(沉沙凼、石坎、田间道路、新建沟渠、蓄水池等),不在复垦的耕地内建筑房屋、建筑窑洞、建筑坟墓,也不得从区域内取沙土出去用于其他用途,或者堆放废弃的固体物,更不能够破坏耕地。可以肯定地说,制定并且要求乡镇政府签订这些承诺书的初衷是非常好的,但是往往事与愿违。因为乡镇领导干部不可能天天去看守、去耕种这些新增耕地。宅基地复垦的根本目的,就是用新增耕地指标置换城镇建设用地指标,确保耕地占补平衡和动态平衡。因此,土地复垦工作就难免出现重视新增耕地指标,而轻视土地复垦后新增耕地管护利用的情况。实际上,有的农民房屋就修建在 1000 多米海拔的高山坡上,那里经过多年的退耕还林建设,早就荒无人烟了,即便复垦为耕地也只是具有形式上的意义,谁还会回去耕种?

宅基地复垦项目验收后,新增耕地管理的主体到底是乡镇政府还是村社集体经济组织或原住地的附近农民?谁来负责项目后期管理?如果这些后续措施无法落实到位,复垦点出现抛荒现象就不足为怪了。我们在 2014—2015 年前后历时一年的实地调查,对 200 多个原居民房屋拆除之后对宅基地的复垦点进行实地踏勘,以及一年之后的竣工验收检查,发现至少有近 30% 的复垦地没有栽种庄稼了,主要是部分复垦地条件差的复垦点土层厚度不达标,土壤耕作能力差,这与该地的喀斯特地质结构有很大关系。如果严格按照国家规定,复垦为耕地的土层厚度不低于 40 厘米,耕地平均台面坡度不得超过 15 度,园地不得超过 25 度的规定,在巫山、巫溪等高山地区就很难找到合适的地块进行复垦了。部分复垦土地距离农民新居与现有复垦点虽然地理位置很近,但是早已建有坟地或者堆放了固体废弃物;也有的是生产生活不方便,距离公路等较远,生产物资难以搬运,生产耕种的自然条件差,复垦地块周边都

是茂密的森林,种植粮食作物、经济作物的日照少,收成十分有限,森林里面的野兔、老鼠、野猪等危害粮食作物,迫使农民放弃耕种。当然,由于重庆、四川、云南等地区山地较多,复垦的地块较小,距离新居住的安置点较远,种粮收成太差,不少农民也不得不放弃耕种。只有距离安置点较近的地块,农民们才会争先恐后地去复垦,大多用于种植蔬菜、水果等。最根本、最主要的原因是农村里真正种植庄稼的农民都已经老去,年轻人多到东南沿海地区或者到重庆主城区、周边工业园区打工,没有人愿意继续种庄稼,许多地方呈现出一片荒凉的景象。

3. 农村宅基地管理不严容易导致"一户多宅",造成新的社会不公

根据2019年新修订的《土地管理法》第三十七条规定:禁止任何单位和个人闲置、荒芜耕地。已经办理审批手续的非农业建设占用耕地,一年内不用而又可以耕种并收获的,应当由原耕种该幅耕地的集体或者个人恢复耕种,也可以由用地单位组织耕种;一年以上未动工建设的,应当按照省、自治区、直辖市的规定缴纳闲置费;连续二年未使用的,经原批准机关批准,由县级以上人民政府无偿收回用地单位的土地使用权;该幅土地原为农民集体所有的,应当交由原农村集体经济组织恢复耕种。在城市规划区范围内,以出让方式取得土地使用权进行房地产开发的闲置土地,依照《中华人民共和国城市房地产管理法》的有关规定办理。《土地管理法》第六十二条和《农村宅基地管理办法》第九条均规定,"农村村民一户只能拥有一处宅基地"。但由于区县乡镇政府地方土地执法人员没有权力来强制执行,同时还存在着交通不方便、山高峡谷路险、道阻且难、基层执法工作条件受限等困难,土地执法、督察人员的监管,大多浮于形式,村民对老旧房屋所属的宅基地,依然坚持认为是私有财产。这一观念根深蒂固,有的农民即使老房屋的土墙全部都垮塌了,情感上也舍不得丢弃,对于政府组织收回这些废弃的闲置宅基地,他们从情感上割舍不得。

近年来,外出打工者的收入增加较快,这些农民有了闲钱之后,就开始新修在老家的房屋,建好新居后,也没有及时退出原有宅基地,客观上容易造成"一户多宅";也有的农民家庭由于夫妻离婚,子女成家分家,修建新的房屋,原有的旧房屋没有拆除,其产权证也没有收回,也不会有人去收回。部分乡镇

政府工作人员工作积极性不高,对农村违法建房行为,没有及时劝阻,对违法修建的房屋也无权强制拆除,导致农民的新旧宅基地都有土地使用证。如果旧的房屋和宅基地可以复垦时,这些农民积极性很高,主动上交旧房屋的产权证书,通过土地复垦,一般都可以获得数万元的收入,而且对复垦后的新增耕地还具有优先承包利用的权力;而那些老实本分的年长农民,由于缺乏专业技术或者年龄偏大,难以在外打工挣大钱,家庭只靠种植庄稼维持生计,其收入来源十分微薄,根本无力改善居住条件,有的还居住二十多年的茅草房里,没有废弃的宅基地可以复垦获得额外收益,因此就失去了上述机会,无法获得大笔补偿金。这样就使得农民内部由于复垦土地造成贫富差距进一步拉大,这些农民对此愤愤不平,认为政府处理问题不公道。

4. 土地测绘不严谨和复垦方案编制闭门造车,导致规划实施困难重重

在宅基地复垦前,都必须对该农户的房屋及宅基地面积进行丈量,实地测绘,这是复垦的基础,也是后期上市进行指标交易的法律依据,更是给予每户农民进行补偿的前提。可见,地质测绘工作人员的测绘质量事关土地复垦方案编制的成败,也直接影响到复垦施工的难易程度。有的地质测绘工作人员责任心不强,不愿意深入现场进行踏勘,外业测绘不够细致。尤其是酉阳、彭水、巫山等区县,高山与峡谷交错,测绘人员有时候查看一处宅基地复垦点,就需要花费好几天时间翻山越岭,许多乡村公路本来是泥土路面,然而有的地方早已破烂不堪,越野车都无法通行,只有手抓住山坡上的树枝,沿着2米多高的杂草,跋山涉水,手脚并用。

由于野外作业十分辛苦,一些年轻人不愿意吃苦,也吃不下这样的苦,但是为了完成任务,他们可能会利用原国土资源部二调图来替代实测图,这样的测绘图就与和土地利用的实际现状图、地形图、卫星遥感影像无法图套合,错误较多,地貌特征表述不准确,复垦土地的红线往往与现场的实际差异较大,红线周围地物、地类标注错误,地形与实地不符,一旦划到其他农民的承包土地上或者房屋边上,就会引发纠纷。

由于山区农村居民居住十分不集中,有的居住在距海平面2000多米的高山之间,有的居住在1000米深的峡谷平坝,山路十分崎岖,而一个土地复垦整理项目往往是由几十个农民老房屋宅基地组合而成的,点多面广。各个区县土地整治管理部门对复垦土地项目的立项及入库都有具体期限要求,个别承担复垦方案编制的事务所、设计院为了节省时间和人力,节省有限的经费,就没有对所有需要复垦的老旧房屋及宅基地进行现场踏勘,而是简单地依据前期国土管理部门的测绘数据和图表以及设计人员的主观经验编制方案。如果前期测绘出现上述错误,就直接会误导方案编制人员对于复垦土地的具体地点的地质结果、地貌和地形的判断,其施工方案就会打破与该地点的周围环境和谐性,也在客观上影响相关规划要素如石坎的修建、生产便道的布局、农涵、沉沙凼、排水沟渠的走向、蓄水池等工程的整体安排,导致规划可行性变差。据专家对复垦项目的检查验收反映,每个土地复垦项目都会出现规划设计方案变更的情况,有的变更甚至高达 30% 以上,复垦土地项目工程施工费和总投资概算都有较大差距,有的超出预算经费的一半以上,也导致施工单位骑虎难下,形成半拉子工程,亏损太多就摆在那里,与政府部门讨价还价。

5. 监督机制不健全,施工质量难以保证

第一,评审专家对复垦方案编制提出的问题难以有效解决。

如评审专家建议调整工程的整体布局与设计,对拆除老旧房屋的条石、木材等材料就在该项目内就地使用,以达到有效利用废旧材料的目的。但实际上,往往受工程施工费亩均投资等硬性指标的限制,例如,在高山项目实施区,由于规划方案要求挖掘机到场施工,但是由于该项目实施地区无法通行汽车,只有摩托车可以进入,有的地方就只有人力搬运,运送砖石、水泥、钢材等成本太高,复垦方案中安排的工程措施就无法解决所有拆除材料的充分利用。

第二,土地整治的测绘基础工作不扎实,重视审查内业,轻视外业。

内业审查和外业抽查相结合是《重庆市农村建设用地复垦项目测绘成果质量审查细则》(征求意见稿)规定的基本工作审查方式。要开展内业审查,就必须对照测绘单位提供的审查要件,对所有土地复垦片块都按照审查标准逐一审查,这些要件主要有:一是复垦地块远近景和录像;二是 1:500 土地利用现状地形套合图和台账;三是 1:10000 土地利用现状图上的复垦地块、片块、片区分布图。

外业抽查是对内业审查的重要补充,可以起到相互印证的作用,能够发现内业审查无法发现的实际问题,也能对内业审查发现的可疑问题进行实地核对。但由于审查单位人手少、工作任务重、时间也比较紧张等原因,导致抽查比例不高。这就导致部分测绘图纸一开始就存在错误,无法及时得到纠正和发现,为下一步工作的开展带来潜在风险。

第三,工程监理单位为省事省力,基本没有做到对全程施工进行有效监督。

按照常理,作为工程监理单位理应全程实施监理工作,而且依照重庆市国土房管局《关于规范地票价款使用促进农村集体建设用地复垦的指导意见(试行)》和区县国土管理部门的相关文件规定,文件也要求监理单位必须对施工现场进行派员监督、抽取样本,核实工程的数量和质量。但是《土地开发整理项目预算定额标准》规定工程监理费费率按照建设规模亩均 300 元计取,这样低标准的收费,往往就使监理工作沦为鸡肋。乡镇政府作为业主,与监理单位签订监理合同,其监理工作的主要内容、监理目标、监理工作方法和措施、监理程序等都要在合同中一一注明。但是,由于区县国土管理部门、乡镇政府和施工单位对监理工作都不太重视,监理单位常常陷于无法正常履行监理职责的境地,成为摆设,一些工程根本就没有派出监理工作人员对施工现场进行有效监理,豆腐渣工程的出现就成为必然现象。

第四,农民参与复垦土地监督的法律意识和责任不强,而且监督的渠道不畅通。

现行的宅基地复垦项目,一般是当地区县人民政府负总责,国土房屋管理行政部门负责实施。而复垦土地项目的整体设计方案、工程施工、监理等每一个环节都是由专业机构和人员来承担,普通农民对土地复垦的技术方案看不懂,施工工程的专业问题也基本上没有话语权,就是征求意见,也往往是走走过场。但是,作为长期居住当地的农民,对该地区的土壤、气候、水源、适宜种植的农作物最具有话语权,对复垦片块的地形及与周围的和谐性也了解最透彻。因此,应调动项目区附近农民的积极性,让他们有机会参与复垦方案的编制和施工监督工作,用他们最熟悉的话语来进行沟通。复垦土地的方案编制完成后,应当把复垦方案在村社公共服务中心等场所的公示栏张贴,让农民发表意见和建议,以便完善规划方案;对于工程施工,也应当把组织施工的单位、负责人、专业技术人员、联系方式、施工工期、施工之后所达到的效果等公示出来。我们在实地调研中发现,90%以上的农民都不知道参与复垦土地的监督渠道和方式,超过60%的村民从来没有参加过土地复垦工作的动员大会,几乎全部农民不知道村公示栏张贴的复垦方案和施工内容的作用,农民最关心的是土地复垦政策能够给自己带来的实实在在的经济利益,对土地复垦的监督缺乏主人翁意识和责任意识。

6. 土地复垦的收益分配标准内涵不统一,容易诱发社会矛盾

农户与农村集体经济组织应得价款是按照复垦农村宅基地及其附属设施用地面积计算,这是《重庆市国土房管局关于调整地票价款分配及拨付标准的通知》(渝国土房管发〔2011〕170号)的明确规定。但是该文件没有明确宅基地和附属设施用地面积的测算依据以及发生面积争议时如何处理这一纠纷。多数区县土地房屋管理部门就以农民的房地产权证、集体土地所有权证记载的面积为依据,少数区县国土房屋管理部门的土地整理中心工作人员就直接以竣工验收合格证上注明的土地面积作为补偿依据。合法的权证面积一般只登记房屋的占地面积部分,一般都不会或者很少登记院坝、林盘等附属用地面积,而竣工验收合格证上的面积是由测绘单位测量的宅基地和附属用地面积,因此几乎全部权证面积都小于竣工验收合格证上的面积。如果按照权证面积为依据进行地票价款分配,无疑损害了土地复垦农户的利益,补偿的金额可能差距达到上万元,其结果很容易诱发新的矛盾。

(二)农村宅基地复垦问题的对策建议

1. 加快农村地籍调查工作,确保"一户一宅"

依据国家颁布的《集体土地所有权调查技术规定》《城镇地籍调查规程》和《土地利用现状分类》等相关技术规定和标准,严格坚持三大基本原则,充分利用土地调查等已有成果,以大比例尺地籍调查成果为参照物,国土房屋管

理部门要仔细查明农户房屋和宅基地的权属、面积、界址、边界等,充分掌握本行政区域内农村所有农户建设用地的现状,从源头上控制乱占耕地、乱批乱建农房等违法行为,确保"一户一宅"。

这就需要进一步构建农村建设用地退出的良性机制。一是各级区县国土管理部门和乡镇人民政府逐一地确认调查农村社区内一切闲置宅基地和闲置用地,逐个登记后再造册,经查确属连续两年未利用的空置宅基地,要依法收回其使用权,由乡镇政府组织各级村社组织调查核实,上报县级国土资源部门注销登记。二是若存在农户需要另外修建新的房屋导致占用农村建设用地的,只要在符合法律和政策的规定下,又没有其他住宅的,如儿子结婚另外建房居住,就可以根据"一户一宅"的原则,将村社空闲的学校、原企业厂房所占建设用地收回归村社集体经济组织统一管理,让其建房居住。如果该农户有空置的老旧房屋,应当让其自行拆除复垦为耕地,该地块依然可以归该户村民使用经营。其拆除与复垦所花费的经费应当给予财政补贴,前提是该复垦耕地必须经国土部门验收合格确认;假如没有拆除老旧房屋和复垦的,其原有宅基地由村社集体组织收回,另外安排其新建房屋所需要的宅基地。

2. 简化复垦工作流程程序,提高复垦土地的工作效率

负责土地整理测绘工作的测绘单位及审查单位都要严格把握质量关,敢于坚持原则,拒绝不合格的测绘图表进入项目设计环节。备案入库时,重庆市农村土地整治中心只负责审查测绘的形式审查工作,即检查测绘的基本材料是否齐备,符合项目入库的基本条件;复垦项目的评审专家要严格依照相关技术标准,认真核查复垦土地整治方案的编制质量;在备案入库时,重庆市国土房屋管理部门的下属单位——重庆市农村土地整治中心也只负责形式审查,即核对编制方案和图件是否按照专家的意见给予修改,专家的复核意见是否在修改之后的编制方案中得到体现;由区县土地整理中心上报的备案资料中,复垦申请表、协议书、去向证明等信息都没有必要全部由每一家农户签字盖章,完全可以以项目为单位,使用表格把每一户参加土地复垦的农户家庭成员的所有信息填写完毕,然后交由农户在 Excel 表格中相应位置签字盖章确认。这样既节省了农户的时间,也节省了重庆市农村土地整治中心审查的时间成

本,提高了相关数据的准确性和一致性。

3.加强行业自律,保证复垦方案编制的可实施性

第一,建立中介机构从业人员实行执证上岗制度和年度考核制度,注重工作实绩,注重服务质量。同时,行业主管部门也要加强对中介机构从业人员的定期培训,主要宣讲政府部门出台的相关政策法律,相关修订之后的专业技术标准,对于培训考试合格者,给予盖章确认或者颁发中介机构从业人员上岗资格证。

第二,建立中介机构的土地复垦业绩考评制度。由重庆市国土房屋管理部门下属的农村土地整治中心承担主要职责,联合重庆市测绘院、测绘审查单位、区县土地整治中心、规划评审专家等,牵头制定中介机构的复垦业绩考评标准,对复垦土地项目的测绘和规划设计打分,计入中介机构业绩年度考评,并建立中介机构诚信档案。对于责任心较差、业务水平较低、不遵守行业规定,资质等级不达标或不按国家法律和相关政策的规定依法执业的中介服务机构和从业人员,应当给予诫勉谈话、对其主要负责人训诫,责令限期改正;如果在宽限期 2 年内依然没有明显改进的,有权暂停参与农村土地整治的所有工作,例如不得参加工程项目的招投标。

第三,不断强化专家队伍管理,提升政治觉悟和工作责任心。要定期完善农村土地整治专家库,对于长期从事土地整治工作、经验丰富的专家,应当给予表彰和奖励,颁发证书,激发荣誉感和工作责任心;要定期组织专家培训,就土地、房屋管理方面的法律法规和政策,进行专题讲解,增强其法律意识;同时,也要对国家和重庆市最新的相关技术标准进行宣传,及时更新专家的知识;对于重大工程,应当实现咨询相关领域的专家,进行仔细论证,提高政府部门公共决策的科学性、前瞻性和可行性。

4.运用"政府+监理单位+农民代表"的监督管理方法,确保整治土地工程的建设质量

区县国土房屋管理部门和土地整治中心要抽调农业、水利、建设等领域的专家组成宅基地复垦检查验收组,专门负责处理乡镇政府、复垦方案编制单位

和审查单位的不同意见和建议,强化业务指导与项目施工管理督查;乡镇人民政府作为项目实施的具体承担单位,要尽心尽责,让有责任心的工作人员代表政府进驻项目工程施工现场进行监督和指导,防止监理单位不作为、乱作为。

所有负责土地复垦监理的企业都要严格遵守"初检、复检、终检"的检查管理体制。首先是负责项目施工的承包人具体负责初次检查;其次是专业的质检工程师对复垦土地的施工情况如土层厚度、土壤质量、所含杂物,水利设施、灌溉条件,土坎修建的高度、稳定性,田间便道的宽度和厚度、硬度等进行细致检查,一旦检查不合格就应当立即通知施工方进行返工弥补。第二次检查合格后,上报土地整治中心,由项目技术负责人负责终检(第三次检查)。终检合格后,再报请监理工程师负责填表,签字审批报土地整治中心备案存档。监理单位不仅要关注路沟坎等工程数量,更要重视复垦之后的耕地质量,例如宅基地复垦之后的移土的均匀程度、土壤厚度、土壤肥力等;监理单位还要注意隐蔽工程(如地下管网、沟渠等)、工程的主要部分,每一个复垦点的工程以及项目工程的整体验收,不得徇私舞弊、走过场。

在复垦土地的工程实施过程中,要明确辖区内农民代表监理的权利和责任。这需要在国土管理部门的相关政策文件中明确规定,使之有理有据。这方面需要调动农民的主动性,对于承担监理职责的农民,耽误农民的劳作,应当给予补偿。农民参与复垦土地项目的监理,其主要权利有:一是有权得到合理的误工补贴,其补贴标准不得低于该区县劳动力的市场价格,其费用在业主管理费中列支;二是全程监理的权利,对监理工作发现的工程数量、质量和期限、所采用的原材料等缺陷,有权当场提出批评和建议,督促整改到位;三是实行工程监管问责制,农民代表监理就要站在农民使用土地的角度客观反映问题,提出建设性意见,维护农民群众权益;四是有权查阅施工方案、图纸等,满足其知情权,对于施工方等损害农民利益的行为,有权向党政部门投诉,向地方法院起诉,以维护农民的合法权益。

5.国土管理部门应当细化复垦土地所产生的收益分配标准

在复垦宅基地等相关文件的修改完善时,要补充规定农户与农村集体经济组织对复垦宅基地为耕地所产生的收益分配比例、计算面积与补偿标准,避免补偿歧义。地票本来就是由老旧房屋拆除、旧厂房、废弃学校校舍等复垦为耕地和附属用地所共同产生的,在对地票交易后所产生的收益进行分配时,不能简单地只是认可原来房屋产权证上所记载的宅基地面积,也要包括经过测绘单位测量确认、国土管理部门审查备案实际已经转化为地票的附属用地面积。这样才是实事求是的工作作风,才能得到群众的拥护。

(三)采取有力措施降低耕地撂荒

鉴于农村普遍存在的耕地撂荒问题,我们在 2017 年 1—3 月再次深入到重庆市涪陵区马武镇、蔺市镇、同乐乡进行实地调查,其结果令人无奈。过去几十年这三个乡镇都属于产粮主要地区,马武镇、蔺市镇、同乐乡都属于低丘陵山区,耕种条件良好,水源充足,主产水稻、榨菜、水果、红薯等农业作物。马武镇耕地面积 96845 亩,人口 39648 人,其中农业人口 32824 人,占总人口的 83%,常年外出务工 15496 人,全家外出 13152 人。70%以上的农民不愿意耕种,全镇撂荒面积 48100 亩,占总耕地面积的 50%左右,撂荒四年以上的超过 7000 亩。根据我们的调查,马武镇小坝村五社现有户籍人口 224 人,实际在家的仅仅只有 46 人,具有劳动能力的 10 人,其余都是小孩和老人,完全丧失劳动能力。这三个乡镇 85%以上的中青年农民都外出务工,撂荒面积已经超过一半以上,在农村的老人无力耕种,自己都要去乡镇上购买粮食。其根本原因还是种粮效益十分低下,种子、化肥等价格成倍上涨,请人栽种和收割水稻一天就要 200 元,就是把当天收割的水稻全部拿到市场上出售还不够请人收割的劳务费。

因此,我们在土地整治过程中要格外重视土地整治的后期利用问题,对于已经整治的宅基地等耕地,要及时组织复查和抽查,充分发挥高科技成果的作用,把国土资源"一张图"管理高科技技术运用到土地复垦检查工作中。通过年度遥感卫星图片检查反映项目区实际情况,充分发挥土地执法监察的作用,不定期由省级政府部门组织专家对农村土地整治开展情况进行自查,及时发现问题,限期整改,切实做好项目实施完毕之后的利用、管理,防止国家花了大价钱的复垦土地变成杂草丛生的荒芜之地,坚决避免撂荒闲置。对于已经人去楼空,老年农民死亡或者入城居住,项目区周边确实没有农民居住,也没有农民愿意来利用的复垦土地,应当注销新增耕地指标。对于没有实际利用价值的宅基地,则没有必要进行复垦。

三、"农民自发"主导的宅基地复垦模式探讨

农村宅基地复垦是宅基地整治的重要内容。按照整理的主体不同,我们可以分为政府主导和农民自主两种模式。由于我国采取强有力的中央集权管理模式,所以,目前宅基地复垦以"政府计划"主导的复垦模式为主要模式。本部分通过实例分析法、实地调研法等研究方法,在剖析"政府计划"主导的复垦模式利弊的基础上,尝试性地提出"农民自发"主导的宅基地复垦新模式,并进一步探讨该模式的运行机制以及政府和农民在其中的角色定位,以保证宅基地复垦工作的顺利实施和持续发展。

(一)"政府计划"主导的复垦模式

1."政府计划"主导的复垦模式简介

宅基地复垦涉及诸多主体的利益,工作量大,牵涉面广,目前还处于摸索阶段。政府按照惯用的思维方式,奉行政府无所不能、无所不包、无所不办的计划体制观念,以公共权力作为基础,用"有形的手"全面操控宅基地复垦,形成"政府计划"主导的复垦模式。

"政府计划"主导的复垦模式是指政府为确保耕地占补平衡和总量动态平衡,颁布复垦相关的法规条例,逐级制定复垦计划,层层下达复垦指标,政府在整个复垦过程中占主导地位,以行政手段进行干预,对复垦流程进行限定,组织项目申报立项,对前期测绘、规划设计方案、竣工测绘进行审查,对项目招投标、施工、监理、竣工验收进行监管,对新增耕地后期管护利用监督与检查,并对复垦项目实施"一张图"管理等一系列工作的一种复垦模式。

2."政府计划"主导的复垦模式存在的优缺点

"政府计划"主导的复垦模式的优点主要体现在:一是有利于统一管理,进行全局统筹。政府在宅基地复垦工作中占主导地位,具有宏观决策权,政府掌握着本地区土地利用的基本情况,有利于确立宅基地复垦的战略目标,制定较为全面的复垦计划,然后逐级下达指标,以项目的形式开展工作,形成了完整严密的"区县总体负责,乡镇具体实施,村社积极配合"的复垦工作机制,实现统一管理,有计划地对各个环节统筹协调。二是有利于集中资源,实现既定的复垦目标。在复垦工作中,政府凭借其公共权力与政治权威,表现出强大的资源动员和分配能力,以及较强的政策执行力,可以高度集中宅基地复垦所需要的人力、物力和财力,使宅基地复垦工作有条不紊地推进,实现既定的复垦目标,并最终达成土地利用总量动态平衡与维持18亿亩耕地红线不变的总体战略目标。

在宅基地复垦的初级阶段,农村存在大量废弃闲置的建设用地,农民通过复垦的地票价款分配实现财产性收入提高,"政府计划"主导的复垦模式有力地推动了该项工作的进展。随着宅基地复垦工作的不断深入,农村废弃闲置的建设用地越来越少,分布越来越零散,"政府计划"主导的复垦模式的缺点就会暴露得越来越明显,并且该模式的复垦成本也会越来越大,因此有必要探索"农民自发"主导的复垦新模式,旨在简化复垦工作流程,提高复垦工作效率,促进宅基地复垦工作的持续科学发展。

(二)"农民自发"主导的复垦模式研究

1."农民自发"主导的复垦模式简介

"农民自发"主导的复垦模式是指农民按照政府制定的复垦标准,积极参与复垦的整个过程并起主导作用,包括申请复垦、自行施工、新增耕地的后期管护利用等环节,农民作为核心主体开展复垦工作,政府只承担指导和监督作用的一种宅基地复垦方式。

　　"农民自发"主导的复垦模式的基本程序(见图4-3)是"自发申请复垦—自发实施复垦—竣工测量和竣工验收—颁发建设用地整理合格证—新增耕地后期管护利用"。整个复垦过程中农民占主导地位,强化了政府的技术指导、监督检查作用,弱化了政府的行政干预,程序得以简化,更利于复垦工作的开展。

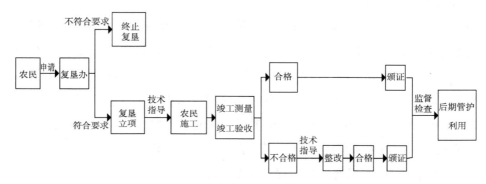

图4-3　"农民自发"主导的宅基地复垦程序图

2."农民自发"主导的复垦模式的意义

　　(1)简化复垦程序,复垦进程加快,并降低复垦成本

　　"政府计划"主导的复垦模式的基本程序是"摸底—前期测绘—测绘审查—规划设计—专家评审—备案入库—复垦实施—竣工测绘—测绘审查—专家验收—验收确认—颁发建设用地整理合格证",繁冗的程序一方面助长了弄虚作假,增加了工作经费,另一方面使复垦各个部门的工作沟通协调困难。

　　本着效率优先的原则,"农民自发"主导的复垦模式大胆突破"政府计划"主导的复垦模式的局限,使宅基地复垦这一民生工程不再是单纯的政府行为,注重以人为本,把农民的利益放在首位。整个过程围绕农民为核心,在确保实现耕地占补平衡和动态平衡的前提下,进一步扩大复垦的经济、生态、社会效益,使农民普遍都对政府该工作予以高度支持和理解,很大程度上提高了农民"切实保护耕地、合理利用土地"的意识及参与宅基地复垦的积极性和主动性,推动了该项工作全面深入地开展。

　　"农民自发"主导的复垦模式流程只有政府和农民两大主体,减少了诸多不必要的环节,如前期测绘、规划设计、反复地审查修改、招投标、监理等工作,最大限度地发挥了农民的主导性作用,节省了大量工作经费,简化了复垦流程,控制了复垦投入的成本,进一步加快了复垦进程。

（2）有效落实复垦后新增耕地的管护利用

在"农民自发"主导的复垦模式中,依据《土地复垦条例(征求意见稿)》,土地复垦后的农用地分配,坚持"尊重现实、照顾历史、有利生产、有利稳定"和"谁复垦,谁使用,谁受益,谁管护"的政策,合理分配给原土地使用人耕种,并要求其签订后期管护利用承诺书。为了保证承诺书不再是一纸空文,在原有的监督管理基础上,引入新的机制,即复垦产生的地票价款不再一次性发给农民,而是根据新增耕地后期管护利用效果分配,如复垦验收后第一年末发50%,第二年末再发30%,第三年末视新增耕地生产力水平发剩余部分,以促使农民为了获得地票价款,而不抛荒、撂荒,合理有效地利用新增耕地。

（3）农民自主"规划",使工程布局更加合理

"政府计划"主导的复垦模式由土地开发整理公司规划设计人员负责复垦地块的规划设计,迫于政府规定的规划设计时间压力,或者为了节省时间和人力,没有对复垦地块实地踏勘,而是根据前期测绘成果和设计人员的经验进行规划,出现"闭门造车"的现象,给项目实施带来了困难。当地农民是最了解复垦片块的地形及与周围的和谐性的,他们最清楚如何布设相应的配套设施和合理安排施工进程等。"农民自发"主导的复垦模式赋予了农民利用多年从事农业耕作获得的经验展现"专业才华"的平台,摒弃那些复杂又没有实际价值的限制,由农民自主"规划",自行施工,明显提高了"规划"的可行性与实用性。

（4）有效避免政府因暗箱操作导致的腐败现象,保证施工质量

农民积极投入复垦,成为复垦工作的核心主体,在一定程度上弱化了政府的行政干预,打破了复垦权利的垄断局面,也降低了"权利寻租"的可能性。在"政府计划"主导的复垦模式中,复垦方案在备案入库后,乡镇政府一般会对项目施工进行招投标或指定施工单位承担施工任务,这中间容易出现一些暗箱操作、权钱交易现象,滋生腐败。"农民自发"主导的复垦模式,由农民自行施工,从根本上切断了腐败的源头。在施工前,政府要对农民进行较为专业

的复垦培训与指导,讲解相关的复垦政策和复垦标准,施工过程中一旦遇到问题,农民随时可以向复垦办的技术人员寻求帮助。

（5）农民在复垦中获得更多收益

农民参与复垦,最关心的是由此给自己带来的好处。"政府计划"主导的复垦模式中,复垦农村建设用地生成的地票,扣除必要成本后,价款按 15∶85 的比例分配给集体经济组织和农户。"农民自发"主导的复垦模式简化了复垦程序,降低了复垦成本,因此可以考虑将降低的复垦成本转化为农民收益。更为重要的是,在该模式下,农民还可以获得一笔可观的工程施工费。此外,农民自主"规划"和施工,也能够使新增耕地在保水、保肥、抗灾能力等方面得以改善。

（三）"农民自发"主导的复垦模式实施中的角色定位

1. 政府在"农民自发"主导的复垦模式中的角色

（1）政府负责制定复垦技术标准

为了保证宅基地复垦工作能够顺利进行,并且使之处于可控范围内,进一步规范"农民自发"主导的复垦模式下土地复垦的操作流程与运行机制,提高实施质量,推进土地复垦管理的制度化、规范化建设,政府应在已实施的复垦标准基础上,根据需要进行调整和完善。

①制定复垦的基本要求。政府对复垦的基本要求作出限定之后,农民才能依据要求,结合自家宅基地的实际情况,决定是否申请复垦,政府在收到申请后,也能按照要求对申请复垦地块进行审查和甄别。需考虑的问题有:一是是否是全国第二次土地调查（以下简称"二调"）中农村建设用地图斑,是就允许复垦,如果不是,是否通过变更后允许复垦;二是是否满足拟复垦地块与周边环境的和谐性;三是房屋或宅基地的权证是否齐备等。

②复垦范围的划定。农民申请复垦时,复垦办的技术人员按照相关标准指导农民划定复垦红线,并组织测绘人员进行复垦红线测量,与二调现状图中的农村建设用地图斑线（以下简称"二调图斑线"）比对,通常会出现三种情

况:第一种情况是农民申请红线全部处于二调图斑线中,第二种情况是农民申请的复垦红线与二调图斑线相交,第三种情况是二调图斑线全部处于农民申请的复垦红线中。第一种情况的复垦范围以农民申请红线为界进行划定;第二种和第三种情况的复垦范围,本着以事实为依据的原则,对二调图斑线进行变更后,以农民申请红线为界划定。

③制定工程建设标准。各省市因地制宜,结合本地的经济和社会发展水平等因素,制定出有利于改善当地耕作条件、有利于宅基地复垦工程建设的标准。宅基地复垦的施工一般有几个基本的流程,首先是对旧房屋的拆除,包括地基石、土墙、瓦房等清除;其次是土地平整,要把多余的土地移除,土层太薄,达不到40cm厚度,无法满足耕种技术条件的,要移土覆盖加厚,特别是要彻底清除杂物,例如窗户玻璃、硬化的灶台、部分钢筋等,必须全部清理干净,以免影响耕种;最后是做好农田水利配套,建设标准不仅要对施工的工程质量明确规定(如复垦后土层要达到的厚度、配套的路沟坎的规格和材质、利旧等),也要对施工方法等内容作出诠释。

④限定亩均投资。区县级政府确定农村建设用地亩均投资,农民参照亩均投资标准计算复垦地块的投资限额,拟定各类工程的预算,合理规划工程数量和布局。

(2)政府负责指导农民复垦工程施工

农民的复垦申请获得批准后,复垦办首先要组织农民参加复垦培训,宣传相关的复垦政策和复垦标准,技术人员根据复垦技术标准和农民对复垦地块的规划设想提出可行实用的建议。复垦办的技术人员分工合作,按地域划分管理片区,实行指导和监督责任制,对各自负责的片区定期进行指导,施工质量必然能得到有效保证。

(3)政府负责验收和资金支付

政府组织竣工验收,验收标准可以借鉴"政府计划"主导的复垦模式中的施行准则。竣工验收通过后,政府首先足额拨付工程施工费,然后结合新增耕地的后期管护利用情况分阶段及时拨付地票价款。

(4)政府负责对复垦的"一张图"管理

竣工验收前,测绘人员入场测量,并绘制竣工图,提取复垦红线的拐点坐标,输入到国土资源"一张图"管理信息系统中,与年度土地利用现状调查或者卫片叠加,可以直观地看到新增耕地数量变化情况,便于政府对新增耕地利用情况进行动态监测,及时发现新增耕地利用中存在的问题,及时整顿和限期整改,切实加强新增耕地的后期管护利用,杜绝新增耕地撂荒闲置现象。

2. 农民在"农民自发"主导的复垦模式中的角色

（1）农民按照政府制定的复垦标准申请和自发实施复垦

农民根据自身家庭条件和宅基地利用情况,权衡利弊,以完全自愿的形式,如实填写政府提供的宅基地复垦申请表,和其他相关资料一起提交给所在乡镇复垦办受理。农民在申请获得批准后,必须参加复垦培训,由土地管理部门下属的专门办事部门复垦办组织。在相关规定的标准和复垦办专业人员的指导下,自发实施复垦,独立施工。

（2）农民按照工程量获得施工费,按照竣工测绘面积获得补偿

在自行规划设计得到政府土地管理专门负责复垦工作的部门同意后,完全可以由农民自行施工,因此,农民有权从财政部门得到相应的施工费、劳务费等。工程施工费按照行业标准进行测算,结合竣工测量中的实际收方工程量,依照当地区县人工成本的单价、使用原材料单价等因素进行计算。在地票价款分配方面,"农民自发"主导的复垦模式以竣工实测面积作为计算依据,而"政府计划"主导的复垦模式以权证面积作为计算依据。合法的权证面积只登记了房屋的占地面积,没有登记附属用地面积,因此权证面积一般小于复垦红线面积,"农民自发"主导的复垦模式明显保护了复垦农民的利益。

（3）农民负责复垦后新增耕地的管护利用

复垦地块竣工验收合格后,将交付给复垦农户使用,农户将签订后期管护利用承诺书,提交土地复垦管理部门备案,全权负责后期新增耕地的管护利用。农民是新增耕地的直接受益者和管理者,必须保证以耕地性质作为其主要用途,不抛荒、撂荒或者用作非农业用途。对于农田的水利设备、田间道路系统要自发地定期实施维护检查,防止人为破坏,使后期管护利用落到实处。

四、宅基地复垦后新增耕地后期管护利用模式创新

目前宅基地复垦片面地追求建设用地指标以及带来的经济效益,而复垦后新增耕地的后期管护利用重视程度不够。本节立足于当前新增耕地管护利用模式(即传统新增耕地管护利用模式)存在的问题,分析问题存在的原因,尝试性地提出基于土地银行的宅基地复垦后新增耕地后期管护利用模式。

(一)传统的新增耕地管护利用模式

传统新增耕地管护利用模式就是政府投资农村宅基地整治,将复垦后新增耕地简单地移交给项目区所在的村委会,村委会本着依法、公开、公平、公正和自愿的原则,将新增耕地确权发证并无偿承包到农户,按照"谁使用、谁管护"的原则,由受益者管理和维护。这种管护利用模式有稳定农村土地家庭联产承包责任制和保护农民的合法权益的优点,但也存在以下问题。

1. 政府的初衷与农民的意愿不统一

财政投资进行的宅基地整治,以耕地所占补平衡和总动态平衡为基本原则,需要用新增耕地指标置换城镇建设用地指标。因此区县和乡镇政府十分重视新增耕地指标,但是对于新增耕地的管护利用的重视程度就显得不足。传统新增耕地管护模式恰恰说明了这点,政府通过指标置换解决了城镇发展用地问题,而把新增耕地的管护利用任务甩给了农民,那么农民是否愿意对新增耕地进行管护利用呢?笔者随机选择重庆市某区县的 5 个宅基地整治复垦项目区,对复垦后新增耕地管护利用进行意愿调查,发现愿意管护利用的农户仅占调查总数的 23%。进一步对不愿意管护利用的原因进行调查,发现劳动力不足、农业比较效益低、新增耕地位置偏远、新增耕地地力水平差是不愿意管护利用的主要原因,分别占问卷的 30%、44%、21% 和 5%。

2. 无管护利用的资金保障,工程维修困难

国土资源部财务司印发的《土地开发整理项目预算编制暂行办法》(财〔2001〕41号)中规定,预算应按统一的预算表格计算和填制,预算主要包括工程施工费(建筑安装工程费)在内的费用。《暂行办法》中的预算仅仅是完成该项目所必需的费用支出,没有考虑项目竣工后的工程管护费用和耕地利用经费。项目竣工后简单地移交给使用者,由于当地政府财政紧张和集体没有经济收入的原因,没有额外经费进行工程的管护,致使宅基地整治复垦的成效大打折扣。调查发现,项目区随处可见由于客观原因出现的破坏程度不一的路、沟、坎。如果有后期管护费用投入进行修复,只需要很少的资金就可以使这些工程设施发挥很大的作用,没有后期管护费用投入,这些工程设施的损毁程度就会越来越严重,直至完全失去利用价值。

3. 缺乏对管护利用的监督、考核和奖惩机制,管护利用效果差

在宅基地复垦的规划设计文本中往往都会提供几种后期管护利用的方式(如由当地村、村民集体派专人管理,或者由农民成立用水协会等自行管护的组织进行管理,或由当地政府或国土部门成立专门的管护机构或团体等),并且责任规定也比较明确,要求后期管护利用落到实处。但在实际管护利用中,由于管护者的责任、义务、权利、确保管护方案落实的相应措施都没有被准确详细地规定出来,使得后期项目管护效果差,甚至造成无人管护利用的现实。

4. 经济效益低下的传统农业经营模式,农民缺乏自觉管护利用的动力

受重庆市宅基地"小、散、乱"布局特点的影响,宅基地复垦后新增耕地地块破碎化比较严重,权属不统一,农户分散种植,很难形成规模化经营,因此耕地利用大都是经济效益低下的传统农业经营模式。但是,由于高新科技的广泛运用,以及农村劳动力的老龄化,几十年来依赖农民肩挑背扛的传统农业日渐萎缩;农业比较效益低下,导致投入到农业和农村领域的社会资本和财政资金越来越低,自给自足的小农经济已经肩负不起农业现代化的重任。同时,受农民自身的素质、科技水平、管理水平、抗风险能力等因素的限制,农民发展高

效益的现代农业存在很多困难。因此农民对耕地的需求和投入是有限的,缺乏自觉管护利用耕地的动力。

(二)新增耕地管护利用模式的创新

1.新增耕地管护利用模式创新的难点

(1)新增耕地权属不统一,土地产权配置混乱

目前我国农村部分土地权属关系不够清晰,某些产权概念比较模糊,以至于一定程度上出现了"人人有份、户户无权"的状况,土地确权难度大。《土地管理法》等法律对于农村土地属于集体所有都有规定,但对"集体"的定义并不清晰和准确,2019 年 8 月全国人大常委会新修订的《土地管理法》依然没有对此加以细化明确。如《民法通则》中规定乡(镇)、村两级集体代表着农民集体。《土地管理法》则描述乡(镇)、村或村内农业集体经济组织代表着农民集体。法律的模糊界定导致农村土地产权关系混乱,土地资源流转变难,转换为土地资本则更难。国家颁布的承包经营法对经营权、承包权、所有权三者之间的法律边界不明确,土地使用权的法律规范不严格,土地使用权各种细节化的解释及保护措施都缺乏法律规定。

(2)农村耕地分散,农村商品经济发展缓慢

重庆多为山地,农村耕地分散不连片,农户之间独立耕作。据农业部农村固定观察点办公室调查显示,每个农户平均经营的耕地面积,由 1990 年的0.53 公顷下降到 2000 年的 0.49 公顷,块数多达 5.86 块,其中耕地面积不足0.07 公顷的有 4.16 块,占总耕地块数的 71%。耕地分散耕作成本高、效益差,不利于生产力发展,制约农村商品经济发展。

(3)传统农业经营模式,经济效益低下

农村土地大部分地区仍是以传统农业经营方式为主的自给自足的小农经济。在自然经济条件下,以人力、牲畜力为主要劳动力,依靠农具从事小规模的耕作业。这种农业经营模式以分散的个体劳动为主要形式,所耕种的劳动成果大部分为自家所用,少部分在市场上流动。传统农民继承固有的耕作模

式,没有系统地学习农业知识,也没有多余的财力投入到耕地中,耕作技术低下,在应对耕种过程中出现的灾害如虫灾、干旱等突发状况,没有相匹配的科学耕种知识与现代化的农业技术,不能及时有效地采取相应措施,从而导致农作物收成不佳。总而言之,由于农村人口大量流入城市,农村劳动力有限,以及耕作技术低,造成农作物收成低,土地经济收益不高,许多耕地被闲置或撂荒。

(4)新增耕地利益分享难以保障

目前农村土地流通租金为400—600元/亩,租赁的时间较长,农民只能得到短期收益,很难考虑并获得土地存在的日后增值收益,这使得他们的长远的经济收益受到了影响。更有些地方热衷推动"反租倒包",用低价从农民方租借土地,然后出租出去时收取昂贵的价格来赚取差价,导致部分企业在项目远没有达到之前计划的收益时,违背租金承诺或降低租金,更甚者选择携带钱财离开,大大地损害了农民的收益保障。

新增耕地后期管护利用的关键必须处理好土地使用者和所有者的利益分配问题。在公平公正的前提下,以法律手段,保护所有者权益,规范合同双方的权利与义务,划清利益分割界线,保障农业可持续经营。

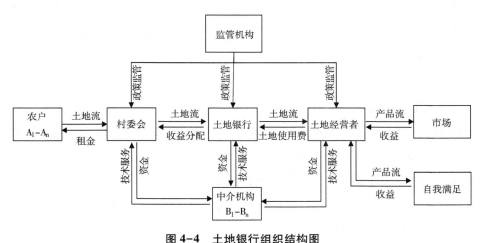

图 4-4　土地银行组织结构图

2. 基于土地银行的新增耕地管护模式创新

(1)农户。分散的农户与村委会之间本着平等、自愿、有偿的原则签订

《土地流转合同》,农户将土地整治新增的分散耕地的承包经营权交由村委会,农户根据合同约定收取土地租金,实现土地承包权收益。

（2）村委会。为了促进土地适当规模经营,实现现代农业生产,村委会负责分散耕地的权属调整,使其集中连片,存入土地银行,土地银行提供给村委会土地凭证并取得存地报酬,土地所有权价值在经济上得以实现。

（3）土地银行。土地银行的主要业务是存地和贷地,委托中介机构进行专业的技术服务,接受监管部门的政策监管,其主要收入源是存贷间的土地报酬差额,实现土地银行的成长和壮大。

（4）土地经营者。土地经营者向土地银行缴纳土地使用费,根据自身对耕地的需求从土地银行贷出土地进行农业经营,经营目标主要有两个:一是将农产品推向市场实现经济收益,二是满足自我对农产品的需求或者参与农业生产的乐趣。

（5）监管机构。监管机构主要由国土资源管理部门、工商管理部门和政府组成。国土资源管理部门主要是对耕地利用情况监管和权属审核登记,看是否按耕地用途利用土地,是否符合土地用途管制,是否进行权属登记;工商管理部门主要是对土地银行进行监管,核准土地银行的资质,监管土地银行的运行;政府要协助村委会调整新增耕地的权属,承担对村委会存地报酬使用和对农民发放租金情况的监管。

（6）中介机构。针对土地流转中存在的问题,迫切需要建立信息交流、地价评估、土地规划整治及农业保险等中介机构。信息交流机构是对耕地供需信息进行收集、筛选和公布,为土地银行的交易活动提供信息导向。地价评估是对存地和贷地的价格进行评估,确定合理的流转价格,切实保障流转双方的权益,实现土地资源的优化配置。土地规划整治是对存入土地银行的耕地进行规划和整治,满足土地经营者的用地需求。建立农业保险和巨灾风险分散机制,鼓励土地经营者就生产的农作物、畜牧产品进行保险,降低规模经营的意外灾害风险。

新管护模式将引领农业要素集聚,促进农业资源改良和优化。土地银行和土地储备会发挥资本优势和管理优势,一方面保障土地流转收益的分配,调动农户存地的积极性,促进耕地适度规模化经营,另一方面保障对耕地的长期连续投资,吸引企业和人才参与农业生产,不断提高耕地的产出效益,增加从业人员的人均收入。新增耕地管护利用的效果取决于耕地能否给农民带来收入提高,实践证明经营模式也是至关重要的。传统的农业经营模式只能自给自足,无法带来更高的收益,因此必须转变农业经营模式,发展商品化的现代农业。现代农业是一个产业链条不断延伸和扩大的农业,是一体化和产业化经营的农业,也是一个将生态、休闲游览、生产加工等多功能的可持续发展的农业。发展现代农业要进行必要的道路设施和农田水利建设,进行农业结构调整,要有生产管理用房,这些都涉及占地问题。受严格的农业用途管制限制,以上占地问题是难以解决的。因此在不损害土地耕作条件和基本农田保护的条件下,将农作物种植、畜禽养殖、水产养殖、农业科学试验等用途都视为农业用途,同时鼓励在流转的土地范围内进行宅基地复垦、未利用地开发、土地整理等措施置换建设用地指标,提高农民财产性收入。

第五章　农村集体建设用地流转市场研究

一、概　述

（一）内涵界定

集体建设用地通常意义指的是在农村集体土地中已经依法办理了农用地转用和建设用地使用手续的存量建设用地,农村居民住宅用地、村企业建设用地及乡(镇)、村公共设施、公益事业建设用地都包括在内。此种用地的流转必须依法向国土部门申请,然后办理农用地转用或者是非农建设用地的使用手续,在使用权得到了批准以后,可以用租赁、抵押、转让、作价入股等方式来进行市场交易。这样一来,土地使用权转移得以实现,或者实际使用人发生变更,从而使小块分散的农村承包土地(非耕地)、宅基地、自留地等成片转移给具有较强经济实力的企业,发挥规模经济的效益;也能利用土地复垦等方式,就地转化为耕地,形成用地指标,公开在农村土地交易市场上进行交易,换取城市建设用地指标,来推动城市的发展。

（二）背景与意义

集体建设用地流转是当今中国农村土地改革的方向,加强农村集体建设用地流转是重庆市统筹城乡发展的重要内容。早在改革开放初期,就出现了数量庞大的集体建设用地包括乡镇企业用地、村民宅基地等自发流转的情况。

在这一时期里,集体建设用地普遍的流转,不断扩大其规模和数量,转让、入股、联营、出租和抵押等多种形式应运而生,形成了庞大的隐形市场。以城乡接合部为最,以及经济发展较快、地理区位较好的小城镇和农村集镇,成为集体建设用地流转盛行的集中地。

农村集体建设用地流转在重庆市的试点从 2002 年开始,部分县(区)在小范围试点基础上,以县(区)政府或国土部门的名义,出台了相关的管理办法。

国务院在 2004 年出台文件,该文件明确支持对废弃的农村建设用地进行复垦,城镇建设用地增加要与农村建设用地减少相挂钩,确保 18 亿亩耕地红线,保障 13 亿多人口的粮食安全。

2008 年 6 月 27 日,国土资源部出台了增减挂钩试点管理的办法。具体而言,这个办法中城乡建设用地增减挂钩指的是将部分拟整理复垦为耕地的农村建设用地地块(拆旧地块),以及拟用于城镇建设的地块(建新地块)依据土地利用总体规划,等面积共同组成建新拆旧项目区,在建新拆旧项目区内各类土地面积平衡得到保障的基础上,用建新拆旧和土地整理复垦等措施,使耕地有效面积增加,耕地质量提高,建设用地被节约集约利用,更合理地布局城乡用地得以实现。

2007 年 6 月,重庆被国务院正式批准为全国统筹城乡综合配套改革试验区,统筹城乡对户籍管理制度、土地制度等进行综合配套改革。这样的一个重大集体性授权,给重庆探索用地制度等改革提供了许多方便。自此,重庆市也加大了集体建设用地流转改革的力度,不断创新集体建设用地流转模式。

在当前的流转机制下,财政支出比较大,农民在土地流转这一问题上积极性不高,重重阻碍出现在了农业产业化、规模化经营中。所以,农村土地交易所的建立,利用市场机制完成土地流转的构想就在这样的环境下产生了。

在国土资源部的大力支持下,就在 2008 年 8 月,重庆市人民政府与之签订了战略合作协议。在中央部委的鼎力支持下,重庆市发改委专门成立了综合改革办公室,集中了国土房屋管理部门、财政、经济、税务等多部门的精兵强将,共同寻找新的耕地保护模式进而土地利用机制。重庆市人民政府决定在反复实地调研的基础上,创建重庆农村土地交易所。

2008 年 10 月 9 日至 12 日,党的十七届三中全会召开,会议通过了中共中央《关于推进农村改革发展若干重大问题的决定》。该决定对重庆市筹建农村土地交易所起到积极的推动作用,国土资源部相关人员也亲临重庆市现场指导。2009年11月17日,《重庆农村土地交易所管理暂行办法》经市政府第二十二次常务会议审议之后,于2008年12月1日起正式开始实施。

紧接着,国务院在2009年1月发布了《关于推进重庆市统筹城乡改革和发展的若干意见》,要求重庆"建立统筹城乡的土地利用制度"。加强土地整理工作,支持和指导重庆创新土地整理复垦开发模式。严格农村宅基地管理,农户宅基地用益物权。稳步开展城乡建设用地增减挂钩试点逐步推进。通过在重庆设立农村土地交易所,在农村集体土地实物交易和指标交易之间进行试验,总结经验,建立城乡统一的建设用地市场,坚持公开、公平、公正的原则,注重运用市场的力量进行地票交易,同时,制定配套政策法规,保证各方的合法权益。

2010年12月国务院下发的针对农村土地整治工作的文件,明确要求增减挂钩试点和农村土地整治工作。

按照重庆市国土部门2014年的319号文件规定,农村建设用地复垦,是指将废弃的乡镇企业用地(如集体的砖瓦窑、采石场、锰粉厂等)、农村公共设施用地(如村小学、村集体公共活动中心、集体晒坝等)、农村村民住宅用地(农户的宅基地及附属设施用地)等农村建设用地,通过房屋拆除、翻耕土地等方式复垦为耕地或可转为耕地的园地及其他农用地的行为。同时,复垦的新增耕地与城市建设用地指标挂钩。

城乡增减挂钩制度的实施,是在我国基本国情上的一种制度创新。现如今,我国人口多而土地少,城镇化不断加快,东南沿海地区大量农村田地成片城镇化。农村长期大量使用农药,导致重金属超标,周边工厂林立,工业污染物对农业生产带来巨大危害,不少耕地质量严重退化,农民种植粮食作物产量低下,比较效益低下,农民不愿意继续耕种。而西部地区自然环境恶劣,交通严重滞后,大批农民早已抛弃农村的房屋和土地,举家迁移到城镇打工、经商。有的农民虽然户口还是在老家乡村,但是其全家人已经在东南沿海的上海、浙江、广东、福建等地生活几十年,第二代农民都在当地结婚生子。显然,西部农村要发展,完全有必要调整几十年一贯制的土地承包制度、僵化死板的宅基地管理制度。只有先满足农民的意愿,使城乡的土地价值得以显化,同时返还给农村城镇土地级差收益,才能够带动农村经济发展。因此,开展增减挂钩试点,必须保障农民土地权益,下大力气改善农村生产生活条件,以优化用地结构,节约用地,按照土地利用年度计划、土地利用总体规划逐步实施。

随着经济和城市化的快速发展,重庆市经济发展呈现新气象,以电子信息产业、笔记本电脑、打印机、芯片等为代表的高新技术产业异军突起,以重庆长安汽车、摩托车为代表的传统制造业焕发出新的生机。东南沿海地区面临产业升级,一些中小企业倒闭,不少在外地打工数年的农民纷纷回乡创业。但是创办的中小企业普遍感到用地艰难,土地供需矛盾十分突出,农村集体土地流转难,现有土地资源利用粗放、效益不高。实行农村集体建设用地规模化流转,发展现代农业、做好农产品深加工产业是破解农村经济长期滞后、比较效益低下的关键。重庆设立直辖市距今已有十余年,先后进城的农民总数多达500万,至少可以腾出100多万亩农村建设用地来。但事实上,在这些年来,全市总的农村建设用地只减少了10万亩。与此同时,每一年重庆城市建设用地新增的指标为15万亩,但是在实际上却有45万亩的需求。

城乡统筹协调发展若想如期实现,就需要创新积极的思维,在不违背法律法规的总体要求的情况下,探索一种稍公平的有效方式来对待两种所有权性质的土地,摆脱二元管理体制的束缚。对于城镇化、工业化进程中存在的各种利益主体的关系要妥善地处理,经济社会发展的成果要让全体社会成员都能分享到。所以依法积极、规范地推进农村集体建设用地流转,做好农村土地流转工作,具有重要的社会意义。

二、重庆市农村集体建设用地分布与流转特点

(一)农村集体建设用地分布特点

1. 农村集体建设用地分布的区域差异明显

以农村居民点为例,2009 年重庆市有 362480.55 公顷为农村居民点面

积,居民点建设用地的总面积占城乡建设用地平均比重为 72.06%。其中一小时经济圈农村居民点建设用地面积占城乡建设用地比重为 64.04%,渝东北为 84.64%,渝东南为 81.22%。比起经济稍落后地区,经济发达地区的农村居民点占城乡建设用地比重比较低。以主城为核心的一小时经济圈范围地势相对平缓,经济水平和城市化水平都相对较高,农村居民点占城乡建设用地的比重相对而言比较低。渝东南和渝东北山地分布广,经济相对落后,城市化水平不高,农村居民点占城乡建设用地比重相对较高。

2. 农村居民点集聚程度低,农村集体建设用地分散

重庆市地处西南丘陵山地区,该地居民点分布有如下的特点:分布比较散乱、规模小,布局不整。以彭水县保家镇为例,利用土地现状图(比例尺 1∶10000)提取的信息显示,全镇有 3413 个农村居民点斑块,斑块面积大小悬殊。从 90.36 平方米到 49823.29 平方米之间不等,平均为 1554.94 平方米。小于 1500 平方米的图斑数量为 2519 个,占图斑总数的 73.81%,其中,90.36—500 平方米的图斑数量为 1231 个,占图斑总数的 36.07%,500—1500 平方米的图斑数量为 1288 个,占图斑总数的 37.74%。4500 平方米以下的农村居民点用地图斑占到 93.38%。统计数据表明保家镇居民点用地布局零散,独院比例大,院落间的平均距离大,集聚程度低。在 2009 年,保家镇的农村居民点有 11553 户,户均面积达到 460 平方米。聚居 10 户以下占据总的面积的 60.49%,其中 3 户以下、3—7 户和 7—10 户的分别占总面积的 28.92%、19.31%和 12.26%;聚居 10 户以上的占总面积的 39.51%,其中 10—16 户、16—33 户、33—65 户和 65 户以上的分别占总面积的 14.15%、12.25%、9.36%和 3.75%。

3. 农村集体建设用地闲置比例高,具有很大流转潜力

重庆市农村居民点用地粗放。2009 年重庆农村居民点用地 362480.55 公顷,按常住人口(1384.08 万人)计算,人均用地 261.89 平方米,远远高于国家《村镇规则标准》(GB 50188-2007)中规定的人均最高限 140 平方米。重庆市的四十个区县中,除了大渡口区、渝中区、九龙坡区、江北区、沙坪坝区、南岸

区这六个主城区和双桥区外,农村居民点的人均用地总体水平在 160.04—411.63 平方米的范围以内。除云阳县、綦江县、彭水县外,其他区县人均用地都大于 200 平方米。总的来说,在重庆市,农村居民点人均用地量普遍偏大。

据调查,目前农村宅基地整户闲置比重平均达到 25%—30%(如江津区 38.97 万农户中有 23% 的农户完全放弃了农地耕作,近 60% 农户的家庭收入以非农业收入为主体)。据统计,江津区的全区农村居民点用地在 2009 年的总数为 33.68 万亩,农村人均宅基地占地有 198 平方米,比国家标准人均的 150 平方米上限要高。如果按照国家标准,将人均宅基地减少到 150 平方米以内的话,8 万余亩的土地便可以被腾出。另据调查,丰都县 382 户农户中,有 127 户举家外迁的,占调查户数的 33.2%,有 90 户部分成员外出,两者加起来一共有 217 户,占总调查户数的 56.8%。在外迁和外出户这两种情况中,很多户仍保留宅基地,造成了宅基地闲置的情况。如果能够通过城市化或转户措施将闲置的农村居民点整理出来,通过流转,可以盘活存量建设用地,达到有效配置土地资源、使土地利用率提高,促进农村经济发展的目的。

从全国来看,自 2016 年 9 月以来,党中央已批准把土地征收制度改革和农村集体经营性建设用地入市改革扩大到现有 33 个试点地区,但宅基地制度改革仍维持在原 15 个试点地区。2019 年新修改的《土地管理法》和《城市房地产管理法》都注重耕地保护,《土地管理法》明确了农村土地征收的 6 种情形,即“为了公共利益的需要,有下列情形之一,确需征收农民集体所有的土地的,可以依法实施征收:(一)军事和外交需要用地的;(二)由政府组织实施的能源、交通、水利、通信、邮政等基础设施建设需要用地的;(三)由政府组织实施的科技、教育、文化、卫生、体育、生态环境和资源保护、防灾减灾、文物保护、社区综合服务、社会福利、市政公用、优抚安置、英烈保护等公共事业需要用地的;(四)由政府组织实施的扶贫搬迁、保障性安居工程建设需要用地的;(五)在土地利用总体规划确定的城镇建设用地范围内,经省级以上人民政府批准由县级以上地方人民政府组织实施的成片开发建设需要用地的;(六)法律规定为公共利益需要可以征收农民集体所有的土地的其他情形。前款规定的建设活动,应当符合国民经济和社会发展规划、土地利用总体规划、城乡规划和专项规划;第(四)项、第(五)项规定的建设活动,还应当纳入国民经济和社会发展年度计划;第(五)项规定的成片开发并应当符合国务院自然资源主管部门规定的标准"。

土地制度改革的关键在于允许农村集体土地直接入市交易,而允许农村集体土地入市的关键点又是宅基地制度改革,即扩大宅基地流转范围,允许宅基地入市。为此,2019年8月新的《土地管理法》明确规定:"土地利用总体规划、城乡规划确定为工业、商业等经营性用途,并经依法登记的集体经营性建设用地,土地所有权人可以通过出让、出租等方式交由单位或者个人使用,并应当签订书面合同,载明土地界址、面积、动工期限、使用期限、土地用途、规划条件和双方其他权利义务。前款规定的集体经营性建设用地出让、出租等,应当经本集体经济组织成员的村民会议三分之二以上成员或者三分之二以上村民代表的同意。通过出让等方式取得的集体经营性建设用地使用权可以转让、互换、出资、赠与或者抵押,但法律、行政法规另有规定或者土地所有权人、土地使用权人签订的书面合同另有约定的除外。"

(二)农村集体建设用地流转特点

1. 土地流转形式的多样化

转让、出租方有乡镇政府和村民委员会,乡(镇)、村、组集体经济组织,乡(镇)、村企业和个人等。受让方既有本集体经济组织内部成员,也有外部单位和个人。一般而言,乡镇企业用地、村公共设施、乡(镇)公益事业建设用地或农村宅基地为流转的客体。主要有转让、租赁和作价入股等转让形式,以土地或房屋出租为主。一般来说,农村集体建设用地流转指的是土地权利的流转,而非土地功能或用途的流转。此处所提到的"权利"指的是在法律允许的范围内,农民对集体所有土地具有的占有、经营、使用、收益、部分处分等权利。目前有些区县(如忠县)以集体建设用地出租为主,占流转总面积的60%以上。有些区县(如江津)正在试行土地整理与城乡挂钩的整村推进工作,以集体建设用地置换和指标流转为主,占流转总面积的80%以上。

表 5-1　农村集体建设用地流转的主体和形式

流转主体	流转的客体	流转形式	流转实质
乡（镇）、村、组集体经济组织；乡镇政府和村民委员会；乡（镇）、村企业和个人	乡镇企业用地，乡（镇）、村公共设施、公益事业建设用地或农村宅基地	转让、租赁和作价出资入股、置换、指标流转、债务清偿	占有、经营、使用、收益、处分权利的流转，不是指土地功能或用途的流转

2. 流转比例偏低，区域差异明显

调研选取了三类乡镇：发达、一般和不发达。不管是哪一类，在宅基地闲置的问题上都存在严重的情况，各个乡镇流转比例在 15%—25% 的范围以内，发达乡镇流转比例明显偏高。总体上来看，流转规模较小，规模流转情况比较少见。

与此同时，调查发现集体建设用地流转区域差异明显，在流转比例与地区经济发展水平之间有着一定的联系：离中心镇越近，区位的条件越好，流转行为越活跃。调研发现，在经济水平较高的汝溪镇、拔山镇，流转比例约为 25%；在稍欠发达、距离中心镇较远的三汇镇、花桥镇，流转比例低于 15%，证明了距中心镇距离越大，流转比例越小的趋势。

表 5-2　忠县闲置两年以上宅基地流转情况

乡镇	宅基地面积（hm²）	流转面积（hm²）	流转比例（%）
汝溪镇	58.77	14.02	23.85
拔山镇	59.93	14.64	24.42
白石镇	62.51	11.86	18.97
花桥镇	70.72	10.14	13.22
三汇镇	74.44	10.92	14.61

注：以上数据来自笔者 2015 年 11 月在忠县实地调查所整理而来。

3. 流转进程加快，发展效益显现

近年来，随着经济发展和城市化进程加快，农村集体建设用地流转规模趋于扩大。如忠县农村集体建设用地流转面积从 2004 年的 268.67 公顷，上升到 2008 年的 760.47 公顷。以地票交易为例，从农村土地交易所的成立到

2011 年 3 月,共有 20 场地票交易会在重庆举行,交易地票 3.82 万亩,其中,2008 年 1100 亩、2009 年 12400 亩、2010 年 1—9 月 16220 亩,流转进程呈加快趋势。共实现成交金额 52.99 亿元,成交均价 13 万元/亩,到 2017 年 2 月,其成交均价已经上涨到 20 万元/亩,发展效益初步显现。地票购买的市场主体多样,其中土地储备机构占 50%、园区建设单位占 20%、民营企业占 22%、国有企业占 7%、个人占 1%。到 2011 年 4 月为止,获征(转)用批复的已有 27 宗地票 6432 亩,主要使用的区域为渝北、江津、大渡口、九龙坡、南岸和合川等。其中,晋愉公司竞得 100 亩地票后已实施征地,并通过招拍挂取得国有建设用地使用权,正组织开发建设。目前,产生地票的区县主要有江津区、城口县和黔江区等 30 个区县。

从 2016 年数据来看,重庆主城区共成交 107 宗地,其中 34 宗地溢价成交;土地成交金额 705 亿元,同比增加 11%;平均楼面价约 3158 元/平方米,比 2015 年上涨约 906 元/平方米。从全年范围来看,商住用地支撑全年成交,商住土地供需呈现出梯度下滑的走势。商品房的大量积压,导致地票交易量日益清淡。

4. 隐形市场与公开市场并存

隐形土地流转市场中,农村集体建设用地流转的主要方式是开发小产权房方式发生流转,如开发商直接与村、社签订租地协议(20—30 年不等)、征地协议、土地房屋置换协议、房屋联建协议等。小产权房主要集中分布在区位条件较好、经济相对较发达的城乡接合部。以沙坪坝区中梁镇为例,经过初步调查,自 2007 年至 2011 年 4 月,沙坪坝区中梁镇已形成 7 个较大的"小产权房"建设项目,天蓝雅园、中梁名都、麒麟香山、山水苑等,总占地面积 110938 平方米(约 166 亩),建设面积 291350 平方米,其中完工 273267 平方米,在建未完工 18083 平方米,均为七楼一底楼房,建设套数 3240 套,其中安置房、还建房 269 套,用于还建的面积不到开发商对外销售面积的 10%,购房对象多数为镇外人员(含拆迁户、退休及下岗工人,销售范围涉及主城多个区以及四川、云南等地方的中低收入群体)。"小产权房"建设之初往往源于老屋年久失修需要进行危房改造,或因灾垮塌需要恢复重建,或搞新农村建设,或修建城乡统筹居民集中安置示范区等情况,且都得到了该镇政府同意建设的文件批复。

土地来源多系私下签订租地协议取得。土地租期一般为 20—30 年,也有 50 年之久的。7 个"小产权房"建设项目除 1 个有部分国土手续外,其他均无国土、规划、建筑施工实施、质量安全审批等相关手续。

另外,城乡接合部房屋租赁市场仍大量存在。先富裕起来的部分农民在乡重新建造房屋,或者在城市里买房,导致了宅基地无人居住,或者一户拥有多栋宅基地,造成了占地超标的情况。近年来此种现象不仅没有减少,反而在逐渐增加。经济在城乡接合部比较发达,同时拥有一个大的流动人口,导致房屋租赁市场也随之较大,甚至出现了供不应求的情况,所以私自建造房屋、违法超标用地的事件屡见不鲜。

公开市场主要是来自地方政府大力推行。随着城乡统筹工作的开展,2007 年重庆被确定为全国统筹城乡综合改革配套试验区,试验的核心和关键正是土地改革。2008 年,重庆市成立了农村土地交易所,随着《重庆农村土地交易所管理暂行办法》的制定,建设用地挂钩指标交易的新模式也出现了。目前,城乡挂钩、地票制度和与户籍制度改革配套的退地政策成为政府公开市场大力推行的主要土地流转形式。

三、农村集体建设用地流转的主要模式

重庆市政府主导农村集体建设用地流转模式根据土地流转的方式不同,分为两种:指标流转模式和实物流转模式。前者包括城乡建设用地增减挂钩模式、地票模式。两者都是通过指标流转方式满足城市建设用地的需求,即前提为占用城市建设用地需要以退出等量农村集体建设用地。

(一)指标流转模式

1. 挂钩模式

城乡建设用地增减挂钩,是指依据土地利用总体规划,将若干拟整理复垦为耕地的农村建设用地地块（即拆旧地块）和拟用于城镇建设的地块（即建新地块）等面积地共同组成建新拆旧项目区,在保证各类土地面积在建新拆旧项目区内处于平衡的基础上,可用建新拆旧、土地复垦等措施,最终使耕地有效面积的增加得以实现,使耕地质量得到提高,达到城乡用地布局更合理的预期。

按照国家关于城乡土地挂钩试点的政策要求,城市建设要占用新的土地,就必须与农村拆除旧的房屋,把宅基地复垦,二者占地指标要保持动态平衡,每个项目区的拆旧区与建新区联动起来,切实做到开工新建的城镇新区建设用地的总量和拆除农村旧房屋时所产生的新增耕地面积形成互补的关系,不得减少基本农田的面积,保持耕地的质量不下降。国家政策就是要借由农村建设用地复垦这一举措达到新增耕地的目的,对建设新城镇区时占用的耕地面积做一个弥补。所以"挂钩"政策的实质,是要充分挖掘农村大量抛弃的房屋所产生的宅基地、废弃的小学、幼儿园、废弃的原乡镇企业厂房用地等建设用地的潜力,将其整理后形成新增耕地,整体的拆迁整合闲置废弃的用地,然后把拆除之后的部分还原为耕地,使拆旧面积等同于建新面积,新增耕地等同于占用耕地,该行动中产生的相应的建设用地指标皆可用于城市建设。该过程中需要借助周转指标,先建新,后拆旧,定期归还。

根据国土资源部下发的通知传递的精神,重庆市国土资源以及房屋管理局共同商讨制定了《重庆市城镇建设用地增加与农村建设用地减少相挂钩实施意见》,对增减建设用地指标挂钩工作的开展做了明确的规定,同时还制定了《重庆市城镇建设用地增加与农村建设用地减少相挂钩项目区实施计划编制要点》,为区县国土房管部门开展挂钩工作提供了行动指南。

2007年3月,重庆市国土房管局首先选定了长寿区、江北区、沙坪坝区、九龙坡区、渝北区、北碚区和大足县（已经与原双桥区合并更为大足区,双桥改为双桥经济开发区）等7个区县为挂钩试点单位。截至2008年8月,重庆共有15个区县进行了类似尝试。在此指导下,江津区在重庆市率先开展了农村集体建设用地的指标流转试点。

据调研显示,大部分的农村居民点人均用地在拆旧区达到了150平方米以上,同时分布比较散乱,生活环境不好,基础的设施配套不够齐足;而农村集体建新区综合人均用地在 90 平方米以内,农民都集中居住,配套基础设施齐全,生活环境良好,并且通过实施城乡挂钩,减少的农村居民点为城镇建设的发展提供了用地的保障。

2. 地票模式

采取地票模式的,原房屋所有人需要做的首先是申请复垦。原房屋所有人申请复垦应具备以下条件:(1)原房屋所有人有合法稳定住所,在农村新建房屋要扣除建新占地面积。(2)申请复垦农村建设用地符合土地利用总体规划。(3)复垦农户宅基地及其附属设施用地,需提供房地产权证;复垦农户宅基地及其附属设施用地以外的农村建设用地,需提供土地使用证。(4)复垦农户除合法途径取得的宅基地外,坚持一户一宅。(5)申请复垦宅基地存在主体房屋。(6)申请复垦农村建设用地界址准确,权属清晰无争议。(7)实施农村建设用地复垦不损害相邻关系人合法权益。自愿申请将宅基地交回集体经济组织复垦且承诺整户不再申请使用宅基地的,以《重庆市建设用地整理合格证》所记载的减少建设用地面积,符合一户一宅的,实现按照 12—20 万元/亩进行支付。

其地票的运行程序:(1)进行宅基地等建设用地复垦。把闲置的废弃农村老房屋全部拆除,清除杂物,其宅基地与所附属的设施用地、废弃建设用地、卫生室、农村小学、村委会办公室等已经陈旧的公共设施和公益事业用地等,通过招投标等方式公开招标,由进行专业的土地复垦公司进行复垦整治,填土平整为耕地,保持土壤厚度一般要达到 40 厘米,满足耕种的基本要求。凡是农户主动申请宅基地复垦的,可以投靠亲友和子女,有稳定的居住房屋,同时有相对稳定的职业经济来源。同时还规定复垦整理新增的耕地可以继续由原宅基地农民承包经营,也可以流转,获得相应收入;如果原宅基地农民已经转户入城,也可以由村社集体经济组织另外转包他人。(2)专家验收。事先由经土地管理部门成立专家库,分别由道路桥梁、土壤、水利等专业的专家组成。在整理项目结束之后,区县国土房屋管理部门启动验收程序,从重庆市国土房屋管理局组建的专家库里抽取 5—7 名专家,到现场检查验收,核实面积、检查复垦土壤的质量、相关水利设施的配备、田间道路修建等。例如,田间的便道不得超过 90 厘米宽,原则上主张就地取材,使用石材,如果没有石材可以使用河沙、水泥等进行硬化,其硬化厚度要达到 10 厘米,硬化路面强度必须达到规定的标准;对于新修建的山坪塘、简易蓄水池等,要重点检查有无安全防护设施,有无来水,有无沉砂池,是否会发生渗漏等。在专家确认并验收后,重庆市的土地房屋主管部门将根据复垦面积腾出的建设用地指标向拥有土地使用权人分配相对应的面积的"地票"。(3)上市交易。在重庆市农村土地交易所,可开展地票的竞价交易,出价最高的人可以得到用地指标。通过公开竞价,一切的法人和具有独立民事能力的自然人都可以购买"地票"。重庆市政府负责控制地票的交易总量,原则上应该不超过当年我国所下达新增的建设用地计划的 10%。拆除房屋费、土地复垦建设费、新增建设用地有偿使用费等共同组成了地票的价格,重庆市还制定了一个统一的城乡建设用地增减挂钩指标交易基准价格,提供给交易双方,供其参考。除了需要上交少部分的税费以外,地票交易所产生的 80% 的收益都归农民家庭所有。在耕地、林地的承包经营权所产生的交易收益,全部归农民家庭所有。村社集体经济组织和乡镇政府所获得的土地交易收益,主要用于农民转户的养老、医疗等社会保险费和新农村建设等。(4)地票使用。房地产开发商在城镇建设使用地票时,可以纳入新增建设用地计划,增加同等量的城镇建设用地,并在落地时冲抵新增建设用地土地有偿使用费和耕地开垦费,但是该举措必须要符合国家规划法、土地利用总体规划以及城乡总体规划的总体要求,不能私自使城镇规划发生变化,即使确实有变更的必要,也应该遵循法定的程序办理相关手续,接着才可以继续办理征收转用手续,完成对农民的补偿安置。转为国有土地后,依照"招、拍、挂"等法定程序,取得城市国有土地使用权。

3. 挂钩模式与地票的区别和联系

挂钩模式是通过周转指标,先借后还。地票模式通过先产生指标,后建设。

挂钩模式只允许在本区县范围内流转,组成建新拆旧项目区;政府强力推动,行政色彩浓厚。挂钩模式体现中央、国土资源部在制定全国性政策方面的谨慎,尽量保持在风险可控的范围内。但是允许村民拆迁安置用地及配套设施用地,可以划拨方式供地或使用集体土地,这相当于表明了集体土地是可以参与到城市化建设中来的,为有序构建城乡统筹的土地市场奠定了一定的基础。

"地票"交易,既使农村集体建设用地存在的浪费问题和城市建设用地出现的紧张的矛盾得到了有效的解决,同时也使农村价值得到了提升,尤其是偏远地区土地,有效地带动了城乡之间土地要素的流转,使农村集体建设用地远距离大范围的置换得以实现。

因为不同区域建设用地的挖潜潜力各不相同,特别是在农村区域,建设用地的潜力比较大,但是需求量在长时间里需求并不大;与此同时,快速城市化区域建设用地需求量大,但建设用地二次开发的成本较高,而且在一定的时期潜力也是有限的。所以重庆市推行此次跨区域的地票交易方式,一定程度上保障了快速城市化区域的建设用地需求。通过跨区域地票交易模式,促进了大城市的集聚化发展。

地票是挂钩政策的灵活运用,实现远距离、大范围置换。地票作为重庆地方性试验,考虑问题更实际,着眼于解决当前实际困难如建设用地指标和建设资金的筹措与投融资体系的构建。全国推行挂钩和允许重庆地票是长拳和短拳的结合,符合两者的定位。

(二)实物流转模式

实物流转是指农民通过互换、出租、入股、农房抵押等形式使农村集体建设用地使用权发生流转的模式。

抵押试点一开始便受到制度瓶颈的限制。如《石柱县农村居民房地产抵押贷款管理办法(试行)》规定,只有一套居住房,且人均居住面积在30平方米以下的房屋不得抵押。但我国土地制度规定的是农村土地施行一户一宅制度,对于每一户的宅基地面积也有相应的限制标准。自相冲突的土地改革规定在很大程度上限制了农村房屋抵押贷款的范围,干扰了其进一步推广的道路。

四、重庆市集体建设用地流转制约因素分析

重庆市集体建设用地流转的潜力大,也是破解城乡统筹难题的关键,但重庆目前真正流转的总量不大,农村集体建设用地没有真正有效流转起来。从调查的情况来看,重庆农村土地交易所自成立以来,到 2016 年底七年时间累计交易地票 15.2 万亩、交易额 306 亿元,不仅与同地区其他交易所相比交易额偏小,也明显落后于其他地区的同类型交易所。而 2015 年全年,重庆市的要素市场年交易量就突破了 9000 亿元,重庆联交所实现交易额 1300 亿元,成立不久的重庆药品交易所也完成交易额 190 亿元。2015 年 1—11 月同类型的武汉农村综合产权交易所,农村产权交易已经达到 2354 宗,交易金额143.04 亿元。导致这种状况的主要原因有以下几个。

(一)规划相对滞后

重庆市土地利用总体规划、产业发展规划和村镇规划相对滞后,特别是由于村庄规划编制缺失、滞后,人们对土地流转的去向,农村居民如何安置,心中没有数。这不利于土地资源的合理利用。规划成为制约土地流转的重要因素。根据调查,目前全市完成村庄规划编制的不到重庆市的 10%。

2012 年重庆市开始实施新的《农村村民住宅规划建设管理暂行办法》,至今也没有修改过,另外,在土地利用总体规划、村镇规划和各项产业发展规划之间,缺乏一定的统筹、衔接和协调。如果在建委规划部门出的新村规划与土地利用总体规划之间缺少适当的衔接,就很难付诸实施。村庄规划的编制存在缺失和滞后的弱点,有的农民又着急建房,这样一来就很容易出现农民随意选择地址建房,胡乱占用耕地建房,对农村土地整治和整村推进工作的实行极为不便。

（二）受权属因素限制

集体建设用地流转的前提是权属明确。但目前集体建设用地权属方面仍存在一些问题。主要表现在以下方面。

一是农村宅基地产权主体不明确。《土地管理法》规定农村宅基地归农民集体所有，而"农民集体"并没有清晰的界定。

二是产权权能不完整。农民对宅基地拥有土地使用权，对地上房屋有房屋所有权，但在对住宅的出让和转让上，农民却受到了主体身份和地域的限制，而在城市，可以自由买卖城市住宅包括其占用土地的使用权。

三是宅基地登记发证工作未完全到位。根据调查，我市截至2018年底还有27%左右的农村宅基地没有依法登记发证。对于没有登记发证的宅基地，没有办法调处宅基地权属争议，对宅基地的合理流转造成了一定的影响。

（三）受法律法规制约

当前的法律中，涉及集体建设用地管理的主要有《土地管理法》《物权法》《担保法》，它们在集体建设用地的流转上具有一定的制约。

一是对宅基地权益期限的界定不明确。

二是严格限制了土地使用的范围和流转的对象。

三是不允许抵押农村宅基地的使用权。

四是保护集体建设用地权利的法律缺失。

五是关于集体建设用地流转的补偿条款不清晰。

六是集体建设用地流转的地域范围受到限制。

因此，从严格意义上讲，各地试点政策已突破了现行的法律规定但作为地方规章，其法律效力较低，无法为流转土地的使用权获得者提供强效有力的保护，从而在很大程度上使得集体建设用地的流转规模和速度受到一定限制，也使降低了流转的价格，致使无法实现集体经济组织的流转意愿和市场对建设用地的需求，在一定意义上很难真正地实现城乡统一。

（四）流转市场运作机制不健全

一是集体建设用地的流转价格形成机制不合理。还没有形成价格机制的时候，无法遵守市场规则来对集体土地等级进行明确规定并以进行地价评估。在不同的区域和地段，没有分别对农用地和建设用地的地价进行评估，确定土地等级和基准地价，没有构建城市用地、集体建设用地和农用地相衔接的统一的地价体系。二是集体建设用地市场交易机制尚存在缺陷。集体建设用地流转没有一个较为规范的程序，在审批和权属变更登记工作的程度几乎是零，也没有适当限制建设用地流转的准入条件和后期使用。三是政府过度行政干预，使市场机制配置土地资源效率发生了扭曲，导致了耕地资源流失、建设用地收入效益低的后果。不仅是人为地对土地市场供求机制和竞争机制造成了损害，还使土地价格发生了严重的扭曲，使现实中耕地保护的效果与规制的目标产生了偏差。

（五）收益分配机制有待改进

完善流转收益的分配和监管机制，对于集体建设用地的使用权制度的利益来说有着保障的作用。只有建立了合理规范的收益分配管理机制，最后才能够实现使农民的利益得到保护、规范建设用地的预期目的。如今国家层面的法律和法规并没有对农民集体和个人的权益关系、产权代表、执行主体的地位和权限进行一个明确的界定。

重庆市农村集体建设用地的流转模式尚处于初期阶段，科学有序的收益分配机制尚未形成，所以存在着一些问题，具体如下：配给谁（分配主体）、凭什么分配（分配依据）、分配多少（分配比例）、如何分配（房屋安置、货币、长期、短期……）、分配保障（制度建设）等一系列问题。

《重庆市地票管理办法》于2015年12月25日通过，以重庆市人民政府令第295号发布，自2016年1月1日起正式施行。该行政规章总计才43条，其中，就有4条专门就收益分配问题进行了规定，为了分析的方便，我们特此全部录入。

第二十九条　地票初次交易的,重庆农村土地交易所在地票价款中按规定扣除建设用地复垦成本后的地票净收益,按照下列原则支付给权利人:

(一)农村宅基地及其附属设施用地复垦的,单户交易总面积未超过667平方米的部分,地票净收益的85%归宅基地使用权人,15%归农村集体经济组织;超过667平方米部分对应的地票净收益全部归农村集体经济组织。但是,单户复垦交易的宅基地证载面积已超过667平方米的,宅基地证载面积部分对应收益的85%归宅基地使用权人,15%归农村集体经济组织,其附属设施用地对应的地票净收益全部归农村集体经济组织。

(二)农村集体经济组织公共设施、公益事业等建设用地复垦的,地票净收益全部归农村集体经济组织。

(三)其他集体建设用地复垦的,根据土地使用权人和所有权人的约定支付,其中农村集体经济组织作为所有权人分得地票净收益不低于15%。

(四)国有建设用地复垦的,地票净收益归土地使用权人。市人民政府另有规定的,从其规定;本办法实施前已签订复垦协议、但尚未交易的复垦项目,复垦协议确定的农户收益大于前款规定的,按原复垦协议执行。

第三十条　地票转让交易的,所得地票价款全部归转让人。

第三十一条　重庆农村土地交易所应当在同一批次公告地票全部成交并收齐价款后5个工作日内,在门户网站公布成交结果,并将成交时间、成交面积、成交总价、成交均价等信息通知地票申请出让人。地票初次交易的,还应当公示地票净收益的支付明细、复垦成本等信息,并委托区县(自治县)国土资源主管部门同步在复垦项目所在地村务信息公开栏等人口集中处组织公示,公示期不得少于7日。

公示期内有异议的,重庆农村土地交易所应当在7个工作日内进行复核。公示期内无异议或者复核后异议消除的,应当在公示期满或者异议消除后5个工作日内拨付地票价款。

地票转让交易的,重庆农村土地交易所应当在地票购得人缴清地票价款 5 个工作日内,向转让人结清地票价款。

第三十二条 农村集体经济组织取得的地票价款,依照农村集体资产管理的有关规定使用和管理。

上述 4 条规定了收益问题,应当说,这是重庆市探索地票交易近 10 年来取得的重大进步,也是各个利益相关方面相互让步和妥协的结果,对于农民利益的保护是应当高度认同的,值得充分肯定。那么,主要还存在哪些问题?

(1)谁来认定地票面积? 这涉及宅基地的基本内涵,现行所有法律和法规都没有明确界定宅基地是否涵盖了农民的厨房、杂屋、牲畜圈、晒坪、林盘等,既给基层国土管理部门带来不便,也难以获得农民的认同。所以,农民的地票面积到底包括哪些内容,是实践中一直没有搞清楚的重大问题,至今也没有政府部门的权威解释和认定。

(2)在实行集体建设用地使用权的流转过程中,存在着收益分配混乱的情况,原因主要是所有者、使用者和各级政府之间的利益分配关系不够具体清晰。

(3)土地流转的模式不一样,农民所得收益也不一样。目前重庆规范的集体建设用地流转市场尚未形成,流转的价格各不相同,具体如重庆市政府主要实行的流转模式有城乡挂钩、地票交易和转户退地赔付这三种,同时民间还存在着自发流转,导致市场上土地流转的价格出现了较大的差异。由于在农村集体建设用地的收益分配中存在着不确定性,使土地流转的公平性受到了阻碍,以至于许多农民并不认同较低流转方式的收益,无形中使政府工作人员的工作难度增大,对集体建设用地流转的进程也造成了影响。

即使是同样的土地流转模式,各区县土地收益分配也存在差异。由于地票交易价格是不断波动的价格,相邻土地由于流转时间不同可能导致收益分配差异很大,给土地管理工作带来许多不便。在实际的地票收益的分配中,许多区县都采用了变通的分配方式,支付比例和支付方式都不一样。

(4)当前,重庆市对集体建设用地流转收益分配缺乏统一规范管理。一是重庆市城乡挂钩、地票交易和转户退地赔付以及征地的价格都不一样,相互影响,缺乏统筹。二是在集体建设用地流转收益的分配问题上缺少关于具体实施的细则。三是缺少一套系统详细机制来监督流转收益分配。四是缺少一个专门的流转收益分配管理机构。五是在相关的配套性规定或措施上存在着不完善的地方。例如重庆江北区政府规定,政府与农民集体之间的收益分配比例为2∶8,其中农民与集体之间的分配比例为7∶3。江津区政府规定政府与农民的收益分配比例为6∶4。荣昌县则根据土地级别来划分收益分配比例,政府与农民集体的流转收益分配比例为5∶5。各个区县政府的规定不一致,容易带来不同区县农民之间的收益攀比,心态失衡。集体建设用地流转涉及流转土地的价格机制、收益分配、产权关系等诸多的问题,是一项系统的过程,如果只是依靠单个地方政府的行政规章来规定很难将它全面有效地规范到位。

(5)重庆市政府制定的行政规章,在其他省市不一定得到认可,这不利于全国范围内的地票交易制度的推广。如果以国务院的名义颁布或者以国土资源部的名义颁布,在全国范围内实施,就可以起到极大的推动作用。

(六)管理体制有待完善

重庆市建立的土地流转制度与相关管理机构还不完善,农村土地流转仍然还缺少有效具体的管理和指导,农户自发的土地流转还占相当的比例;尽管地票模式有利于城乡统筹的市场的建设,但仍然没有完全解决农村集体建设用地"同权、同价"等问题。要实现农村集体建设用地相对应的价值,必须建立农村建设用地直接上市交易的行为规则。

因为土地流转存在着缺乏市场机制的引导的问题,所以在建设用地流转市场上存在一定的困难,土地资产流失和资源配置效率都受到了影响。主要体现在集体建设用地流转价格形成机制不合理和集体建设用地市场交易机制不健全这两个方面上。在集体建设用地流转的过程中,审批、权属的变更登记的工作还不是十分健全,同时流转的程序也没有得到相应的规范。流转市场服务体系不配套的问题也使得流转信息传播的渠道不通畅,对于供应和需求的两方来说对接存在难度,也导致利润流转收益流失,价格不合理等情况。现存情况使效益得到影响,同时对资源优化配置也十分不利。

（七）财政资金投入不足

国家资金投入宅基地整理不足。由于在农村推行集体建设用地的工作量大，工作面广，是一个庞大的系统的工程，所以对资金的需求也很大。有些区县如酉阳、秀山、彭水、奉节、云阳等区县财政能解决全县公务员管理队伍的工资已经很不容易，能够安排到教育、医疗等领域的财政资金十分有限，对于水利建设、美丽乡村、村庄规划、村庄复垦整理和新农村建设所必需的基础设施建设等大笔开支，更是杯水车薪。由于财政资金到位较差，给农民原住房的拆迁补偿款往往也不能够及时到位，农民有怨言，基层干部开展工作难度增加不少，导致多数群众拆迁旧房的积极性不高。可见，地方政府的财力过于弱小，对农村和农业经济的投入资金不足，也会影响土地整治的质量和工程进度，进而也损害群众利益，破坏干群关系。

五、加强农村集体建设用地流转的对策与措施

严格限制农村集体建设用地流转的管理办法，是对于传统经济体制在土地制度上的一种反映、一种延续。城乡分割的二元体制使得农民的合法利益受到了侵害，滋生出了诸多问题，如土地资源的使用率低、配置不合理、增加了社会的矛盾等。这种规定与制度已经不再符合当前的形势，既不能满足我市经济发展和建设的需求，也无法适应市场经济体制的要求。以构建和谐社会与统筹城乡发展的目的为基础，需要努力探索发现有效可行的途径来运行农村集体建设用地流转，推进集体建设用地制度改革创新，使农民的土地权益得到切实的保障，最终得以实现合理节约的配置和利用土地资源的目的，促进城乡一体化。具体措施如下。

（一）加强土地规划管理，明确入市土地范围

政府需要充分发挥市场配置土地资源的基础性作用，与此同时，还应当使

管理制度日趋规范,可通过城乡建设、土地利用规划等方式,使建设用地流转的监管和指导得以加强。各级政府需要对未来的地区发展走向进行科学的预测分析,从经济发展的实际出发,并以此为基础,编制统一的城乡土地利用和国土规划,尽快建立健全土地规划体系,全面实施土地用地管制,明确规范可以进入建设用地市场交易的土地范围。

我们建议,应当允许农村宅基地入市,城中村小产权房自然合法化,城乡建设用地增减挂钩不必通过政府征地来实现,可以在集体土地所有制内部推进城中村改造,也可以绕开高成本征地环节,在符合城市规划的前提下由农民和开发商通过市场自由协商解决。

(二)加强土地流转交易法制建设

要通过法律、法规净化市场环境,规范政府行为,预防和处理集体建设用地流转中的各类纠纷,促进土地市场健康、有序发展。为完善集体建设用地产权,需要做到以下几点:第一,对于农村集体建设用地所有权的主体是归农民个人,或是村民或是委员会、政府,需要在法律上进行具体明确的规定。第二,要完善建设用地产权的结构,明确其包括的各项权能的配置。第三,分离集体建设用地的所有权和经营权,对于自愿、有偿、依法转让和使用的行为应该进行鼓励。第四,修改《担保法》等法律,把抵押权、租赁权等其他权利设置为担保物权,赋予农民对土地拥有的收益处分权利。

土地管理法、物权法、土地承包经营法都在强调村农民集体、小组(生产队)、乡镇农民集体是土地的"三个所有者"。但是在现实生活中,乡镇集体、村集体权力如期落实了,村民小组的权利却被剥夺了,这是什么原因呢?

在现实生活中,随着行政体制的结束,有些村民小组出现了虚位问题,导致各职位的经济职能很难运转,有些土地承包合同加盖了村委会的印章。但是在组与组的界限尚未打破的情况之下,村委会盖章也不是发包主体。

由2001年国土资源部《关于依法加快集体土地所有权登记发证工作的通知》(359号文件)要求可见,农村集体所有权的主体至今也是不明确的,农民权利的虚化就成为必然。如果我们着力推动落实集体成员权,也有可能解决主体虚置的问题。要通过成员集体所有来解决主体问题,成员权包括共益权和自益权,共益权包括了监督权如查账权、质询权、诉讼权等,自益权包括了利益分享权等。

在这一权利主体上,我们可以设想新的土地管理法允许集体建设用地直接入市,意味着作为独立的权利主体的农村集体成员即村委会、村民小组(原生产队)等主体就有权支配和处分土地所带来的收益,也使村委员会、村民小组有权作为集体成员的代表,与土地需求者直接进行协调商议,无论是村委会、村民小组还是农民个人都能成为土地市场交易的权利主体。与此同时,将农村集体土地产权和城镇国有土地所有权赋予相同的法律地位,一体受到法律保护,是打破城乡二元结构的基础。

(三)夯实土地流转管理的基础工作

对于重庆市土地资源的数量、用途、权属、定价等相关情况,要加快对其基本情况的探索调查和统计整理工作,建立全市统一的土地管理数据库;以第二次全国土地大调查数据为基础,加快对不同土地所有者和使用者的土地进行勘界、登记和发证工作,以明确和保障其土地权益,防止重复流转等合同欺诈行为。

从全国来看,根据国土资源部 2017 年 3 月的统计,我国城镇建设用地91612 平方公里,村庄用地 191158 平方公里,农村集体建设用地是城镇国有建设用地的 2 倍以上。而 2016 年全国总人口中 57.35% 的常住人口在城镇,只有 42.65% 的常住人口在农村,这说明农村集体建设用地的利用效率是极低的。在 191158 平方公里的村庄用地中,真正属于经营性建设用地即乡镇和村办企业用地只占 10%,70% 以上是宅基地。仅允许农村集体存量经营性建设用地入市,根本不足以构建竞争有序的城乡统一的建设用地市场,随着农民进城务工落户,大量农村住宅和宅基地闲置。

如果允许农村宅基地使用权在集体所有制成员之外流转,至少其中的三分之一闲置不用的宅基地使用权可以通过抵押担保、出租转让以及城乡建设用地增减挂钩等方式进入市场,那么城镇建设用地就可以增加 60% 以上,从而不仅会拓宽农民财产收入的渠道,促进农村集体建设用地节约集约使用,而且会有效地遏制城镇房价的增长,有助于农民工进城落户,加快农民工市民化进程。

农村除了公共利益用地外,其他建设用地(包括农民个体或集体兴建的非自住房宅基地)均可视为经营性建设用地,而只要符合规划和用途管制,农村集体经营性建设用地就可以用于工业商业和房地产开发。按照这种划分标准,所谓城乡统一的建设用地市场,就是城乡统一的经营性建设用地市场,农村集体经营性建设用地应该与城市国有经营性建设用地同等入市、同权同价。这也表明,2020年1月1日新的土地管理法实施之后,集体经营性建设用地入市了也不能用于大规模地在农村修建商品房,即使建成商品房,但不具备医疗、教育、交通、银行等配套设施,也不会有多大投资价值。2019年8月全国人大常委会修订的《土地管理法》和《城市房地产管理法》确认了农村建设用地可以直接入市交易,这对促进农村土地资源交易,帮助农民致富增收具有重大现实意义。

(四)建设农村土地交易价格体系

以农村土地分等定级为基础,建设农村土地交易价格体系。经调查数据显示,在农村集体和国有建设用地的交易价格的比较上,前者远小于后者。所以,为保障集体建设用地流转能够顺利进行改革,就要加快建立和完善用地流转的价格机制,最终在用地流转上取得成功。

现如今,我国农村经济发展水平因地区不同而存在较大的差异,特别是城乡经济发展水平,而且农村土地资源供应量很大,如果只是依靠市场调节来形成价格机制,对于处于弱势的农村土地等资源方来说,很可能难以反映它的资源成本、土地复垦成本、环境成本以及退出和发展成本。

资源成本是国家对土地资源行使主权的体现,具有税收性质,可以按照土地分布的区域位置(如城市周边与边远山区的土地)、按照级差地租形式强制性征收和定价。环境成本是国家对保护土地资源对破坏土地、污染土地的行为给予修补、恢复等所产生的费用,这方面要按照环境保护法的要求,坚持

"谁污染、谁治理","谁污染、谁付费"。土地复垦成本是专业的土地整治公司对宅基地、荒地、荒坡等土地进行整理,恢复土地的基本功能所产生的费用。由此,要实行政府指导,保持土地资源的供求平衡,防止这一不可再生资源的浪费。保持合理的价格水平和价格形成机制,完全可以抑制房地产企业不合理的消费需求,又能够节约土地资源,促进生产和流通,保证供求关系的动态均衡。

土地资源价格形成机制,应当是以市场配置资源为基础,以政府宏观调控为手段,通过建立有利于国民经济产业结构优化、可持续发展的科学的价格指数、完整的成本核算框架、全国统一的土地市场交易体制。政府还要做好土地交易的后台服务工作,如鼓励发展土地评估、土地整理、土地买卖的信息发布等市场服务中介组织。建立土地交易市场信息库,及时、全面公开土地交易登记、基准地价、地价指数、信息发布、土地评估、土地制度、政策咨询等服务,促进土地交易的市场化、规范化、法制化,避免对土地市场的盲目投机和价格的激烈波动。

(五)完善土地流转管理体系

1. 设置集体建设用地流转条件

首先,符合城乡空间总体规划。总体规划是城乡和谐发展的重要公共政策,是合理配置全城空间资源的依据。

其次,权属关系明确合法,无产权纠纷。流转的集体土地必须满足以下的条件:依法确权,明确所有者和现在土地的使用者,土地的四至清楚,与周边土地所有者和使用者权属不存在争议,面积准确。还应注意,对需要流转的非农建设使用的土地需要事先进行确权登记发证工作,并明文规定"未经登记发放集体土地所有权证的,不得进行流转",以避免不必要的纠纷。

2. 立法扩大集体建设用地流转范围

必须坚持土地所有者、使用者自愿为集体建设用地流转的基本原则,无论是什么单位和个人都没有强迫集体经济组织流转土地的权利,也禁止阻碍符合条件的集体建设用地依法流转。其流转范围包括:用途范围和流转使用主体范围。

关于流转的用途范围,如果是出于为公共利益考虑,农村集体组织可以使用农村建设用地;国家出于公共利益目的需要使用土地的,除了可以使用国有土地的权利以外,也可以使用农村建设用地新的土地管理法规定,因军事外交、政府组织实施的基础设施建设、公益事业、扶贫搬迁和保障性安居工程,以及成片开发建设等六种情况,可以依法征收农村土地。

关于使用的主体范围,集体经济组织或者其他的集体土地使用者都可以是参与流转的主体,对象可以是本集体或者非集体经济组织人员,不受土地所有权归属的限制。鼓励符合条件的各类主体共同进入流转市场,增强其市场竞争性和活力。

3. 确定集体建设用地流转方式和年期

在规定集体建设用地流转年限的时候,应将取得土地使用权的开发建设和长期利用考虑在内,由土地所有者和使用者在基于长远利益的基础上共同协商最终决定具体的年期。与此同时,集体建设用地流转的年期也应与国有土地使用权流转期限相衔接,但在一般的情况下不得比集体土地承包经营的最高年期还要高,这样对后续建立城乡统一流转市场比较便利。关于集体建设用地主要的流转方式、流转主体、流转后用途、年限等详见表5-3。

表5-3　集体建设用地流转方式和年期的确定

流转方式	概念界定	适用集体建设用地类型	流转后用途	年限	流转主体
出让	将一定年期的集体建设用地使用权让渡给土地使用者,并向土地使用者一次性收取土地收益	乡镇企业用地公共设施和公益事业用地农村村民住宅用地	用于兴办各类工商企业、旅游业、服务业等经营性项目以及住宅	居住用地70年;工业用地50年;教育、科技、文化、卫生、体育用地50年;商业、旅游、娱乐用地40年;综合或者其他用地50年	农村集体经济组织或个人

流转方式	概念界定	适用集体建设用地类型	流转后用途	年限	流转主体
租赁	集体组织或个人与用地单位达成出租协议,由用地者定期给付租金的行为,分为直接出租土地使用权和出租房产时连带出租土地使用权	乡镇企业用地公共设施和公益事业用地农村村民住宅用地	用于兴办各类工商企业、旅游业、服务业等经营性项目以及住宅	一次性交情地价的使用年限为20—30年为宜;按期逐次交付租金的使用年限以3—10年为宜,20年是一个最长期限	农村集体经济组织或个人
作价出资与入股	经县级以上地方人民政府批准,以农村集体建设用地使用权经评估转化为土地资产后作价入股或联营并参与所投资企业的利润分红	乡镇企业用地	用于兴办各类工商企业、旅游业、服务业等经营性项目	工业用地50年;商业、旅游、娱乐用地40年;综合或者其他用地50年	农村集体经济组织或个人
抵押	在不超过原取得使用权的剩余年限内,对农村集体建设用地使用权进行评估,按照评估价值在信贷机构或其他单位和个人进行抵押融资	乡镇企业用地农村村民住宅用地	——	土地使用期限减去已使用期限	农村集体经济组织或个人
转让	使用权人将集体建设用地使用权再转移的行为,其再转移的使用权年限不得超过原使用权的剩余年限	乡镇企业用地农村村民住宅用地	用于兴办各类工商企业、旅游业、服务业等经营性项目	年限不得超过原使用权的剩余年限	使用权人
征用/征收	将农村集体土地经征收转为国有土地之后再流转	乡镇企业用地公共设施和公益事业用地农村村民住宅用地	——	无限年期	政府

4. 加强土地权属管理

集体建设用地流转上存在着一个必经的环节——土地权属调整。它是一项社会行为,具有很强的政策性、广泛的涉及面、敏感的利益关系等特点,同时也是一项行政管理行为。农村土地权属调整要坚持四大原则。

一是依法确权原则。根据我国现有的相关法律法规,要想土地产权得到确定,土地开发和复垦整理项目区的各种利用现状,例如位置、界线、地类、面积等,都需要被精确地反映,以达到能够确保其真实性、客观性、稳定性的目的。这就必须事先开展权属调查,尤其是需要弄清楚地块的四至边界。土地测绘工作人员不能够简单地依赖国家第二次全国土地调查及其他测绘数据,要克服交通不便、徒步攀山越岭等困难,最好深入每一地块实地丈量、标注等,这样踏实细致地做好前期工作,就可以为后期登记、准确发证奠定坚实的基础,也不容易诱发纠纷。

二是公示公开原则。土地权属调整必须严格按照法律规定的程序进行公示公信,方能取信于民。做好公告制度,就必须把土地权属变更的缘由、地块边界的划分、地块调整的法律依据、投诉的渠道等写得清清楚楚,坚持依法公开,保证相关权利人的知情权、参与权、监督权,就避免了暗箱操作,群众的满意度也会大幅度提高。

三是意愿自治原则。土地权属的调整应在有关权利人协商一致的基础上进行,这是整个过程都必须坚持的一项重要的原则。在遵守强制性法律规范和社会公共利益的基础上,应当充分地尊重权利人的意愿,当事人依法享有自愿协商一致的权利,不允许任何单位和个人进行非法干预。

四是土地适度集中原则。在土地权属的调整工作中,应当充分尊重当事人意愿,以友好协商为基础,同一产权主体的土地要尽量集中连片,便于管理,降低生产成本,方便群众生产和生活,为土地规模经营和现代农业发展创造条件。土地权属的调整也不得造成相关权利人的权益损失,例如不得为了个别农户的稻田灌溉,就擅自切断水源,改变习惯河道;也不得违反相邻权益,破坏相邻农户必经的道路等。

要想使土地整治权属调整工作得到规范,杜绝以行政强制权代替物权依法转让、使用的行为非常必要。一是针对土地权属调整开展一次意愿调查。对于项目区内群众的内心意愿做一个全面的了解,作为合理制定权属调整方案的民意支撑。对农户不愿调整地块的,不得简单化处置,要做好沟通协同工作。二是做好土地权属和利用现状调查。对于项目区内各类用地面积、分布与数量需要查清弄明,明确项目区内土地所有权和使用权,并经每个农户签字确认,做到地块面积准确、权利清楚。三是认真编制权属调整方案。要明确权属调整的类型、原则和方法、土地分配方式,以及权属调整后各权属主体分配的土地位置、范围、地类和数量,并进行公示。在方案公示后,如果没有异议,报县人民政府或市人民政府批准。四是签订权属调整协议书,逐户按照批准的方案,签订土地权属调整协议。五是开展土地权属调整工作,对于变更登记要及时进行登记。

5. 培育集体建设用地市场交易服务组织

完善的市场交易体系对于规范和促进土地交易、充分实现土地价值、降低土地交易成本有着举足轻重的影响。在市场经济条件下,政府应明确自身定位,避免既当裁判员又当运动员,要通过大力发展各类市场交易组织和中介服务机构,建立规范的自由、公平竞争的法律制度和服务体系。针对城乡建设用地交易中存在的各种问题,及时建立相关政府网站,发布土地交易、买卖、流转、抵押等信息,提供信息导向给供需双方的交易活动,将交易误判的成本降到最低,做好各种服务体系。通过税收财政优惠等激励政策,鼓励开办地价评估组织,对影响地价的区域位置、土壤质量等因素进行科学评判,确定合理的交易价格,切实保障市场交易双方的权益。与此同时,允许居民和企业凭借合法证件自由核查土地权属登记情况,开放土地资源市场系统,做好土地面积审核、图纸管理、办证登记和法律援助等保障工作,并规范土地交易中心各个服务机构的办事流程,公开发布土地交易的全部程序,提高服务质量。

6. 规范集体建设用地流转程序

在集体建设用地交易管理中,坚持城乡土地市场统一管理的原则是非常必要的。管理的主体应是省市土地行政主管部门,由省级部门统一建立市场交易法律制度,举办土地交易所,规范交易双方的具体操作,办理相关证件,区县乡镇土地所具体承办土地交易的落实。集体建设用地流转交易的具体流转程序应包括:

(1)拟定土地交易的实施方案。由土地所有者来进行流转交易实施方案的拟制,确定具体的地块位置、附属设施、面积、用途、利用条件、使用年限、土地价款等内容,如要通过,则需要村民或村民代表大会投票,超过三分之二以上表决可以通过。

(2)提出流转交易申请。流转双方的书面申请要提交给土地行政主管部门,申请时需要双方持原有土地证书、流转协议等资料。

(3)办理流转交易许可证书。经土地所在的区县乡镇、街道政府土地管理部门进行初步审查,市、区县土地行政主管部门审核提交的资料,权属是否清楚是重点审核的对象,同时土地用途是否符合现行规划等也是审核的重点,只有符合条件的才能获得集体建设用地流转许可证。

(4)签订流转交易合同。将需要流转的土地在全市农村土地交易市场公开挂牌,采用招标、拍卖或协议方式,确定使用者、流转方式、土地收益等,并签订流转交易合同。

(5)办理土地登记。在规定的时间限度以内,流转的双方可以向市、县土地房屋行政管理部门进行土地流转交易登记的申请,以便于获得公示公信的法律效力,申请时需持流转许可证和双方达成的流转合同,然后领取集体建设用地使用权证或土地他项权利证书。

(6)收回集体建设用地证书。如果存在没有按照所批示允许的用途使用土地的,或者因为撤销、迁移等原因停止土地使用,或者因修建学校、医院等公共服务设施需要使用土地的,可以根据法律将集体建设用地的使用权收回,原来的相关土地权利人依法办理收回、销证等手续。

(六)加强流转交易风险防范机制

建立健全集体建设用地流转纠纷调处机制。县级以上单位应该建立农村土地纠纷仲裁委员会,乡镇、村应当设立农村土地纠纷调解组织。与此同时,增强司法、信访、经营等部门的联动协作,逐渐完善健全多渠道的土地流转纠纷调处机制,使土地流转的法律风险降到最低。探索建立农业投资风险防范机制。可以利用多种方式筹集资金用以建立土地流转风险防范基金,以应对各种潜在风险,如在经营不善的情况下,有可能造成土地流转失败后出现复耕、损失补偿等,达到土地流转的市场风险降低的目的。

2016年,《全国农业现代化规划(2016—2020年)》《粮食行业"十三五"发展规划纲要》《全国农村经济发展"十三五"规划》《关于完善农村土地所有权承包权经营权分置办法的意见的发布》,对于推动现代农业建设、加强农地流转、实现规模化经营,具有重要意义。要想推行农村土地流转,就要切实做到三权分置,就是把农村土地集体所有权、农户承包权、土地经营权"三权"分置并行,给农民确实权、颁铁证。到2016年10月底,已经有2545个县(市、区)、2.9万个乡镇、49.2万个村开展,完成确权面积7.5亿亩,接近家庭承包耕地面积的60%。

按照制度经济学的观点,建立产权明晰的制度是市场交易的前提和基础。首先,必须要做好农村土地确权颁证,使每一宗农用地的产权都能明白清晰,保证土地财产权稳定;然后严格规定土地确权颁证的程序,严格按照调查摸底、核查实测、公示审核、建立登记簿、颁发证书的流程执行。其次,建立流转制度和大力发展农业保险制度,建立政策性农业保险制度,建立农业再保险和巨灾风险分散机制,鼓励商业保险公司对农作物、畜牧产品进行保险,降低规模经营的意外灾害风险。最后,为了确保防范农民收益风险,需要完善土地流转的风险基金制度,用于支付经营失败后农民的收益损失。

通过依法行政,上级行政主管部门要加强检查,对基层组织进行督查,以保证能够有序、依法地开展土地流转交易市场。工作中要对政府的政绩冲动进行约束,预防政府滥用权力的情况,防止片面追求土地集中和交易中的过度行政干预。

(七)规范土地流转收益分配关系

1.加快集体经济组织产权制度改革,明晰农民的土地权益

要以推进农村集体经济组织股份制改革的方式,明确界定当前产权主体不清楚的土地集体所有制为农民按份共有的新型产权制度。每一个农村集体经济组织的成员都能够按份拥有农地所有权的权利,并能依法合法继承、转让、抵押或者赠与。同时也应当尽快确定农民宅基地的权属,并颁发产权证。

在农村集体土地按份共有和确定宅基地权利的问题上,要明确统一起始时间和截止期,不能随意进行调整,这样有利于实现农民土地权利的稳定。实行农民土地按份共有制和地使用权和收益权的分离有诸多好处,可以使农民的土地收益权得到长远的保障,促进土地向规模经营集中,推进农民向二三产业转移和城镇转移等。

2. 完善集体建设用地流转的程序

作为集体土地的所有者,农民对于集体土地流转具有知情权、参与权与决策权。为了促进集体建设用地的流转改革,必须严格履行集体建设用地流转程序并逐渐完善。要进行土地流转,必须进行公示,村民大会或代表会议讨论充分,并且得到三分之二以上的同意。这样可以使流转的公正公开公平性得到保证,使农民作为主体的地位得到保障。

3. 建立合理的土地收益分配机制

集体建设用地流转涉及的主体包括土地所有者、使用者、经营者和政府等。第一,在第一次的流转中,土地所有者理应获得相应的收益,通过税收手段国家可以获得一部分的收益。全体村民组成了集体建设用地的产权主体,所以在流转过程中,土地所有者应该获得合理收益。如果流转的土地属于城市规划区或城乡接合部等基础设施内比较完善的地方,考虑到国家投资对于集体建设用地增值的贡献之时,政府有权分享一部分收益,但比例不应过高,建议通过市场评估等方式来确定收益比例,目前可以不超过15%。政府还可以收取土地流转交易增值税,运用财政税收杠杆发挥调节收入再分配的调节作用,以此缩小城乡收入差距,把更多的资金留在农村,以充实农村经济发展的资本金。按照上述原则确定的收益分配,政府、集体土地所有者、集体土地使用者可以分别为1∶3∶6。

第二,在多次的流转过程中,国家不应当收取土地收益金,由原土地所有者获得全部收益。如果增值幅度很大,可以按照事先签订的合同与农村集体经济组织分享土地增值收益,对流转交易双方征收交纳土地增值税。

第三,村社集体经济组织可以获得部分收益,如分享土地出租所得的租金、一次性土地有偿使用费、土地入股分红等,应当首先用于支付农民的基本养老、医疗、失业、工伤、生育等社会保险费。也可以借鉴广东省的做法,确定土地收益的50%以上来解决农民社会保险金,剩余部分用于兴办集体公益事业和村社道路、桥梁、通信、自来水管网等基础设施建设和支持农村经济的产业。

第四,应该坚决执行财务公开制度。公开公示集体经济组织的全部收支项目,村民有质疑、询问和检查集体经济组织的收入与支出的权利。村委会和村民小组所得土地流转等收益应当公开,接受村民监督。要使相关制度得以完善健全,防止小官大贪的情况出现,主动防止和克服乡镇集体经济组织的收益支配被内部人控制的情况,确保农民集体经济组织获得的土地等收益能够真正意义上地转化成为农民的财富,长远发展乡村的经济。

第五,扩大农村土地流转购买的主体。只要是合法身份,不管是本国人还是外国人,也不管是哪个省市的人,户籍是城市人还是农村人,只要在公开的建设用地市场上购买,都应当依法得到保护。

第六,农民宅基地使用权属于我国《物权法》认定为用益物权,理应具有与城市国有宅基地同等的权能,依法应当允许农村居民的住房连同集体宅基地使用权出租、抵押并转让给城市居民甚至其他国家的居民。这是认真落实2016年11月中共中央办公厅《关于完善保护产权制度依法保护产权的意见》的具体举措。该文件强调,要落实承包地、宅基地、集体经营性建设用地的用益物权,赋予农民更多财产权利,增加农民财产收益。

(八)完善农户房屋抵押的法律制度建设

农民的房屋能够抵押变现是许多学者和专家呼吁多年的问题。国家先后出台《担保法》等相关法律法规,各级地方政府也颁布了开展农民土地承包经营权、房屋产权、林权等进行抵押贷款的办法,取得了一定的成效,但是也存在许多难以解决的问题,主要是各地还没有建立起科学的农房价值评估体系,保险机构和商业银行往往根据农房的建造成本和建设年限折算,农民普遍认为自己的利益受损。我们认为农民房屋的价值评估要充分考虑地理位置、交通便利程度、造价和年限,维护程度,周边经济发展水平等因素,要适度凸显其区位价值。

一些地方为了完成上级任务,推进农村房屋抵押贷款工作,为有贷款需求而没有办理房屋产权证的农民优先办理,对其违法建房用地以 20—50 元/平方米的标准进行处罚,客观上存在以小额罚款实现违法用地合法化的隐患。为此,国土管理部门要做好房屋抵押物的审核工作,坚决杜绝违法建房可以抵押的现象。考虑到商业银行对农民贷款发放额度小、利率高的实际,为了促进农村经济发展,应当鼓励对农民的土地承包经营权、林权和农民房屋打包进行抵押,以增加对农民和农村经济扶持的贷款额度,降低贷款利率,促进农村经济发展。

第六章 统一城乡建设用地市场

一、农村建设用地产权制度

（一）农村土地产权制度存在的不足

产权是人们使用资源的一组权利。从法律观点看，产权通常是指人们对其具有经济价值的物品拥有占有、使用、收益、处分等权利，其包括所有权、使用权、收益权和处分权四种权能。其中最主要的一项作为其他权能的基础的就是处分权。在市场经济条件下，劳动力、资金、知识产权、房屋、土地等要素都应当具有产权，而产权需要法律如《物权法》《合同法》《担保法》等相关法律的实施来保障，所以需要付出相关的成本。国家法律法规、政府政策以及各种正式和非正式的社会规范、人力资本存量及人口素质都可以有效降低产权实施成本、提高资源净收益。

现行农村集体土地产权制度存在一个比较大的问题，即它是一种归属不清的产权共同共有制度，土地所有权与土地使用权被人为地分割，导致了土地产权的不完整，与此同时，土地所有权行使人在法律上始终不明确。比如，宪法早已确定农村土地"除由法律规定属于国家所有的以外，属于集体所有"。但这个集体究竟是什么？是经济组织还是社会组织抑或是自治组织？是农村的村民委员会还是村民小组？宪法上没有明确界定，而后续法律也没有解释清楚。又如《土地管理法》规定，"农民集体所有的土地依法属于村农民集体所有的，由村集体经济组织或者村民委员会经营、管理"。这里虽然说到了村集体经济组织,但这个集体经济组织是一个什么样的经济组织? 是企业、公司抑或是合作社? 我们的所有法律并没有说清楚。《村民委员会组织法》中明确规定了,村民委员会是村民自我管理、自我教育、自我服务的基层群众性自治组织,并不具有行政权力,不是行政机构的延伸。从法律意义上说,它是没有独立经营管理集体土地资产的资格的。但是在实际上,基层的村委员会和社区小组都是直接接受乡镇(街道)党委政府的领导,几乎从中央到省市区县各个党委政府部门都会对其发号施令,村委员会的行政化已经十分严重,早就不是简单的社区自治组织了。

虽然《土地管理法》等相关法律历经两次修订,但未确定集体土地所有权的行使人,农村集体土地产权主体始终处于不明确的状态。土地所有权的长期虚置使许多农村的土地无法实现资本化和财富化,无法转换为财产性收入,作为农村集体成员的广大农户无法实现收入的增加。

在进行集体土地产权制度改革时,同时要注意并避免一种错误认识和做法,即只在土地使用权上做文章。比如说,最近几年各地政府试点农村土地承包权宅基地使用权来抵押贷款。这些地方大多数都是政府下达文件要求银行认可土地的承包经营权并且发放贷款的。这种做法看起来似乎暂时可行,但是违背了市场的经济原则,长期这样的话还会让政府背上沉重的连带债务,所以这种做法不可能持久。

产权是财产所有权关系的法律表现形式,而财产所有权关系就是指所有权人依法对自己的财产享有占有、使用、收益和处分的权利的总和,也就是完整产权。土地产权也不能例外。土地承包经营权是土地产权的一个非常小的组成部分,如今每亩土地每年的租赁费只有数百元就是证据。只有使土地的产权完整了,才能形成真正的土地资产,才能交易、抵押和买卖,也才能被叫作土地财产权。也只有这样做,才能使农民的土地财产权得以落实和实现。

农户按份持有土地并不是搞土地私有化,而是改革的最佳选择。土地产权是人们占有、使用、转让土地等的权利关系,具有激励和约束的作用,权责对称的产权安排可以使外部性内部化。当前的农村土地的集体所有制及其派生的联产承包责任制存在着一定的产权方面的问题。

1. 农地产权主体模糊。如果光从法律条文的表面看起来,农村土地集体所有权界限是十分清楚的,但是现实中农村集体所有的土地的所有权主体长期以来都是不清楚的,产权主体相当于虚置,只有少数个别的基层乡镇街道党委、政府和村民委员会才能实际上支配所有权的权能。虽然说村民委员会是农村群众性自治组织,并不是农村集体经济组织,但是在征地拆迁等重大问题上都有权代表所有的农民。在当前乡村自治发展还不是特别规范的条件之下,村委会自治职能和政治经济职能如果不分开的话,代理问题是必然会出现的。这会在一定程度上侵犯农民的土地权益,这也是近年来一些地区农民房屋和宅基地被强制性拆除搬迁、土地被随意征收的一个不容忽视的原因。

2. 农地产权权能不完整。在我国现有的土地制度安排下,农地产权权能的残缺主要表现为以下两个层次。

(1)农村集体所有权的权能是不完整的。虽然理论上说起来,农村集体对于辖区内土地和房屋等资源都具有法定所有权,而村民委员会也对辖区内的农民拥有的山地、水流等资源具有使用、收益处分的权利。但是实际上中国农村集体所有权还是一种不完全的权利,对于农村土地集体的使用权等权利,存在很多限制性的规定,例如现行《土地管理法》第四条规定:"国家编制土地利用总体规划,规定土地用途,将土地分为农用地、建设用地和未利用地。严格限制农用地转为建设用地,控制建设用地总量,对耕地实行特殊保护。""使用土地的单位和个人必须严格按照土地利用总体规划确定的用途使用土地。"第四十五条规定:"为了公共利益的需要,有下列情形之一,确需征收农民集体所有的土地的,可以依法实施征收:(一)军事和外交需要用地的;(二)由政府组织实施的能源、交通、水利、通信、邮政等基础设施建设需要用地的;(三)由政府组织实施的科技、教育、文化、卫生、体育、生态环境和资源保护、防灾减灾、文物保护、社区综合服务、社会福利、市政公用、优抚安置、英烈保护等公共事业需要用地的;(四)由政府组织实施的扶贫搬迁、保障性安居工程建设需要用地的;(五)在土地利用总体规划确定的城镇建设用地范围内,经省级以上人民政府批准由县级以上地方人民政府组织实施的成片开发建设需要用地的;(六)法律规定为公共利益需要可以征收农民集体所有的土地的其他情形。前款规定的建设活动,应当符合国民经济和社会发展规划、土地利用总体规划、城乡规划和专项规划;第(四)项、第(五)项规定的建设活动,还应当纳入国民经济和社会发展年度计划;第(五)项规定的成片开发并应当符合国务院自然资源主管部门规定的标准。"以上法律规定说明,农民土地集体所有权最终的处分权由各级政府掌控,农民集体所有的土地产生的经济效益很难得到有效保障。

(2)农民承包经营权权能也是不完整的,农民不完全拥有其经营管理权利。法学界一致的观点都是,农民的土地承包权是物权,并不是债权。既然为物权,那么就应该尊重农民的权利,使其占有权、使用权、收益权、转让权等都能得到保障,不受侵犯。但是实际情况是,因为农村土地的产权主体还不是特别清楚,土地最后的处置权是政府和集体共同所有的,这就会造成农民对于其承包的土地、自留地等的权益受到第三方的损坏。并且农民的土地使用权尚不稳定,在短时间的土地承包期以内,面对着土地被收回的可能。土地处置权不充分,承包土地除了在用途和权属转移上会受到控制外,抵押的权利也被限制。所以农民在土地财产权利的分配中处于弱势地位,这将会最终导致农民的土地收益权被侵犯。

上述农村土地产权主体模糊及不完整的问题,导致农村出现一定程度的抛荒现象。现行土地制度无法真正给农民带来现实的利益,终年承包土地的农民除了能够生产一点粮食和其他农副产品之外,很难致富。一些农民有这样一种想法:与其在家种一年的田,还不如外出进城打一个月的工。确实,农业与工业比较起来,获得的效益实在太微不足道了。且不少中青年的农民不懂如何爱惜利用土地,只有选择外出打工,导致大量的土地被抛弃。随着老一代农民的离世,农村可能会大面积出现耕地无人耕种的现象。除了村民主动放弃种地外,还存在被动抛荒的情况。部分地区出现严重的耕地污染,重金属严重超标,一些水域受到不同程度的污染,导致牲畜无水可饮,农田无水灌溉,也损害了农民耕种庄稼的积极性。

由于城市化生活成本高企,农民自身资本积累很少,农民入城之后也面临房屋、物业、水电气、看病养老、子女入学就业等问题。而农民在老家撂荒的土地无法在市场上自由交易,实现财富变现,这对城市化进程也带来一定的影响。

（二）农村土地产权问题的根源和出路

上述问题产生的根源就在于土地这一巨大财富没有被制度所唤醒，土地作为市场经济中的主要生产要素没有被市场经济所确认，土地没有为农民带来所需要的财富。为此，要改变这一局面，唯一的途径就是尊重土地这一资源的市场法则，使土地能够像人力资本、现金、科学技术等一样成为市场经济的要素，通过市场交换来发现和确认其价值。

人们对财富的追求和占有，是人类社会发展的原动力。财富需要明确所有权的主体，作为最重要的财产之一，土地同样适用这一自然法则。根据我国宪法、土地管理法、农村联产承包经营法和物权法等相关法律的规定，在现在已有的土地制度安排中，城市土地属于国家所有，农村土地属于集体所有，人们对土地只有使用权。这一制度安排的出发点是为了消除土地私有制带来的危害，为了所有人的利益，但是也带来了一定弊端。很多农民对于土地经营的态度比较漠然，也没有打算长期经营土地，导致了大量土地的荒置。这种情况出现的实质就是因为农民没有土地的所有权，对于他们来说，没有办法进行土地的自由交换，也没有办法产生切实的经济效益。假如我们制度上真正做到赋予农民土地所有权，土地市场真正建立起来，土地的价值就得到了实现，人们或者长期地经营它，或者在土地市场上把它转让掉。要想实现新型的城镇化，核心就是让农民离乡进城，实现人口的自由迁徙。但当前农民不能把在农村的土地转让或者出售实现收益，只能像候鸟一样在城市打工，这既制约了城市化的进程，也限制了农村人口的自由迁徙，与我国要实现农业现代化的大方向是相背离的。

毫无疑问，农民集体所有的宅基地及房屋等建设用地上市交易，将会带给集体经济组织和成员以较大的合法收益。为保障国家的利益，可以由国家征收土地交易税和增值税。进行产权制度改革后的集体经济组织通过土地交易获得的税后收入，根据各自的营收和财务制度，刨去营销和土地平整等成本及公积金等合作社留成后剩余的利润，可按照合作社及其社员的股权比例进行分红，从而使集体经济组织成员获得更多的土地收益。由此可以看出，农村集体土地的产权制度改革如果得法,集体土地上市交易后的收入就会根据市场原则,在权益等各个方面中进行合理的分配,从而公平合法地保障国家、集体和人民个人的权益。

二、农村宅基地制度创新及分析

(一)农村宅基地制度创新的几种形式

随着农村经济社会的发展,新的制度需求因城镇化和其他周边环境的作用应运而生,宅基地制度面临着调整的压力。适应这种制度调整需求,有些地方也出现了一些诱致性制度变迁。按照制度变迁理论的分类,这其中有多种情形,例如初级行动团体、次级行动团体、制度装置等。初级行动团体,也就是一个决策单位,可以由单人或者多人组成,其进行的决策支配了安排制度的进程。正是因为行动团体认识到了存在一定的收入,而按照目前的制度,这些收入是不能够由现有成员获得的,所以只要对安排的结构作出一定的改变,就能增加这些收入。次级行动团体与初级类似的一点是,同样也是一个决策单位,但与其不同的是,它是用于帮助初级行动团体获取收入而进行的某些制度安排的变迁。它能作出一些策略性的决定来获取收入,但是并不能自然增长所有的追加收入。制度装置是行动团体利用的文件和手段,当被应用到新的安排结构的时候,行动团体就利用其来获取安排结构的收入。当这种安排是一种政府形式时,它将直接包括政府的强制权力。借用制度变迁理论初级行动团体、次级行动团体、制度装置这三个概念,对于农村宅基地制度创新分析是有益的。

农村宅基地存在潜在收益,这一点也为很多集体经济组织所认识。作为初级行动团体,这些集体经济组织在现有的宅基地制度框架内,主动地加强制度约束,为获得收入的增加,达成对农户更严格限制或约束的协议,并将节约的宅基地作为可利用资源获利。通过改变现有的宅基地分配的制度安排,获得收入的增加。例如山东省××市太阳吴村,全村386户,1153人,原有宅基地约 400 亩,通过整村迁建,建成多层住宅 18 栋,占地仅 103.9 亩,腾退出来的近 300 亩宅基地用于太阳纸业新项目,每年可以拿到相当可观的土地出租收益。总的来说,集体经济组织主动行为一般会使其成员收入得到增加。但是,也有一些行为超越了现有宅基地制度框架,打开了宅基地产权的边界,带来一些现有制度无法克服的矛盾,比如说小产权房,短期内无法解决,可能因此而产生冲突,耗散社会资源。

地方政府在宅基地制度变迁中也扮演了重要角色,通过现有政策的组合利用,作出一些能获取收入的策略性决定,帮助集体经济组织(成员)提高获取收入的可能,并给予制度安排上的便利。例如在汶川地震灾后恢复重建中所了解到的,成都周边县(市)利用灾后恢复重建的机会,将农村居民相对集中安置,腾退出大量土地,利用国家土地复垦经费,给农户以补助,降低农户建房支出;同时,将腾出的土地用于生产经营,比如彭州的磁峰镇鹿坪村,将腾退出的土地复垦用于种植金银花、藕等经济作物,增加了集体经济组织的收入,农户也因此得到了相应土地租金。再如,有些地方政府,如安徽、山东、福建、浙江、陕西、内蒙古的一些地区,开展宅基地使用权抵押试点,帮助农户解决短期流动资金问题,给予产权登记、贷款发放的便利。上述做法无疑是增强对农业生产经营支持、帮助集体经济组织及其成员提高收入的经济选择。但是,凡事有利必有弊,在前一个例子中,农村居民相对集中居住,就有一个是否符合农户生活习惯、控制容积率以保证居住环境质量的问题;在后一个例子中,可能会出现因生产经营困难或其他原因无力偿还贷款而使宅基地流转到集体经济组织以外的情况,导致农户基本居住权得不到保障、集体经济组织成员平均资源水平下降。

如今,在农村宅基地的制度安排之下,也存在着对集体经济组织和成员获取外在于现有制度安排以外的收入的制度装置,如城乡建设用地增减挂钩。在增减挂钩的政策出台以后,许多省区,如四川、重庆、天津、江苏、山东、湖北、内蒙古、河南等申请进行试点,通过土地增减挂钩,集约使用土地,让给农户(村庄)分享一部分城镇化带来的外部收益,从而改善农户生活和居住条件。虽然增减挂钩不失为解决城镇建设用地不足的一条途径,但依然有一些制度问题没有得到解决,比如溢价分配问题、第三代以后的权益问题等,而且可能导致农户居住成本上升(如新增污水处理费、减少副业收入等),容易导致农村土地财产权利的流失,因此需要规范和引导,由国家层面出台法律进行规范。

(二)农村宅基地制度创新原因分析

对于低价值的资源而言,边界划分常常是松散的,在资源使用中非正规的安排或社会规则起较大的规范作用,因为大多数情况下清晰界定产权的成本将超过权利本身的价值。资源权利被界定的精确度的要求和实施它们的严格程度一般随资源增值而提高,而这常常与经济社会发展以及人口密集度等密切相关,资源价值迅速改变而制度没有相应变革增加了冲突的可能性。因此,产权制度必须与经济社会发展的外部条件相适应。

随着城镇化的快速发展,农村土地资源的价值升高得非常快,尤其是宅基地,在农地严格管制和耕地保护的政策之下,成为一种在城市发展中需求量较大的稀缺资源。在现有的制度安排之下,宅基地无法实现其潜在的价值。农户、集体经济组织或是地方政府都为了获取潜在的租金而寻租宅基地,这样的需求对制度创新起到了促进的作用。

从理论上说,最适宜的产权制度应该取决于资源的特征、相对稀缺性、使用资源过程中出现的外部性、政府实施产权的能力、产权界定和实施的成本、通过管制使外部效应最小化的可能性及某个群体内部分配和实施权利与职责可利用的手段等。上述因素都是动态的,直截了当地表达出来,就是最适宜的产权安排是可预期的,能够顺应条件变化而不断演变的。在这种情况下,一个更具优势的选择可能是完善现存制度和结构。应用地方性制度的产权渐进变迁常常是比实施一次性激进改革更快更节约成本且造成冲突的可能性更小的办法。因而,就有了种种制度创新的尝试。

(三)宅基地制度创新"成本—收益"

目前各地(部门)对宅基地制度创新主要表现为宅基地集中整理或置换

（包括土地增减挂钩），俗称"农民上楼"，同样存在成本—收益不对称的问题。

就一般情况而言，宅基地集中整理或置换，有利于资源要素的市场化配置，促进社会财富总量的增长。对农民来说，"上楼"意味着生产和生活方式的重大改变，必然要付出较大的成本，而且有些成本可能在短期内还难以表现出来，如果没有妥当的制度安排，几乎只有农民内部化，无法由其他社会群体分担以实现外部化。福利经济学指出了一点，人类在意识生活中能够与货币尺度建立联系，从而属于经济福利范畴内的唯一方面，是某种意义上有限的满足和不满足。从这一点来看，农民的老宅、邻里关系、周边的景色等的满足，构成了农户的经济福利。随着经济发展，人们更加需要更美好的生活。农民上楼对地上房屋的补偿远远不能满足这些方面的需要。再者，农民上楼，打破了农户家庭合作劳动的生产方式，劳动成本上升。对社会的依赖性上升，也成为社会的成本。因此，各地宅基地制度创新都或多或少地引发一些社会问题，表现为农民不愿意拆迁，补偿费用太低，群体性事件多发。

对集体经济组织来说，搞宅基地集中整理收益明显。通过推动农民集中居住，可以有效地缩减农户宅基地使用量。从江苏省和安徽省的情况看，普遍节地50%以上；山东某地甚至节约出70%的宅基地。节余出来的土地仍属建设用地性质，有的地方出租给工厂，有的地方套取土地复垦资金，还有的地方盖起了商品房（俗称小产权房），归根结底是集体经济组织对集体建设用地的追租，扩大了集体经济组织所支配的资源，而付出的成本就是给农民的微薄的租金，如四川成都某地，一年给农户800斤米，合约一签20年，村集体转手将土地出租就可以获得显性或隐性的巨额的租金差。

从地方政府的收益来看，通过宅基地整理，土地增减挂钩推动农民上楼也是大有收益的。除了上面提到的二级市场上巨大溢价收益外，还有以下益处：一是土地增减挂钩项目节约出来的土地置换为城镇建设用地，不占用国家下达的新增建设用地计划指标，可以满足城镇快速扩张的土地需求；二是在土地增减挂钩的项目已经包含了土地复垦，所以在新建区，履行耕地占补平衡的法定义务是没有必要的；三是如果是农用地进行增减挂钩项目，可以免去新增建设用地有偿使用费用、耕地占用税等费用的缴纳，并且不必办理农用地转用手续；四是增减挂钩项目不需要地方政府投入资金，农民安置、土地复垦等所需投入均可以通过节约土地的增值收益解决,有的地方甚至可以以此增加大笔收入。

三、统一城乡建设用地市场的必要性和阻力

(一)城乡统一建设用地市场的必要性

1.破除城乡二元制结构,缩小城乡差距

实行城乡二元管理体制,其实是彻底分离了国有建设用地市场和集体建设用地市场。国土资源部在2000年1月颁布的《关于建立土地有形市场促进土地使用权规范交易的通知》,将国有土地市场化建设提上了议事日程。2001年4月,国务院发布《关于加强土地资产管理的通知》,从资产管理的角度出发,对国有土地的使用权招标、拍卖进行加强,使土地使用权转让的流程得以落实规范,以便于对建设用地供应的总量进行一定的控制;严格推行国有土地有偿使用制度,逐步完善规范国有土地建设交易市场。

多年来集体建设用地市场受多方面条件的限制,农民的土地权利始终难以得到保护,大量宝贵的土地资源几十年来沉睡乡间,集体建设用地的经济价值没有通过市场交易得到体现。相反,只能以变相流转的方式出让和出租农村土地,致使农村土地资源被大量地浪费闲置,农村集体组织和农民的切身利益难以保障。

随着工业化、城市化的推进,在广大农村中开展了新农村建设等财政支持项目,各地经济和社会事业发展迫不及待地需要建设用的指标,农村土地的价值也相应地增长了不少,特别是城市郊区,农地隐形流转市场随处可见。所以,为了使农村集体土地资源的利用更高效,使农民的利益得到切实的保障,建立统一的城乡建设用地市场在现阶段是非常必要的,有助于打破城乡二元经济结构,实现以城带乡,缩小城乡之间、地区之间的经济差距,促进区域协调发展,实现共同富裕。

2. 建立城乡建设用地统一市场，有利于提高土地资源利用效率

我国农业发展相对滞后，西部地区普遍存在的小农经济，依然使用的是耕牛犁田、手工插秧，劳动力投入巨大，农业科技含量较低，粮食产量主要依靠化肥和农药，导致一些地方耕地板结，乡村小河小溪被污染，农业比较效益低下。大量农村剩余劳动力不得不南下北往，到城市寻找工作机会，其中一部分人二十多年来在城市工作经商，已经购置了房产，其父母和家属子女也全部到城市定居、学习、生活和工作，其户籍有的也迁入城镇，市民化任务已经完成。但他们在农村还依然保留有宅基地，其原来居住的房屋长期搁置不用，有的破败不堪，垮掉了；有的把原有的土墙房屋改造成砖混结构的房屋，节假日回家小聚一下；还有的则转让给亲友们居住，只是产权证依然还在自己的手中；也有的农民由于位居城郊接合部，早就把原有的房屋推倒重建扩大为厂房出租，或者改为楼房出租，部分房屋出卖，形成小产权房，或者改造为农家乐等。依照现行土地管理制度，这些农村建设用地及其房屋既不能上市流通，也不能另作他用，而实际上早就改为他用，其法律规定在现实生活面前显得十分过时。

所以，建立城乡统一的建设用地市场是非常有必要的。将低效、闲置的集体建设用地进行统一的市场交易，进而盘活农村集体建设用地等生产要素，不仅可以提高农村土地资源的利用效率，而且可以极大地缓解城镇建设用地需求的压力。

3. 建立城乡一体的用地市场，有利于形成要素市场，发挥市场在资源配置中的决定性作用

建立城乡统一的建设用地市场，对于健全要素市场、加快完善现代市场体系来说是非常有利的。不管是劳动力、资金物质还是土地市场，都是组成要素市场的重要部分。当前的土地要素市场还不够完善，农村集体建设用地基本被排斥在了土地市场之外。所以如果想建立起城乡统一的建设用地市场，就要对农村集体建设用地制度进行适当的改革。依照 2019 年修改的土地管理法系法律，在符合规定的情况下，允许农村宅基地等集体建设用地进入市场通道，这将会极大地完善要素市场，促进土地价格的形成机制，对现代市场体系

的建设起到了加快的作用,对农村建设用地的效益进行提升,增加农民和集体的收入。

按照一般规律,农村人口减少,城市人口大幅度上升,农村建设用地数量也随之减少。但在我国,不少农民在城市打工积累了一定的财富后便会回到乡下建造新房,一些农民拥有两套住宅甚至多套住宅,导致农村建设用地也十分紧张,耕地减少。改革开放40多年来,农民收入增加不少,主要还是在城镇工程或者公司务工所得,但他们的很大一部分收入都投入到修建新房子里,有的家庭为此负债累累,被迫减少其医疗、学习等其他消费。而农房没有完全产权,除少数试点省市外,大多数农房及宅基地都无法抵押和流通,变现升值。另外,农村村民自己建筑的房屋过大,实际的使用面积远远小于建筑的面积,土地被闲置的比例很大,资源浪费十分严重。如果可以有效集约利用这一部分用地,通过市场交易达到增值的目的,那么农民也能得到一笔可观的收入。

4.缓解城市建设用地市场紧张,使房地产价格趋于理性

2008年国务院明确了要保护18亿亩耕地的红线,农村土地转为建设用地受到了严格的管制。随着城市化进程的不断加快,始终很难缓解城市建设用地紧张的局面。如果通过市场流转,使农村建设用地进入到城市建设用地,就可以在很大程度上减轻甚至消除城市建设用地紧张的局面。逐步消除对建设用地的投机和炒作,还可以使房地产价格逐步趋于理性和平稳。因此,统一城乡建设用地市场是城乡兼顾、以乡促城,以城带乡战略的必然选择,能够促进城乡土地市场的共同进步、全面繁荣。

5.缩小城乡差距,统筹城乡发展,实现共同繁荣

集体建设用地使用权流转是缩小城乡差距的一项重要的措施。要想有力地改变城乡二元经济结构,就要坚持城乡统筹发展,走工业反哺农业、城市支持农村的道路,把农村基础设施建设纳入公共财政范围,实现基础建设产品、公共教育产品、公共医疗产品等公共福利资源在城乡之间的合理配置,努力消除城乡协调发展的体制性障碍,促进资源在城乡之间合理配置。与此同时,现有的农村建设用地市场缺乏有关的政策保障和法律规范,在进行农村建设土

地交易时,土地使用者会尽可能地将地价压低,在客观上容易导致土地资产收益流失的现象。所以应该通过城乡统一的建设用地市场机制,进行制度设计,兼顾国家、集体、个人的利益,合理提高农民的土地收益,完善土地租赁、转让、抵押二级市场。

6. 建立城乡一体化的建设用地市场,可以减少社会矛盾,维护社会稳定

城市发展对于建设用地的需求十分大,面对这样的问题,不能通过依靠传统的征地拆迁的方式来解决。近年来因征地纠纷引发的冲突,便反映出土地供求的紧张状态。

统一城乡建设用地,通过市场交易的方式流转,既能开辟城市建设用地供给的新道路,同时还有较好的避免征地拆迁纠纷的效果,缓解土地市场的紧张局面,让土地流转的各方主体都得到更多的利益。只要制度设计得当,就可以消弭以前因为征地拆迁而引发的冲突,有力地维护社会稳定。当然,这一改革不会一帆风顺,这是一项艰巨的任务,但是,只要我们锲而不舍,按照公平、公正和公开的理念,依法实施下去,就一定可以取得巨大成效。

总的说来,城乡建设用地一体化市场建设全面提高土地资源配置效率,是实现土地、劳动力、资金、技术等生产要素市场化配置、把农村土地真正变成资本的重要举措。西部地区城乡经济发展水平差距很大,只有坚持城乡统筹,运用市场化的力量进行资源配置,才能实现农村和城市之间资源的双向流动,从而带领农民发财致富,开辟工业反哺农业、城市支持农村的新天地。同时,国家要加大对农村基本公共产品的投放力度,做好农村道路、灌溉、水库等基础设施建设,把适龄儿童全部纳入义务教育体系,通过政府购买服务等方式,解决农村孤寡老人等弱势群体的看病、吃饭、住房等问题。通过新农村建设等方式,逐步改变农村"脏、乱、差"的环境面貌,打造山清水秀的生态空间,努力消除城乡协调发展的体制性障碍。农村土地流转最根本的目的就是让农民、农村集体经济组织(村社)、土地需求方都能够获得需要的收益,其实现方式就是城市国有土地和农村集体土地同地、同权、同价。

（二）建设统一城乡用地市场面临的问题

1. 制度不完善阻碍构建城乡统一建设用地市场

早在 2008 年中共中央就要求逐步建立城乡统一的建设用地市场，然而，由于问题的复杂性以及国内经济社会发展形势多变，这一改革愿望未能真正落地兑现。2013 年中共十八届三中全会继续关注这一问题，具体指出要建立城乡统一的建设用地市场。对有形的土地市场进行统一，公开规范转让土地使用权，要与国有土地一样，在符合规划的前提之下享有平等的权利。目前，城乡统一建设用地市场存在着制度性的障碍，需要修改相关法律和行政法规及政府行政性规章，绝非易事。2019 年新修订的土地管理法，允许农地直接入市交易。但是至今无具体的实施细则，现行的土地制度依然无法适应市场在配置资源中的决定性作用，也无法满足城乡统筹发展的时代要求，导致集体土地不能直接进入建设用地市场。与此同时，因为土地要素配置的时间过长、合理不合法的交易成本过高，导致农村土地出现了大量闲置、浪费和稀缺并存的问题。

2. 农村耕地保护面临巨大压力

目前，随着城市化的大力推进，科技的进步，大城市吸纳人口的能力越来越强大，农村耕地变为城市建设用地的情况依然会继续，这就会导致我国的耕地面积不断减少，耕地保护面临巨大压力。建立城乡统一的建设用地市场，必然带动城市周边土地价格上涨，大大提高农民转让土地的收益，可能由此引发局部地区城乡建设乱占耕地，导致耕地数量减少，给耕地保护和国家粮食安全带来巨大的压力。

3. 宅基地等农村建设用地所有权主体模糊影响建设用地市场推进

2019 年新修订的《土地管理法》《城市房地产管理法》等法律依然没有对土地、房屋等产权有更加科学地界定，没有对农村宅基地及农村集体土地的村、社和乡镇三个所有权主体进行细致划分,带来了较多的不确定性与变动性。到底农村土地应当归谁所有? 这直接涉及利益分配和土地处置权的配置,缺乏明晰化和规范化的土地产权主体,会导致市场交易无法进行。宪法中规定农村土地归集体组织所有,但没有对集体本身进行明确的定义和区分。现有的《土地管理法》中规定了三个农民集体,即乡镇农民集体、村级农民集体以及村内农民集体,即现在的村民小组。假如谁经营管理,土地就归谁所有,这一划分标准看起来很简单易行,但是既不合理也不科学。依照法律规定,国家是我国土地的实际所有者和控制者,实践中各级政府行使着所有者的权利。由于地方政府对巨额的土地财政收益的过度追求,导致农民和农村集体所占比例太小,农民利益受损。

4. 城乡统一建设用地市场面临现实阻碍

(1)对于农民所期待的土地收益,可能会面临利益分配失衡的制约

近年来,深圳、广州等沿海地区屡有报道,少部分农民因为土地拆迁、城市改造等获得很大收益,出现拆掉一个城中村,不少农民成富豪。这些案例大多集中于珠三角、长三角等经济发达地区,城市周边的农村土地价值不断攀升,地方政府和企业有能力承担城市改造成本的巨额,支付巨大的城市改造成本;而且郊区农民的议价水平比较高,拥有较为健全的法律制度,在土地征用及拆迁过程中,其相关利益得到充分尊重,才能获得相对较高的土地增值收益。

而在广大中西部地区,无论是经济发展实力、地方政府财政收入,还是社会舆论监督能力、政府依法行政等各个方面,都与沿海城市有相当大的差距。尤其是近年来部分地区城市化冒进,容易造成城镇空心化,城市房屋空置率极高,政府财政负债增加,房地产企业由此破产倒闭。如果再继续进行城中村改造,进行城市扩张,很难把土地改造的大部分收益给农民,会出现与民争利的现象。

(2)农民自身博弈能力不足,诉求难以解决

无论是土地征用还是拆迁过程中,政府、企业和农民构成了博弈主体三方。农民是三方中谈判能力最差的一方,仅仅依靠零散个体的维权抗争显然力不从心,只有专业化、组织化才能增加对等博弈的筹码。但农村集体土地所

有者的代表或村委会和村民小组的学识、见识、法律素养等都无法承担这一职责,相反还出现了少数村社干部监守自盗、内外勾结、以权谋私的腐败现象,对农民切身权益造成严重损害。

(3)可能面临的巨额税负

税负难题是农村宅基地和其他建设用地流转的一大现实问题。如今在农村土地转租的税收征管、耕地占用税、营业税等方面,因为农村宅基地和其他集体土地流转的诸多法律边界尚未界定清楚,造成税收征管部门无法征收。一旦城乡统一建设用地市场建立起来,税收标准如何界定?是否要将宅基地等农村集体建设用地交易,如出租、入股、出售、抵押等,等同于城市商业用地?小产权房销售过程中是否需要缴纳与城市商品房同样的各种税费?这牵涉大额的税负问题,需要事先设计,周密科学论证。

(4)18亿亩耕地红线是否还需要提倡与保护

近年来,从中央到地方,理论界和党政部门实务工作人员都对18亿亩耕地红线提出质疑,其争议从未中断。统一城乡建设用地制度也会面临土地建设存量与增量取舍的难题。一些地方政府是否会以城市统一建设等借口,扩大农村建设用地征地规模,突破耕地保护红线?

在城乡统一的建设用地市场中,城镇国有土地市场与农村土地市场在法律上的地位应该是相同的。城镇土地市场对城镇土地资源进行配置,直接关系到我国房地产市场的运行,也会对国民经济结构、各个关联行业产生重要影响。应当将农村建设用地市场和城镇国有土地市场紧密联系在一起,两者之间互相协同,共同构成统一和谐的土地交易市场。这就需要农村建设用地与城镇国有土地的基本权利保持一样,才能够为入市交易奠定法定的基础,土地需求者(主要是房地产企业、农村土地承包经营企业等)可在全国统一的土地市场中选择购买能满足需要的土地。

(5)城镇规划建设用地范围内政策试点面临难题

在城镇规划建设用地范围内进行政策试点,必然面临"城中村"问题。这是长期形成的难题,其历史形成的原因是多方面的,地方政府要实行分类处理,既考虑原村民利益,又依法妥当地处理违章建筑,要千方百计地控制拆迁规模,切实加强规划管理。对于城市郊区的经营性建设用地,有的用地的原始承包人经过无数次转包,个别高达20多次,转租转包,层级十分复杂。有的通过转包渔利,已经规模化经营几个村属的建设用地了。这些郊区的建设风格差异巨大,有的朴实简单乱搭建,有的则统一地建设成为厂房,有的地方既有修建成商住楼,也有厂房、门面等,凌乱不堪,大多数符合规划,属于违法建筑。

其面临的最大问题是重新规划和拆迁改造。统一规划和拆迁改建,必然涉及利益补偿与分配,一般应当通过中介机构的资产评估等方式,科学补偿其建筑成本、搬迁补偿、经营收益补偿等,以化解风险,防止出现群体性恶性事件。

除了上述的问题以外,分配建设用地流转利益时,应当有一定的合理的制度设计安排。在农村集体建设用地的交易过程中产生的土地收益,交易时实际占用控制者往往获得利益最大,有部分全部流入村社集体经济组织,有的则被村社干部瓜分,集体土地所有权在经济上没有得到充分尊重,导致了土地收入分配的不公,农民权益受损。

5. 土地增值收益分配的主体比较复杂

目前,我国土地所有权的二元制和所有权与使用权的分离体制,决定了土地增值收益的分配主体有三个:土地所有权人、土地使用权人和社会管理者。其中,社会管理者就是国家,代表国家直接参与分配的就是各级政府。

土地所有权人包括国家和集体。由于土地是土地增值的根本载体,凭借对土地的所有权,国家和集体是参与土地增值收益分配的核心。土地使用权人通过对土地直接经营和投资,使土地增值,是参与土地增值收益的基础。地方政府代表国家承担社会管理者的角色,负责经济建设和社会管控职责,使土地受到以基础设施改善、土地政策利好为代表的外部经济社会辐射的影响而产生价值增值,因此国家是土地增值收益分配最核心的因素。

可见,无论是集体土地还是国有土地,土地增值收益的主体都是一致的,其中政府是关键的支配力量。区别在于国有土地管理中,政府具有双重身份,既代表国家承担使用权人的角色,又作为社会管理者参与利益分配。

(1)国有土地增值收益分配机制

按照土地利用环节,可以分为土地取得、土地保有、土地流转三个环节,每个环节的税费不同。在土地取得环节,主要有土地划拨、出让、租赁、作价出资四个环节。出让中主要是收取土地出让金,然后是契税和印花税作为增值收益分配方式。租赁和作价出资入股等,其土地增值收益分配表现为租金收益、股权分红等。在土地保有环节,以城镇土地使用税、城市建设维护税、教育费附加、地方教育费附加、房地产税等方式进行增值收益分配。闲置的土地则可以征收土地闲置费。在土地流转阶段,其税费主要有增值税、所得税、营业税、印花税、契税等。

（2）农村集体土地增值收益分配尚未完全建构

2014 年北京大兴等五个区县试点农村集体建设用地入市改革,明确规定可以在符合土地利用总体规划和城乡规划等条件下,直接进入土地一级市场进行使用权的出让、租赁、作价入股等交易,规定国家通过征收土地增值收益调节金的形式参与分配。目前,各个试点地区都制定不同的土地增值收益分配制度。2016 年 4 月 25 日,财政部和国土资源部联合印发了《农村集体经营性建设用地土地增值收益调节金征收使用管理暂行办法》,这其中规定"调节金分别按入市或再转让农村集体经营性建设用地土地增值收益的 20%—50%征收",或者按照"成交总价款的一定比例征收调节金",同时规定在契税暂无法覆盖农村集体经营性建设用地入市环节的过渡时期,须再按成交价款的3%—5%征收与契税相当的调节金。这说明,对于农村建设用地,政府主要是通过调节金和契税的方式来参与土地增值收益的分配,这与城市国有土地繁多的税费形式有显著的差异,出现两种不同的管理制度。2019 年 8 月新修订的《土地管理法》将在 2020 年 1 月 1 日起实施,其农村土地增值收益就更需要细化。

（3）土地征收中的增值收益分配不完善

征收中土地所有权由集体转向国家,与单纯土地使用权的流转具有本质的差异,这是宪法赋予国家的一项权力。土地征收的前提是为了公共利益的需要,对农村集体所有权进行补偿,其补偿也是对土地上的建筑物、构筑物、青苗农作物、劳动力等生产生活进行补偿。国家对土地征收的税费实际上就是对集体和国家土地增值收益的分配。政府作为管理者对土地增值收益的分配包括耕地占用税、征地管理费、农建基金、新菜地开发建设基金、耕地开垦费、土地开垦费、规费等；农民集体作为原土地所有者的增值收益往往没有单独体现，而是包含在对土地所有权补偿的收益当中，包括土地补偿费、安置补助费、地上附着物和青苗补偿费等。这不利于在土地征收中对集体所有权人参与土地收益分配的保障，我们认为至少对土地增值收益的剩余部分，农村集体所有权人应当有权参与分配。

2019 年修订的《土地管理法》对征收土地之后的农民利益进行了保护性规定。第一，土地征收程序借鉴了《国有土地上房屋征收与补偿条例》关于征收程序的规定，明确规定为了保护公共利益在六种情况下，可以依法征收农民的土地；但是申请批准征收土地前要进行拟征地公告，公告内容包括征收范围、土地现状、征收目的、补偿标准、安置方式和社会保障等，公告期至少三十日，并听取被征地的农村集体经济组织及其成员、村民委员会和其他利害关系人的意见。

第二，县级以上地方人民政府应当组织有关部门，与拟征收土地的所有权人、使用权人就补偿、安置等签订协议；个别确实难以达成协议的，应当在申请征收土地时如实说明。

第三，补偿标准进一步完善。新法明确了土地征收的补偿原则是公平、合理，保障被征地农民原有生活水平不降低、长远生计有保障。

第四，增加社会保障费用作为征地补偿项目，这对被征地农民特别是失地农民的长远生计更有保障。征收土地应当依法及时足额支付土地补偿费、安置补助费以及农村村民住宅、其他地上附着物和青苗等的补偿费用，并安排被征地农民的社会保障费用。

第五，明确了土地补偿费、安置补助费的确定依据是区片综合地价，同时制定区片综合地价应当综合考虑土地原用途、土地资源条件、土地产值、土地区位、土地供求关系、人口以及经济社会发展水平等因素，并至少每三年调整或者重新公布一次。

第六，对征收农民住宅的补偿搬迁原则与《国有土地上房屋征收与补偿条例》所规定的先补偿后搬迁一致，同时原则上要求住宅补偿要使农民居住条件有改善。对征收农民住宅的补偿方式作出多种规定，按照农民意愿自主选择。征收农民住宅的补偿采取重新安排宅基地建房、提供安置房或者货币补偿等方式给予公平、合理的补偿,并对因征收造成的搬迁、临时安置等费用予以补偿,保障农村村民居住的权利和合法的住房财产权益。

四、城乡建设用地市场一体化的政策建构

(一)制定农村建设用地直接市场交易的条例

要想建立城乡统一的建设用地市场,就要对土地、房产相关的法律规定进行细化。要保障农民的合法权益,就要制定农村集体土地征收补偿安置条例、农村集体经营性建设用地流转条例,修改税收征管法,改革完善土地税制,合理调节农村集体建设用地流转收益,促进城乡建设用地市场繁荣发展。允许宅基地等农村集体所有土地的使用权出让、出租、抵押、质押,使农村土地与城市土地一样在市场交易中处于同等法律地位,受到同等保护,出现法律纠纷都适用相同的法律条款。

坚持做好农村中土地承包权、宅基地产权、林权产权这三块地的确权发证工作,让农民能够拥有完整的土地产权。作为市场交易的基础,明确产权归属要赋予农民对农村土地的占有、使用、收益、转让、入股、租赁等权利;要依靠土地登记确权,实行土地统一登记发证制度。无论是农村还是城市的土地,都应当依据已确认的所有权、建设用地使用权、林权进行登记造册,核发土地权利证书,确认所有权及建设用地使用权。对于土地市场交易中的权属纠纷,要分清是非曲直,依法维护合法权益。

宅基地的用益物权要想得到维护的话,就要允许市场交易,这样可以使得农民的财产性收入增加,将其全部纳入城乡统一的建设用地市场。

与此同时,要积极培育和发展城乡统一建设用地的各种机构,如市场信息、交易代理机构、市场咨询、地价评估、房屋评估、土地登记代理、纠纷仲裁等服务机构。

具体来讲,我们需要构建城乡统一的土地出让制度。农村建设用地和城市建设用地要实现同地、同权、同价。这就需要让农村土地和城市土地享有同

等的待遇、同等的产权地位,双方建设用地都在同一个交易系统进行交易,具有统一的地价体系,适用统一的土地价格评估标准,消除政府垄断农村土地流转下所获得的土地溢价。

(二)完善土地市场交易利益分配制度

农村土地入市交易的目的,就是允许广大农民合理地分享城市化过程中土地流转的差级收益,因此国家需要制定合理的土地交易制度,明确收益分配比例。我们既要考虑城市郊区的土地升值收益,也要兼顾边远地区的土地市场交易收益,借鉴重庆市使用地票制度的有益经验,由区县国土管理部门统一对闲置的宅基地等农村建设用地进行复垦,土地整理完成之后形成"地票"。"地票"在土地产权市场上流转后,农民可以获得收入的85%,剩余的15%归集体所有,这样可以极大地保护农民的利益。房地产开发商购买了"地票"之后,可以获得在城市的建设用地的同等面积的使用权资格。要在土地交易收益中,明确留足农民的基本养老金和医疗保险费,防止出让宅基地等建设用地的农民到晚年由于社会保障缴费的空账,而导致其利益受损,以此保证失地农民的最低生活水平。

要在全国范围内统一不同供地方式土地增值收益分配。目前农村集体建设用地入市改革中只是规定了出让、租赁、作价入股三种方式,与国有土地相比少了划拨这一方式,因此,应当对城乡土地的出让、租赁、作价入股(出资)制定全国统一的增值分配制度;对于租赁和作价入股应当采取动态浮动方式获得租金与股息红利,同时要加强收益监督,确保足额及时征收;对于土地出让可以试行鼓励性的弹性出让,以出租带出让。应当由国土资源部会同财政部等相关部门研究在全国发布统一平衡出让、租赁、作价入股的综合收益。

(三)严格用途管制和用地规划管理

国有建设用地与农村集体经营性建设用地一样,都属于国家的土地,要对其实行统一的规划,遵循统一规则,建设统一平台,强化统一管理,形成统一、开放、竞争、有序的建设用地市场体系。

要实现土地资源的市场配置,就要严格地管制用途、符合用地规划。确定土地的规划和用途以后,建立和完善国土空间规划体系,始终坚持环境保护和持续发展的原则。要根据实际情况、市场原则和发展前景合理规划各类用地,严格控制耕地非农化,要确保耕地占补平衡。由于土地资源的不可再生性,在建设用地中存在着较强的不可逆性,大多数国家采取了用途管制的方法,这是耕地保护的一项重要举措。2019 年修订的《土地管理法》明确指出要建立永久耕地保护制度,进一步强化了对耕地的保护力度。

同时,由自然资源部研究制定、由国务院颁布实施宅基地管理条例,明确宅基地出让、交易和补偿等流程及救济途径的各项内容,对相关交易流程作出详细的制度安排,有效引导各个市场交易主体的行为。要结合城乡统筹发展的战略思想,制定村级土地利用规划,鼓励建设相对集中的农民新区,除严重危房和地质灾害确实需要搬迁以外,停止审批新建、重建和改建住宅。在规划编制过程中,要切实尊重农民的意见,考虑耕作半径、道路交通条件、区域产业定位、人民居住习惯等因素。

在对农民宅基地产权有了明确认识的前提下,根据以往重庆地票交易所和城市房屋交易所的经验,建立起一个全国城乡统一的宅基地交易市场。对农民自愿退出闲置宅基地给予鼓励,做好宅基地价值评估体系,使宅基地流转的范围、条件、期限和退出途径、补偿与激励机制等方面都能够得到完善。

(四)切实做好城乡社会保障全覆盖

近年来,中央和地方政府大力推进城镇化,数亿农民转户成为城镇居民,遗留在乡村的宅基地等土地如果能够像重庆市那样进行地票交易,农民就能够获得大笔收入,将极大地减轻其进入城市的生活压力。同时,在老年农民的养老制度安排上,国家还需要进一步加强扶持和帮助。

2014 年,中国 60 岁以上老龄人口已经超过 2 亿。而同期,中国的城镇化率达到了 54.77%。据国家统计局公布的数据显示,2015 年 60 岁及以上人口达到 2.22 亿,占总人口的 16.15%。预计到 2020 年,老年人口达到 2.48 亿,

老龄化水平达到 17.17%,其中 80 岁以上老年人口将达到 3067 万;2025 年,
60 岁以上人口将达到 3 亿,成为超老年型国家。预计到 2040 年我国人口老
龄化进程达到顶峰,之后,老龄化进程进入减速期。

2015 年中国 0—14 岁人口为 22681 万,15—64 岁人口为 100347 万,
2005—2010 年中国 0—14 岁人口逐年下降,2010 年 0—14 岁人口达到近十年
最低值,为 22259 万。2015 年中国 65 岁及以上人口为 14434 万,近十年 65 岁
及以上人口逐年增加,人口红利逐渐消失。人口红利的消失,意味着人口老龄
化的高峰即将到来和创造价值的劳动力减少,因此,养老问题的严重性和必要
性浮出水面。

由于大规模的城镇化,不少农民转入城市,其领取的养老金依然是按照农
村户籍来领取的。养老金是按照户籍身份领取,很多来到城市里的农村老人,
领不到城市养老金,仍然按照农村标准领取。这种按照户籍计算和支付养老
金的方式,损害了入城的农民利益。当下,中国户籍城镇化率大约为 37%左
右,远远低于实际居住城镇的人口。中国超过 60 岁以上的农村老人,以及其
他领取养老金的总人数,应在 1.3 亿左右。与城市居民相比,农村老人的养老
金偏低,这也是农村消费不足的最重要原因之一。如果能够解决好农村的养
老问题,将使农民的消费能力得以提高,那么中国整体的消费市场便会增加,
这将是一个非常庞大的市场,必然会推进城乡的发展,使乡村经济更加繁荣,
客观上也支撑了农村土地的出让、流转,有利于发展规模化经营。

五、城乡建设用地交易市场的发展

(一)家庭承包用地交易市场

经过十年来的探索与实践,重庆市基本形成了以自愿复垦为基础,以公开
市场交易、卖地收益绝大部分归农民所有、卖地收入直接打入农民个人账户为
前提,依照国家法律政策以及经济社会发展规划、城乡建设规划、国土规划、生
态建设规划,合理拓宽城镇区域,促进城镇化、农业产业现代化健康发展的地

票交易运行体制和机制。这一制度创新设计把分散在广大农村的宅基地、闲置的乡村小学、废弃的乡镇厂房等共用建设用地等聚集起来,破解了边远山区点多、面大、量大、零星小块土地无法出让的难题,以市场化的方式完善农村土地价格,开辟了城市反哺农村的崭新途径。到 2013 年 12 月底,重庆市实现地票交易 13.15 万亩,交易金额达到 267.26 亿元,没有重大法律纠纷事件的发生。据重庆市国土房屋管理局的统计,截至 2015 年 12 月底,重庆市已累计交易地票 17.29 万亩、345.66 亿元;地票质押 8354 亩,金额 12.23 亿元;地票使用主要集中在经济发达的巴南区、永川区、璧山区等重庆市主城和周边区县,其家庭承包耕地交易面积大于经济发展相对滞后的边远山区,这说明越是经济发达的地区,农民接受新生事物的主动性就越强。在农村土地交易市场中,企业、农村经营大户、农业合作社成为参与市场交易的主体,这有利于农业产业专业化分工的实现,优化资源配置,加强机器和技术的推广,有利于资本的集聚和集中,提高管理水平,加速农业现代化进程,加速财富的创造,促进城乡经济一体化进一步发展。

(二)农村土地流转的绩效

1. 促进了农村分工及农民收入增长。土地流转交易的速度日益加快,第一产业的比重下降迅速,绝大多数农户的主要来源不再是经营性收入了,越来越多的农村劳动力就业方式由务农转为打工。调查显示,流转土地前的农户收入第一产业占总收入的 46.8%,流转交易之后,农户收入依靠土地仅仅只有 27%。流转土地前,经营性收入和工资性收入是最主要收入来源的家庭数量占调查家庭总数比重分别为 77.1% 和 20.2%;土地流转交易之后,被调查的 98 户农民家庭年人均收入平均每年增长 21.5%,高于没有流转交易土地的农民家庭。

2. 促进了农业现代化。一是实现了生产规模化。根据重庆市国土和统计部门 2016 年 12 月的调查显示,455 个土地转入方共转入土地近 84539 亩,平均每个转入方转入土地近 190 亩,为西部高山和丘陵地区实现规模化、集约化经营奠定了良好的基础。二是提高了综合生产率。2015 年土地转入方劳动生产率为 54604 元/人,高于 2013 年 18037 元/人的全市农业平均劳动生产率;年亩均利润 1108 元,高于种植粮食所能获得的亩均利润(200—500 元/亩),与种植蔬菜所能获得的亩均利润基本相当。三是提高了机械化的水平。其中,转入土地方粮食作物的机械化耕种所占的比例、机器播种比重和机器收割所占的比例分别为 83.9%、43% 和 51.5%,均高于全市 71.6%、5.6% 和 12.3%的平均水平;粮食作物平均劳动力投入为 0.10 人/亩,低于普通农户 0.14 人/亩;蔬菜作物则为 0.09 人/亩,低于普通农户 0.22 人/亩;其他经济作物为 0.07 人/亩,也低于传统农业生产所需要劳动力数量。四是农技人员比例高。根据相关调查数据显示,大量的技术人员被土地转入方聘请来从事生产经营,使得农业生产的科技水平得到了显著提高。其中粮食作物生产聘请技术人员比例为 5.7%;蔬菜生产、水果生产和其他经济作物生产中的聘请比例分别为 12.1%、16.5% 和 12.4%;花卉生产聘请比例最高,达到 30.1%。

(三)地票交易制度取得很大成效

1. 加速了城镇化进程。据统计,截至 2013 年底,重庆市有 9.1 万户转户农民自愿将宅基地以地票方式变现。在被调查的 69 户有宅基地复垦农户中,有 17 户农民由于宅基地复垦转户到城镇居住。目前,重庆市城镇化率由 2008 年的 50%提高到 2013 年的 58.3%。

到 2016 年 8 月底,又有新的进步,重庆市总共完成交易地票 1804.386 亩,成交金额 34283.334 万元。地票成交价格从最初的 8 万元/亩,上升到 19 万元/亩,可以说,地票交易是稳定、持续、健康增长的。这为重庆市房地产市场的土地供应作出了巨大贡献,确保了商品房的持续供应,以及房地产价格始终平稳。在全国 100 个大中城市的房价中,重庆市的房价是最平稳的,成交价格也是最低的,远远低于北京、上海、广州、深圳、合肥、郑州等城市的商品房价格,没有大起大落,没有暴涨暴跌,重庆成为海内外优秀人才置业创业的热土。

此外,地票使用落地更为顺畅,地票落地量逐步增加。以 2015 年为例,全年使用地票 17310 亩,同比增长 7.05%,其中征地使用地票 173 宗、16132 亩;对 32 宗未按照规定使用地票的土地,在土地出让环节补充使用地票 1178 亩。

都市功能核心区和都市功能拓展区使用地票面积 13921 亩,占比 80.42%;城市发展新区 2028 亩,占比 11.72%;渝东北和渝东南两大生态区 1361 亩,占比 7.86%。

2. 农村土地实现增值,农民获得现金收益。因为在全市范围内,地票交易是公开进行竞拍的,所以使不同地区农村土地实现了大幅度增值。地票成交的单价由首场每亩 8 万元开始提升,稳定在每亩 20 万元左右。地票的价款在扣除了复垦成本之后,全部的收益都归农村集体和农户所有,作为农户实际使用的合法宅基地,收益由农户和集体经济组织按照 85∶15 比例分成,使农民的现金收益得以提高。

地票交易制度让贫困地区农民切实分享城镇化的改革成果,地票交易扶贫功能进一步凸显,已经成为城市反哺农村的重要媒介。以 2015 年为例,全年交易的 20975 亩地票来源于 19 个区县(含万盛经济开发区),交易量最大的 3 个区县分别为:忠县 4179 亩、黔江区 2970 亩、云阳县 2813 亩。有 18803 亩地票来源于 14 个贫困区县,占成交总量的 89.6%。因此,贫困区县积极参与地票交易,截至 2016 年 6 月,重庆市 17 个贫困区县累计在农村地票交易所交易地票 13.53 万亩,交易金额达 269.43 亿元,分别占全市总地票交易量的 75.94% 和 75.75%。

3. 地票购买结构呈现多元化趋势。随着经营性建设用地使用地票政策的落实,地票购买高度集中于都市功能核心区和都市功能拓展区的情况正在发生改变,远郊区县购买地票和使用地票明显增加。以 2015 年为例,重庆市 38 个区县中,已经有 37 个区县落地使用地票。远郊区县累计使用地票 3.65 万亩,其中城市发展新区使用地票 2028 亩,占全市地票使用量的 11.72%。2015 年远郊区县购买地票 8411 亩,占交易总量的 40.1%,同比增加 1.9 倍。全年城市发展新区购买地票 6940 亩,占地票交易总量的 33.09%;渝东北、渝东南两大生态区购买地票 1471 亩,主要用于修建休闲避暑生产等经营性项目。

4. 交易全流程有法可依。截至 2016 年 1 月,重庆市政府及国土房屋主管部门先后出台了技术性文件 12 项,政策性文件 60 余项,包括《重庆市地票管理办法》《重庆农村土地交易流程》《关于规范地票价款使用促进农村集体用地复垦的指导意见》《关于完善地票价款分配的补充意见》等。这些文件规范了地票交易的程序,细化了地票复垦的具体操作,明确了专业技术服务机构选择方式等各个方面,基本涵盖了地票从产生到落地的全流程,为地票的正规化提供了坚实的法制支持。

5. 风险管控水平提高。地票交易风险管控制度设计落脚点在于必须保证农民得到实惠,避免中间环节寻租,侵占农民权益。首先,土地复垦必须农民自愿。申请必须由农户自愿提出,并且农户保证住有所居,绝不允许搞被复垦、被上楼。其次,地票交易阳光操作实行市场定价,在农村土地交易所拍卖,并且及时发布交易的最新信息。再次,地票制度必须与现行土地管理制度充分衔接,地票生产、使用各个环节必须符合土地利用规划、城市建设规划要求。最后,建立委托拨付制度,地票款由指定的银行直接拨付到农户和集体经济组织账户,不经过第三者,切实保证农民利益。

6. 流程优化提高效率。针对土地复垦周期长、地票价款兑付慢的问题,农村土地交易通过优化流程提高效率。以土地复垦为例,复垦和地票交易周期减少了将近 300 天,减少了工作流程 20 个,各个环节办理时间进行了细化和明确,有效地提高了土地复垦和地票交易的工作效率。

(四)现行农村产权交易制度存在的不足

1. 交易规模不大。重庆农村土地交易所七年来累计交易地票 15.2 万亩、交易额 306 亿元,不仅与同地区其他交易所相比交易额偏小,也明显落后于其他地区的同类型交易所。而 2015 年全年,重庆市的要素市场年交易量就突破了 9000 亿元,重庆联交所实现交易额 1300 亿元,成立不久的重庆药品交易所也完成交易额 190 亿元。2015 年 1—11 月同类型的武汉农村综合产权交易所,农村产权交易已经达到 2354 宗,交易金额 143.04 亿元。

2. 业务推广受限。重庆地票交易是全国唯一被许可在省级范围内,跨区域进行指标置换试点的地区。虽然已经获得国家的大力支持,但是也明确了地票改革只是封闭运行于重庆市范围内,业务无法在全国范围内推广。受此限制,重庆农村土地交易所对外交流也仅局限于经验交流等层次,实际交易合作难以开展。而与此形成鲜明对比的是,武汉农村综合产权交易所在全国范围内开展业务,与湖南、云南等省合作推进农村产权交易已经取得实质性进展。

3. 运用互联网进行市场交易的机制尚未开展。目前,重庆农村土地交易所的地票交易是采取较为传统的公开拍卖竞价的方式,这一方式具有明显的阳光透明优势,但是在互联网时代,其交易成本高、交易效率低的缺点就显露出来了。事实上,现代交易所在当前大多通过网络平台实现交易。例如上海证券交易所、深圳证券交易所、郑州和大连的商品期货交易所等,都是通过互联网交易平台完成的。目前,重庆市产权交易所按照"互联网+"模式提高交易效率,第三方支付平台已经累计结算资金 900 多亿元。以重庆联合交易所为例,先后投入 5000 多万元,建立了业内一流的门户网站和国务院国资委监测系统、全国统一交易系统、国有产权交易监测系统、互联网竞价系统、第三方支付结算平台等 12 个集成系统,已经实现了大部分项目网上交易。

4. 内部组织模式亟待优化。未来,随着经济社会的发展,重庆农村土地交易所将承担更多的交易任务,交易品种也将向多元化方向发展,这就要求重庆农村土地交易所建构起现代化的内部组织模式,应对发展的挑战。而目前,重庆农村土地交易所的组织框架、制度设计等没有做好准备,现代化、科学化、专业化的改造与提升必不可少。

5. 群众满意度有待提升。在农村产权交易政策的效益评价中,很多指标与政策无关,难以进行数量化,例如"改善生活条件"等。所以针对这种情况,我们选择采取调查问卷等模糊综合评价。

分区域来看,与重庆主城相邻的区县如永川、合川、江津、涪陵、长寿等区县经济相对发达,普通农民对地票和土地流转的其他法律政策认可度最高,但也是矛盾最突出的地域。经济欠发达地区如城口、彭水、巫山、奉节、酉阳、黔江等区县地理位置相对边远,与重庆市主城地理距离有的长达 4 个小时的车程,普通农民对地票和土地流转、土地承包等相关法律政策的关注程度、理解程度都较差,对政府的相关政策也基本不关心,认可度较差。经济发达地区的农民对此评价,认为十分满意和相当满意的高达 96.8%,不满意的仅仅只有3.2%;而边远山区农民对此十分满意和相当满意度仅仅只有 80%,远远低于经济发达地区。这也说明边远山区农民的自我学习能力较差,相关法律和政策知晓程度较差,这在一定程度上也反映出农村边远山区政府基层政权组织建设和宣传动员能力相对较为薄弱。

(五)地票交易改进的对策

要获得更大的发展空间,重庆农村土地交易所必须升级为全国性的城乡建设用地交易场所。这就需要协调好中央、地方各级政府及相关部门的关系,建立起三级覆盖城乡建设用地的土地产权交易平台,逐步扩大土地交易所的交易品种和交易类型,开放地票次级交易市场,加快拓展市场,打造电子交易平台,完善交易所内部管理制度,提升重庆农村土地交易所在农村土地流转中的服务能力。

1. 形成城乡建设用地交易平台

以重庆农村土地交易所为基础,充分发挥互联网功能,联合全市土地流转服务中心,构建统一的全国土地产权交易平台,形成全国性的省(市)区县的三级联动交易体系。

一级:城乡土地产权交易所。以建立全国性综合性土地产权交易市场为目标,积极拓展市场,吸引全国农村产权来重庆交易,帮助和指导区县两级农村产权流转平台开展相关业务,并且与重点地区合作,建立分支机构。

二级:农村产权流转交易中心。在重庆农村土地交易所指导下开展农村产权交易活动,借助农村土地交易所的全国性平台,提升农村产权收益,为本辖区农村发展贡献力量。

三级:农村产权流转交易的信息平台(乡镇)。与市区县两级平台信息共享,负责本辖区的信息收集、政策咨询、工作指导等工作,不允许开展交易。

2. 加大业务推广力度

要深化国内各个产权交易所的合作,主动承接各个省市土地产权交易业务,要与其他兄弟交易所建立合作机制,在信息共享、产品创新、交易监管和专业培训等方面开展多层次的合作,横向拓展土地产权交易所的业务范围。同时,要加强宣传,提升土地产权交易所的美誉度,积极承接全国性行业性研讨会议和各类活动,提高土地产权交易所在业内的影响力。

重视市场推广。要下大力气开展市场推介工作,资金和人才要向市场推介倾斜,组建起一支专业化、灵活性强的市场推广队伍,可以探索与市场推介专业机构合作,整合资源,形成良性互动,共同拓展全国性的建设用地的土地产权市场。

3. 大力推进"互联网+"

借鉴上海证券交易所、深圳证券交易所的做法,积极采用互联网技术,建立全国城乡建设用地交易网,大力推进土地产权交易信息化管理和电子化交易,打造与流转交易市场体系相配套的信息服务平台,形成网上交易、系统管理、软件运行、后台支持的全方位的土地产权互联网交易体系。

通过土地交易网为农村产权出让方、受让方提供开放的交易与服务平台,推动网络交易,扩散交易信息,扩大交易对象,让农村产权流转突破时间和空间的限制,实现交易价格的提升和农民利益的最大化,激发广大农村地区活力,形成产权交易所"互联网+"的典型模式。

4. 完善交易所内部管理制度

建设用地的土地产权交易所应当是一个全国性综合农村土地流转服务机构,从其长远发展来看,必须充分按照现代交易所的业务范围来组织机构。这方面,可以学习郑州商品交易所、美国芝加哥商品交易所的成功做法,构建起适应市场经济、互联网经济的现代企业管理体系。

建立现代企业法人制度。按照《公司法》相关规定,建立董事会、监事会等制度,以现代企业的管理模式,确立合理的法人治理结构,高效运行土地产权交易。必须淡化行政化色彩,走市场化之路,以服务城乡建设用地市场为目标,建成全国性的综合性的土地产权交易所。所内可以设置交易部、市场部、权证部、法律部、综合部等多个部门,各司其职,紧密结合,协同作战,高效运行。

第七章　结论与展望

一、主要结论

本书通过理论研究与实证研究,对通过高山移民生态搬迁、农民搬离之后的生计、农村产业发展、宅基地的复垦整理的基本理论、整理模式、宅基地复垦形成的城乡建设用地指标(地票)的交易及其制度支撑体系展开了全面和系统的论述与探讨,就本课题研究最重要的问题提出如下对策建议。

(一)应当高度重视农民权益保护

1. 高度重视农业、农村和农民的发展

加大财政对农业投入力度。要做好农村基础设施建设,尤其是农村宅基地整理新增耕地片区的水土保护等工作。当务之急是要建立起市场运作为主、财政投入为辅的多渠道、宽领域的农业投入模式,让更多的民间资本、工业资本、城市资本、商业资本投入到现代效益农业发展中来。在此基础上,积极利用好"国家高标准农田建设""低产田改造""国家新增千亿斤粮食生产能力建设""农民万元增收工程""农村水利建设"等项目资金,切实改善和提高农业基础设施建设,特别是田间工程,包括农机具作业道、灌排渠道、病虫害综合设施等,切实改善农村基础设施落后面貌,提高农业抗击自然灾害的能力。

首先,由国家财政投资在西部地区人口相对集中地区、基本农田保护区兴

修大中型水库,加快建设骨干水利工程建设,解决农业生产用水和农民饮用水的安全。

其次,从历史来看,我国的降雨量的增减是呈周期性变化的,我们要在降雨量丰沛时期和雨水充沛的夏季尽最大可能储备水资源,以备未来可能要面对的长期干旱。尽可能地利用天然降雨,不让雨水白白蒸发,而不是过多地动用地下水。要建立起地下水资源储备体系,将水资源的地面储备、地下储备、空中储备、固体储备、置换储备和土壤储备有机地结合起来,这在西部干旱半干旱地区显得十分紧迫。

2. 大力发展农产品物流体系,要进一步加快推进西部地区农产品交易中心的规划建设

为此,我们建议:一是在重庆、成都、西安、兰州等中心城市农副产品批发中心现有设施的基础上,进一步扩大经营场所,设立和完善配套农产品博览展示中心、产品交易中心、电子商务中心、仓储中心、货运中心、生活服务等功能区,形成产品博览、商品集散、价格形成、信息传递、交易结算、产业带动等功能。二是设立农业深加工产品展销展示专区和交易专区,采取展销和交易相结合的方式,引进外资进场经营,打造东南亚、中亚、欧洲及美洲等农产品在大陆展示、推介和销售服务的新平台。三是进一步提高国外农产品进口通关效率,降低泰国等周边国家农产品进口成本,对农产品实行零税率,吸引农产品登陆西部城市,并利用高水平的农产品交易市场辐射全国。

(二)大力发展多功能农业

1. 要在产业融合、产村融合、产城融合方面下真功夫

要使农村具有活力,留得住人才,留得下乡愁,把农村的绿水青山变成金山银山,其基本路径就是生态经济化。对于农村偏远地区耕地大面积撂荒的,我们也不必过于纠结,我们要主动采取一定的措施,实时推进"耕地休耕"制度,以保养耕地质量,恢复地力和水资源,实现"藏粮于土、藏粮于水"和环境

效益的基本目标。

2.大力发展互联网农业

要认真贯彻组织化、电商化、品牌化的经营理念,其中组织化是基础,电商化是渠道,品牌化是龙头,以此开展多种形式多种层次的农业合作。一是要继续大力推进农业标准化建设,实现产地环境无害化、生产基地建设规模化、产品质量控制制度化、加工生产过程规范化、生产经营产业化;二是要推行全程控制和品牌发展战略,大力推进产品流通品牌化建设,注重品牌培育宣传。以技术标准和规范生产为依托,努力培育龙头企业和产品品牌,形成规模经济效益。

3.要研究农村水权、林权、森林权、碳排放交易等新型产权制度

要学习借鉴浙江沿海等发达地区的先进农业经营管理方式,着力打造中心城区化、产业园区化、农村社区化、全视野景观化的农业现代化。抓住国家大力推崇的特色小镇建设的有利时机,重点打造新经济、新产业,引领农业产业转型升级,实现人与自然的和谐共处。对于青山绿水如何转化为金山银山的问题,我们要建立与"金山银山"相关的产权交易制度和市场,例如林权交易、碳交易、水权交易、森林覆盖权、生态标志权、生态原产地权等交易制度。

(三)做好城乡建设用地交易配套制度建设

1.做好高山生态移民搬迁工作。尤其是要对高山生态搬迁的贫困农民的生存给予极大关注,他们如何重新创业发展,如何在新的安置点发财致富,真正实现精准扶贫,走上富裕之路,这是各级党委政府必须持之以恒关注的大事。"授人以鱼,不如授人以渔。"要加强对搬迁群众的技能培训,教给搬迁群众生存的技能,结合自身知识储备和地理环境条件,用好国家产业扶持和创业扶持相关政策,大力发展特色种养殖业或务工创业,拓宽致富门路,早日彻底摆脱贫困。

2. 要重点解决搬迁农户新建房屋办证难的突出问题

一是政策高度统一，全盘协调。从保护人民利益的高度，各职能部门要主动进行协调，各部门之间应从大局出发，协商制定、修正搬迁工作实施方案，避免政策"撞车"。

二是合理规划，分类解决。对搬迁对象原宅基地不能复垦的，安排使用土地利用年度计划指标；对搬迁对象原宅基地可以进行复垦，并且需要进入集中安置点进行安置的，可实行先建后拆、同步报批；针对搬迁户退出的宅基地应该优先实施建设用地复垦；对不需要在农村地区新建房屋的农户，其复垦的旧宅基地可全部作为地票交易；参与新农村建设的农户，其复垦的旧宅基地在入库备案时应足额抵扣建新区面积，不得全部纳入地票交易。

3. 合理界定宅基地纳入地票交易的面积标准

要实事求是，把农民一直占有并且使用的房屋前后的院坝、猪牛棚、柴草棚等纳入宅基地计算面积，确保农民宅基地交易中的利益。要彻底改变目前仅仅按照农民房屋产权证上所记载的面积作为征地补偿、高山移民生态搬迁补偿、退耕还林补偿的唯一依据。

4. 宅基地整治要充分发挥农民自我管理能力

对于近年来不少外出多年的农民回村整修老房屋，甚至新修房屋占用农村本来就十分珍贵的土地资源的现象应当高度警惕。有的早在城市安家，就是因为祖辈在农村居住，就回乡大规模修建房屋，出现一户多宅；有的在农村的老人已死亡多年，老宅早就垮塌了，后人清明节回乡祭祀祖先之后就新修房屋，建好的新房屋大多也是空着。农村居民相互攀比，宅基地管理严重失控，房子越来越多，村子里的人却越来越少，也给乡村治理带来负面影响。为此，我们认为，可以学习江西余江的做法，严格控制一户多宅，鼓励外出的农民主动退出宅基地，发挥农村集体经济组织的作用，重点是要动员农民自主管理。不少地方按照家族为单位选举代表组成村民理事会，作为宅基地改革的决策主体和执行主体，按照一家一户的标准，户口不在农村的就取消其宅基地，拆除废弃和多余的房屋,把地腾出来,修建农村道路,美化环境,为农村经济发展余下空间。

5.及时修改农村住房限高等过时规定

几乎所有省市对农民住房高度都规定为"一般不得超过 2 层,最高不得超过 8 米"。这一规定在西部四川、贵州、云南等地区适用,在东部发达地区的江苏也有类似规定,例如苏州市规划局 2009 年就颁布了《苏州市区农村居民私有住房建设规划管理暂行规定》,明确规定农村住房不得超过 2 层,底层最高不得超过 3.3 米。江苏省的《农村农户建房规划管理暂行办法》也规定农民宅基地面积一般不得超过 94.5 平方米。这极大地限制了大部分农村住房面积,最多也就 200 平方米左右,很难形成农村旅游产业的规模化效益。我们认为,应当严格限制农民住房一户多宅,允许农民在符合规划的前提下,自建或者代建房屋,对其房屋楼层应当允许在 4 层以下,鼓励农民联建,以节省宅基地占地面积,形成规模效益。但是,农民修建房屋不得损害周边农户的眺望权、采光权、通行权等相邻权。对于农民修建的房屋,政府部门应当加强指导,本着经济美观、风格环保、选址科学的原则,确保建筑质量,符合消防、抗震等规范。对于农村自然风景良好、旅游业发展较好的地区,公安、规划、国土等部门应当对农民已经建设起来的旅游接待中心、农民家庭旅馆等,要从审批制改为备案登记制,鼓励发展,不得一律强制拆除和取缔营业。对于农民自行升级改造其房屋的,地方人民政府应当安排专项资金,制定补助、奖励政策,加强规划、选址、建筑、消防、餐饮卫生等指导服务;同时,要开展民宿业主、从业人员的市场经营理念、营销策划、品牌管理、餐饮及相关服务技能的培训和职业竞赛,强化安全生产等法律知识教育,确保农民增收。

(四)完善农村土地产权三权分置制度

新中国成立后,我国农村的土地制度历经多次变迁,但还存在着不足,当前,需要在法律中明确规定农村土地所有权主体,取消乡镇、村作为虚拟的集体土地所有权主体,建议由农村合作经济组织(即合作社)为农村土地所有权主体,以此完善农村土地产权体系。建议农村建设用地除了存在集体土地所有权、用地者的土地使用权外,还应该设立农村建设用地租赁权、农村建设用地抵押权和土地发展权。真正形成所有权、承包权、经营权三权分离,经营权流转的新格局。

就交易流转来讲,在宅基地使用制度方面,建议推行农村宅基地"双轨"并行使用制度,即:一种是沿袭原来的"无偿、无限期、无流转"农村宅基地使用制度,这一制度只适用于长期居住农村,并且在农村实际居住的农民;另一种是推行新的农村宅基地有偿使用制度,建议推行农村宅基地回收制度。对于离家外出 5 年以上,房屋已经严重破旧甚至垮塌,无法居住的房屋,应当连同宅基地一起收回,只给予象征性补偿。这样就可以有效推动宅基地等农村土地流转,客观上消灭了"钉子户",符合农业产业化发展的大趋势。

目前各个省市、区县对宅基地复垦都有细致的规定和补偿标准,标准并不完全一致。例如,有的地方对农民的宅基地复垦补偿标准直接按照征地拆迁标准进行补偿,有的则是按照征地拆迁补偿标准的比例适当补偿,有的则按照实行复垦拆迁补助。但是复垦拆迁的补助标准显然很低,而且没有住房安置政策。这些政策的差异性不利于形成全国统一的建设用地交易市场。

为了推动城乡土地产权市场交易的形成,应当由国土资源部牵头起草,以国务院的名义发布行政条例,在新的行政法规中,统一制定移民搬迁遗留的宅基地复垦地上建筑物、构筑物以及附属设施的补偿标准,切实保障农民的利益。避免因为宅基地复垦而搬迁移民的农户没有足够的补偿金,无力进行劳动力再生产,无力继续维持家庭生活而陷入贫困,这样也就大大减少了宅基地搬迁移民过程中出现新贫民,减少了地票复垦的"插花地"。

(五)实时推出地票多元化交易品种

推动城乡建设用地市场交易品种多元化。农村土地交易所多元化经营之路,应当不局限于地票交易,要积极开展农村土地承包经营权、村集体经济组织"四荒地"使用权、农村集体经济组织养殖水面承包经营权、农村集体林地使用权和林木所有权、农业类知识产权、农村生产性设施使用权等多种产权交易,把重庆农村土地交易所打造成为综合性农村产权流转交易市场。

要大胆探索地票交易次级市场。要允许一部分地票在次级市场上流通,适当增加地票流通收益。地票次级市场的建立,不仅有利于形成良性的退出机制,也更有利于激励一级市场,推高地票价格,让农民得到更大收益。需要注意的是,建立地票交易次级市场的前提条件是,坚决打击对地票的恶意炒作,绝不允许无限制的推高流通收益,避免交易泡沫,必须保障次级市场规模在可控制范围内,同时,建立严格地票使用期限,配合土地闲置费、地票转让增值税等方式,降低其次级市场泡沫,实现市场交易的规范化、法制化。

(六)创新土地收益分配体系

2015年1月,中共中央办公厅和国务院办公厅联合印发了《关于农村土地征收、集体经营性建设用地入市、宅基地制度改革试点工作的意见》,我国农村土地制度改革正式进入试点阶段。该意见对于城乡建设用地市场的建设具有重大的指导意义。为此,我们要及时建立农村宅基地在内的房屋和土地市场评估制度、征地制度,构建合理的农房价格评估方法以及合理分配土地增值收益。无论是征地拆迁还是宅基地整理,城乡建设用地市场交易制度都必须建立在公开、公平、公正的基础上,重点维护农民土地财产权益,保障农民公平分享土地增值收益。

要真正从法律上确保国家、集体和个人的产权平等,必须不断完善集体土地流转交易程序,坚持自愿、有偿、公平交易的原则,维护土地产权人的合法权益。要统一全国不同省份、不同地区的集体土地政策,减少"差别化"所带来的不确定性因素,减少土地流转的阻碍。要大幅度提高集体土地的出让价格,同时平抑城市土地的价格,提高农村集体土地的补偿标准,逐渐消除城乡土地的"剪刀差"。

面对当前农村集体土地增值收益分配制度尚未建立、增值收益分配比较单一的现状,应当借鉴城市国有土地增值收益分配的成功经验,把农村土地增值收益的分配统一适用一套制度,降低制度运行成本。基于国家已经实行不动产统一管理的成功经验,应当把农村居民的宅基地和其他集体建设用地都纳入不动产管理,全国信息联网,统一按照不动产的税费体制进行管理,探索建立城乡土地的不动产管理制度,从不动产管理的角度整合城乡土地增值收益分配。

明确区分土地增值类型,严格土地交易分配原则,合理确定分配比例。首先,我们可以把土地增值收益分为土地投资型增值、利用型增值、外部型增值、政策型增值、稀缺型增值,分清土地增值收益的原因,以此确定土地收益和增值收益;其次要严格分配原则,在利益分配的时候,要始终坚持"谁所有、谁收益,谁贡献、谁收益"的基本原则,让土地的所有者分享土地增值收益。但是,也要分清侧重,投资型增值的收益主要应当归土地使用者,利用型增值的收益主要归土地所有权人,稀缺型增值、政策性增值、外部型增值的收益主要应当归社会管理者。至于增值收益分配的比例,主要结合地方经济社会发展的现状,允许地方政府有权进行上下浮动。

(七)完善建设用地交易法律规定

全国性的城乡建设用地市场的建立,必须有法律作保障,需要做好以下几个方面的工作。

1. 明确宅基地的使用权取得、转让。2019年8月修订的《土地管理法》有明显进步。其中第六十二条规定,农村村民一户只能拥有一处宅基地。农村村民建住宅,应当符合乡(镇)土地利用总体规划、村庄规划,不得占用永久基本农田,并尽量使用原有的宅基地和村内空闲地。农村村民出卖、出租、赠与住宅后,再申请宅基地的,不予批准。国家允许进城落户的农村村民依法自愿有偿退出宅基地,鼓励农村集体经济组织及其成员盘活利用闲置宅基地和闲置住宅。

2. 把宅基地纳入集体建设用地统一规定。宅基地依法上市流转交易,并不必然产生无业、无地、无社保、无住房的社会问题。其实,我国已经建立起覆盖城乡的社会保障制度体系,已经在一定程度上消除了农民转户入城的后顾之忧。目前,《物权法》中的宅基地使用权属于用益物权,但不具备收益权能,也没有抵押权能。《物权法》第一百五十二条规定:"宅基地使用权人依法对集体所有的土地享有占有和使用的权利,有权依法利用该土地建造住宅及其附属设施。"第一百八十四条规定:"下列财产不得抵押:(一)土地所有权;(二)耕地、宅基地、自留地、自留山等集体所有的土地使用权,但法律规定可以抵押的除外;(三)学校、幼儿园、医院等以公益为目的的事业单位、社会团体的教育设施、医疗卫生设施和其他社会公益设施;(四)所有权、使用权不明或者有争议的财产;(五)依法被查封、扣押、监管的财产;(六)法律、行政法规规定不得抵押的其他财产。"建议由全国人大及时组织专家论证,修改相关法律条文,取消限制宅基地抵押的规定,允许建设用地单独设立抵押权,充分发挥其土地权利的资本属性。

二、展 望

2016 年 12 月 26 日,中共中央、国务院发布了《关于稳步推进农村集体产权制度改革的意见》。该文件指出改革的目标是逐步构建归属清晰、权能完整、流转顺畅、保护严格的中国特色社会主义农村集体产权制度,保护和发展农民作为农村集体经济组织成员的合法权益。文件鼓励建立符合实际需要的产权流转交易市场,开展农村承包土地经营权、集体林权、"四荒"地使用权、农业类知识产权、农村集体经营性资产出租等流转交易。维护进城落户农民土地承包权、宅基地使用权、集体收益分配权,在试点基础上探索支持引导其依法自愿有偿转让上述权益的有效办法。该文件明确要求要抓紧修改农村土地承包方面的法律,赋予农民更加充分而有保障的土地权益。适时完善集体土地征收、集体经营性建设用地入市、宅基地管理等方面的法律制度。

可见,中央对于宅基地这类经营性资产的改革是十分重视的。这一文件发布后,各地加速了农村集体资产清产核资工作,力争在 5 年内基本完成农村集体产权制度改革。这一改革的实施有利于拓宽农民增收新渠道,让农民共享改革发展成果。

本课题负责人在农村集体产权尤其是宅基地和建设用地交易市场建设方面做了前瞻性的研究,希望在一定程度上起到积极的促进作用。纵观宅基地制度改革的发展历程,展望未来,我们期待这一惠民政策更加完善。

(一)从一体多元到全国统一,提升公平性和获得性

从目前来看,围绕农村宅基地整治和建设用地流转,各个省市的改革都有不同侧重,我们需要在制度设计上更加强调农民的可接受性和可行性。对经济相对落后、城乡差距大、城镇化率低,教育、医疗等公共资源分布不均,特别是中西部落后地区,需要中央加大扶持力度,加强政策引导。例如在医疗保障方面,东莞市的医疗保障已经实现了城乡合作医疗、城镇居民医疗和机关事业单位医疗三种主要的医疗保障制度全统一,根据不同群体收入确定缴费档次,但是待遇一样,这是全面的、更彻底的、更加公平的制度整合。这对宅基地整治和城乡建设用地市场一体化发展同样具有借鉴意义,也应当成为其发展趋势。这有利于城乡一体化发展,有利于人口的合理流动,有利于减轻制度转换的成本,减少矛盾和冲突。

(二)搭建全国城乡统一的建设用地交易市场网络化平台

"城乡统一"好理解,就是城市建设用地和集体建设用地同等对待。我们需要着重强调市场的作用。但是市场从来就有两种基本的解释,一个是把市场作为交易场所,比如农贸市场、股票市场、期货市场等;另一个是对交易行为的总称,它不仅包括交易场所,更偏重于指交易的行为特征,可以说所有产权发生转移和交换的关系都可称为市场。所以,当我们说市场经济、市场原则的时候,更多的是在讲一种平等、自由、互惠的交易行为和交易制度、交易秩序。

对市场的定义不一样,最终改革的内容和实质就大不相同。比如,如果把市场定义为交易场所,那么,"建立城乡统一的建设用地市场"就是让城市和集体的建设用地在同一个市场上交易,很可能就是让集体的被政策允许上市的建设用地,在以前城市建设用地交易的平台上进行买卖而已。而如果市场是指代交易行为,那么,在中国当前的土地交易体系里,"建立城乡统一的建

设用地市场"就包含赋予集体建设用地更多的,或者说是与国有建设用地同等的权利的意思,让它可以平等入市。其实,最后的目标就是要建立两种所有制土地权利平等、市场统一、增值收益公平共享的土地制度。为了降低交易成本,我们需要利用互联网技术,提高交易效率,实现资源的最优配置。

(三)明确管理体制,提高管理效能

要解决土地问题,当前最需要做的工作就是农村耕地、宅基地、建设用地等土地制度的整合。这不仅需要实现政策和法律的统一,更需要实现管理体制上的整合与统一,需要农业管理部门、水利管理部门、国土房屋管理部门、规划管理部门等多个部门齐心协力,理顺管理体制,明确管理权限,理清政府与公民个人的权利边界,理清政府与市场的权利边界,最大限度地降低政策掣肘,真正发挥市场在资源配置中的决定性作用。

(四)深入做好实证研究

长期以来,我国政府部门对农业、宅基地及建设用地市场等方面的统计调查数据存在数据不准确甚至数据造假等违法现象,它制约了研究的深入探讨。为弥补数据的缺陷,本课题在重庆市相关区县进行了抽样调查,虽然获得了一千多份调查问卷,但由于诸多原因,抽样的科学性还有较大不足。为了弥补调查深入的不足,我们直接承担了宅基地复垦整理的规划制定工作,先后到重庆市农村土地交易所、重庆市国土房屋管理部门等相关政府机构多次座谈,力求掌握第一手资料,把移民搬迁、宅基地测绘丈量、土地确权、补偿标准、地票交易等整个流程都反复熟悉了好多遍,确保研究工作有的放矢,抓住重点。但是,由于调查范围不够广泛,也难以对我国东部和中部地区的类似做法进行比较深入的研究,使得对宅基地整理及相关问题的总结还深入不够。这需要课题组在今后的研究中更进一步收集相关数据,完善对比研究,使结论更具有针对性和可操作性。

（五）拓展多视角研究领域

宅基地是农民安身立命之所，涉及农民的财产权及其他物权。尽管 2019 年新修订的《土地管理法》和《城市房地产管理法》对征收农村土地、农村建设用地直接入市作出了原则上的规定，但是如何进行上市交易的操作细则还没有出台。构建起全国统一的城乡建设用地市场这一重大问题，需要多个学科群策群力，尤其需要从法律、经济、社会、管理等视角进行深入探索。鉴于课题研究的宏大视域，在短短的 2—3 年时间内要透彻研究，实在力所不及。

本课题研究者希望能够抛砖引玉，期待更多学者关注和参与，政府部门大胆改革，努力探索，进一步创新政府管理体制，完善建设用地市场交易机制，加强制度改革力度，从根本上破除城乡对立和分割状态，为城乡一体化发展打下坚实的基础，提高资源的配置效率，全面提升公共管理水平，为实现富民兴国的中国梦提供强大的支撑。

主要参考文献

[1][美]康芒斯:《制度经济学》,赵睿译,华夏出版社 2013 年版。

[2][美]道格拉斯·C.诺思:《制度、制度变迁与经济绩效》,杭行译,上海三联书店、上海人民出版社 2008 年版。

[3][美]A.爱伦·斯密德:《财产、权力和公共选择》,黄祖辉等译,上海三联书店、上海人民出版社 2007 年版。

[4]金海年:《制度红利》,中国经济出版社 2014 年版。

[5]黎明主编:《公共管理学(第二版)》,高等教育出版社 2013 年版。

[6]陈燕:《中国城乡建设用地市场一体化研究》,博士学位论文,福建师范大学,2012 年。

[7]陈亚东:《失地农民社会保障制度研究》,人民出版社 2008 年版。

[8]陈亚东:《西部经济增长与农民创业》,经济科学出版社 2013 年版。

[9]邓永旺、杨庆媛、樊天相等:《我国城乡统一的建设用地市场研究重点进展评述及展望》,《江苏农业科学》2015 年第 11 期。

[10]谭文兵:《构建城乡统一土地市场的新制度经济学研究》,博士学位论文,中国地质大学(北京),2015 年。

[11]樊帆:《集体经营性建设用地流转收益分配问题研究》,博士学位论文,华中师范大学,2015 年。

[12]王文、洪亚敏、彭文英:《中国农村集体建设用地流转收益关系及分配政策研究》,经济科学出版社 2013 年版。

[13]赵娉婷:《农村集体建设用地制度研究》,博士学位论文,山东农业大学,2011 年。

[14]朱玉碧:《农村建设用地整理运作及制度创新研究》,博士学位论文,西南大学,2012 年。

[15]王泽填等:《经济增长中的制度因素研究》,中国经济出版社 2010 年版。

[16]盛洪主编:《现代制度经济学》,中国发展出版社 2009 年版。

[17]龚俊恒编著:《德鲁克管理思想》,中国华侨出版社 2013 年版。

[18]黄烈佳:《农地城市流转及其决策研究》,中国农业出版社 2007 年版。

[19]江华等:《农村集体建设用地流转》,中国经济出版社 2011 年版。

［20］李文彬等编著:《公共部门绩效评价》,武汉大学出版社 2010 年版。

［21］张云华等:《完善与改革农村宅基地制度研究》,中国农业出版社 2011 年版。

［22］黄河等:《农业法视野中的土地承包经营权流转法制保障研究》,中国政法大学出版社 2007 年版。

［23］孟勤国等:《中国农村土地流转问题研究》,法律出版社 2009 年版。

［24］贾晶晶:《中国城乡统一建设用地市场构建研究》,硕士学位论文,郑州大学,2012 年。

［25］马凯:《中国农村集体非农建设用地市场演化机制研究》,博士学位论文,南京农业大学,2009 年。

［26］张婉娜:《统一城乡建设用地市场的影响因素及其对策研究》,硕士学位论文,哈尔滨商业大学,2015 年。

［27］张孝成主编:《重庆统筹城乡土地管理制度改革研究文集》,西南师范大学出版社 2013 年版。

［28］程世勇:《城市化进程中的农村建设用地流转:城乡要素组合与财富分配结构的优化》,经济科学出版社 2012 年版。

［29］费孝通:《乡土中国》,人民出版社 2008 年版。

［30］王冲:《中国西部经济增长质量与农村人力资源开发》,人民出版社 2012 年版。

［31］唐文金:《农户土地流转意愿与行为研究》,中国经济出版社 2008 年版。

［32］黄金辉、张衔、邓翔等:《中国西部农村人力资本投资与农民增收问题研究》,西南财经大学出版社 2005 年版。

［33］陆根尧:《人力资本对产业集群竞争力影响的研究》,经济科学出版社 2008 年版。

［34］梁晓声:《中国社会各阶层分析》,文化艺术出版社 2013 年版。

［35］李永友:《财政分权、财政政策与需求结构失衡》,中国人民大学出版社 2012 年版。

［36］刘笑霞:《我国政府绩效评价理论框架之构建》,厦门大学出版社 2011 年版。

［37］刘守英:《以"三权分置"重构农地权利体系》,财新网,见 http://china. caixin. com/2016-09-05/100985292.html。

［38］韩俊:《一定要防止通过行政的手段来扩大土地的规模》,腾讯财经,见 http://finance.qq.com/a/20161218/010732.htm。

［39］《对话陈锡文:集体产权制度改革不是分割集体资产》,网易财经,见 http://money. 163.com/17/0310/02/CF4OC39H002580S6.html。

［40］饶静:《发达国家"耕地休养"综述及对中国的启示》,《农业技术经济》2016 年第 9 期。

重庆市地票管理办法

《重庆市地票管理办法》（重庆市人民政府令第 295 号）已经 2015 年 12 月 3 日市人民政府第 111 次常务会议通过,现予公布,自 2016 年 1 月 1 日起施行。

第一章 总 则

第一条 为统筹利用城乡土地资源,严格保护耕地,推动土地节约集约利用,维护农民和农村集体经济组织合法权益,促进城乡协调发展,根据《中华人民共和国物权法》《中华人民共和国土地管理法》和有关法律法规,结合我市实际,制定本办法。

第二条 本市行政区域内用于地票的建设用地复垦和地票交易、使用适用本办法。

本办法所称地票,是指土地权利人自愿将其建设用地按规定复垦为合格的耕地等农用地后,减少建设用地形成的在重庆农村土地交易所交易的建设用地指标。

第三条 地票管理应当遵循自愿复垦、公开交易、依规使用、收益归农的原则。

第四条 国土资源主管部门负责建设用地复垦、地票交易和使用的监督管理工作。

农业、财政、监察、水利、审计、林业等部门按照职责分工做好相关工作。

区县(自治县)人民政府负责本行政区域内建设用地复垦及地票使用的

组织协调工作。

乡镇人民政府、街道办事处负责建设用地复垦相关工作,并对复垦形成的耕地等农用地的管理利用实施监督。

第二章　建设用地复垦

第五条　市国土资源主管部门应当根据城镇化发展需要、经济社会发展水平、建设用地复垦周期等因素,科学编制土地整治规划,测算建设用地复垦规模,引导建设用地有序复垦。

区县(自治县)国土资源主管部门应当根据本行政区域土地权利人复垦意愿,有序组织建设用地复垦,优先支持扶贫搬迁、地质灾害避让搬迁等复垦项目实施。

第六条　建设用地复垦应当以土地利用、产业发展、乡村规划和环境保护等规划为基础,考虑人口流动指数等因素,合理预留农村发展建设用地。

第七条　申请复垦的土地应当具备以下条件:

(一)现状为建设用地,且符合土地利用现状分类;

(二)在土地利用总体规划确定的城镇建设用地扩展边界及能源、交通、水利等工程设施用地范围外,符合土地利用规划,具备主要复垦为耕地的条件;

(三)权属清晰,具有合法权属证明。

除前款规定外,申请国有建设用地复垦的,还应当符合国有建设用地复垦的有关规定。

第八条　有下列情形之一的建设用地,不得复垦用于地票交易:

(一)违法建设用地;

(二)单独的附属设施用地;

(三)2009年1月1日后新批准的建设用地,且房屋权属初始(首次)登记时间未满5年的;

(四)中国传统村落、历史文化名镇名村或者地名文化遗产保护范围内的建设用地;

（五）权利依法受到限制的建设用地；

（六）自然灾害发生后，地质状况尚未稳定的建设用地；

（七）其他不宜复垦的情形。

第九条 土地权利人是建设用地复垦的主体，包括农户、农村集体经济组织及拥有土地权属的其他主体。

宅基地及其附属设施用地复垦，由农户自愿提出申请。申请宅基地复垦的农户应当有其他合法稳定住所。

农户的宅基地复垦后，不得新申请宅基地。确因法定情形需新申请宅基地的，应当以有偿方式取得。

第十条 申请复垦农民集体所有的建设用地，土地权利人应当向乡镇人民政府、街道办事处提出；申请复垦国有建设用地，土地权利人应当向土地所在区县（自治县）国土资源主管部门提出。申请时应当提供以下资料：

（一）复垦申请表；

（二）土地权利人的有效身份证明文件，委托申请的，还需提交委托书和被委托人的身份证明文件；

（三）土地房屋权属证明材料。

除前款规定的资料外，由农户申请复垦的，还应当提供有合法稳定住所的证明材料；由农村集体经济组织申请复垦的，还应当提供经村民会议依法决定同意的书面材料；国有企业或者单位申请复垦的，还应当出具上级主管部门同意复垦的书面材料。

第十一条 乡镇人民政府、街道办事处或者区县（自治县）国土资源主管部门收到申请时，应当告知申请人的权利义务、复垦程序、交易风险、价款分配政策等相关内容。

第十二条 乡镇人民政府、街道办事处或者区县（自治县）国土资源主管部门应当自收到全部申请材料之日起 15 个工作日内完成审查，对符合复垦条件的，应当出具审查通过的书面意见；对不符合条件的，应当书面说明理由，并退还全部申请材料。

乡镇人民政府、街道办事处审查通过复垦申请后，可以向区县（自治县）国土资源主管部门申报复垦项目。同一乡镇（街道）范围内符合复垦条件的户数达到 50 户及以上的,乡镇人民政府、街道办事处应当向区县(自治县)国土资源主管部门申报复垦项目。

第十三条 土地权利人可以自行或者委托他人按照复垦规定组织实施复垦。

复垦项目地票收益权可以依法向金融机构申请融资。

第十四条 建设用地复垦后,形成的农用地应当满足农业生产的条件,土地质量应当达到以下标准:

(一)有效土层厚度不低于 40 厘米,砾石及瓦砾含量不超过 15%;

(二)耕地平均台面坡度不超过 15 度,园地不超过 25 度;

(三)生产道路通达,排灌沟渠畅通,与周边农用地集中连片;

(四)田埂、土石坎结构坚实平整。

第十五条 复垦项目竣工后,区县(自治县)国土资源主管部门应当根据项目规划设计方案和复垦验收标准,组织本级农业、水利等部门和乡镇人民政府、街道办事处进行验收。

验收合格的,区县(自治县)国土资源主管部门应当组织乡镇人民政府、街道办事处将复垦项目实施前后相关信息进行公示,公示时间不少于 7 日。公示期内利害关系人有异议的,区县(自治县)国土资源主管部门应当会同乡镇人民政府、街道办事处在 7 日内组织复核;公示期内无异议或者经复核异议消除的,由区县(自治县)国土资源主管部门核发建设用地整理合格证。

验收不合格的,由区县(自治县)国土资源主管部门责成建设用地复垦的土地权利人限期整改。

第十六条 建设用地整理合格证应当记载土地权利人信息,复垦项目新增农用地面积、新增耕地面积及等别、减少的建设用地面积、农村发展留用面积、剩余可使用面积等信息。

剩余可使用面积是复垦减少的建设用地面积扣除农村发展留用面积之后的面积,是土地权利人用于申请地票交易的面积。

第十七条 复垦项目建设用地整理合格证核发后,区县(自治县)国土资源主管部门应当向市国土资源主管部门申请复核。

市国土资源主管部门应当及时组织抽查复核。复核合格的,配发建设用地整理合格证备案号;复核不合格的,出具书面整改意见。

第十八条 取得建设用地整理合格证备案号后,区县(自治县)国土资源主管部门应当注销复垦地块相关权属证书,并对土地利用现状进行变更登记。

第十九条 建设用地复垦为耕地等农用地后,其土地权利人不变。

第三章 地票交易

第二十条 地票交易包括初次交易和转让。

取得建设用地整理合格证备案号后,权利人可以申请初次交易;购得地票超过2年,或者因地票质权人行使质权的,权利人可以申请地票转让。

初次交易或者转让完成后,市国土资源主管部门向购得人核发地票证书,记载权利内容。

第二十一条 市国土资源主管部门应当制定并公布地票交易最低保护价格。地票交易起始价格不得低于最低保护价格。

第二十二条 申请出让人申请地票交易应当提交以下资料:

(一)地票交易申请书;

(二)已备案配号的建设用地整理合格证或者地票证书;

(三)需要提交的其他文件。

重庆农村土地交易所受理申请后,应当即时向申请出让人出具受理回执。

第二十三条 受理申请出让面积累计达到100公顷及以上,或者受理申请出让最长时间满30日时,重庆农村土地交易所应当在5个工作日内发布交易公告。

重庆农村土地交易所根据市场供需情况,可以在受理申请出让申请后及时发布交易公告。

第二十四条 重庆农村土地交易所应当通过报刊、网站等媒介向社会公开发布地票交易公告,公告交易面积、交易时间、交易起始价、竞买保证金及交易规则等信息。地票交易公告时间不得少于7日。公告期满即可组织地票交易。

第二十五条 申请购买人可以单独申请购买地票,也可以联合申请购买地票。申请购买时应当向重庆农村土地交易所缴清保证金,并提交以下资料:

（一）申请购买文件；

（二）申请购买人有效身份证明文件；

（三）需要提交的其他材料。

重庆农村土地交易所应当向申请购买人提供规范格式的申请购买文件。

第二十六条 地票交易采取挂牌或者拍卖方式进行。地票交易公告时间截止时，申购总面积大于可交易地票总面积的，采取拍卖方式交易；申购总面积小于或者等于可交易地票总面积的，采取挂牌方式交易。

采取拍卖方式交易的，由重庆农村土地交易所及时将拍卖时间、地点、方式等通知申请购买人，并依法组织拍卖。

采取挂牌方式交易的，按照交易起始价成交；以公告先后为序，依序确认成交的地票。未成交部分继续公开交易。

第二十七条 地票成交后，购得人应当签订成交确认书，并在30日内缴清地票价款和交易服务费。

购得人未在前款规定时间内缴清地票价款的，按放弃购得地票处理，已缴纳的保证金不予退还，相应数量的地票纳入下一次交易。

未购得地票的申请购买人已缴纳的保证金，应当在交易活动结束后5个工作日内予以退还。

第二十八条 地票成交总价为同一批次公告的地票在各交易日成交的地票价款之和。

同一批次公告的地票，其成交均价是向该批次地票的相关申请出让人结算、拨付价款的依据。

第二十九条 地票初次交易的，重庆农村土地交易所在地票价款中按规定扣除建设用地复垦成本后的地票净收益，按照下列原则支付给权利人：

（一）农村宅基地及其附属设施用地复垦的，单户交易总面积未超过667平方米的部分，地票净收益的85%归宅基地使用权人，15%归农村集体经济组织；超过667平方米部分对应的地票净收益全部归农村集体经济组织。但是，单户复垦交易的宅基地证载面积已超过667平方米的，宅基地证载面积部分对应收益的85%归宅基地使用权人，15%归农村集体经济组织，其附属设施用地对应的地票净收益全部归农村集体经济组织。

（二）农村集体经济组织公共设施、公益事业等建设用地复垦的,地票净收益全部归农村集体经济组织。

（三）其他集体建设用地复垦的,根据土地使用权人和所有权人的约定支付,其中农村集体经济组织作为所有权人分得地票净收益不低于15%。

（四）国有建设用地复垦的,地票净收益归土地使用权人。市人民政府另有规定的,从其规定。

本办法实施前已签订复垦协议、但尚未交易的复垦项目,复垦协议确定的农户收益大于前款规定的,按原复垦协议执行。

第三十条　地票转让交易的,所得地票价款全部归转让人。

第三十一条　重庆农村土地交易所应当于同一批次公告地票全部成交并收齐价款后5个工作日内,在门户网站公布成交结果,并将成交时间、成交面积、成交总价、成交均价等信息通知地票申请出让人。地票初次交易的,还应当公示地票净收益的支付明细、复垦成本等信息,并委托区县（自治县）国土资源主管部门同步在复垦项目所在地村务信息公开栏等人口集中处组织公示,公示期不得少于7日。

公示期内有异议的,重庆农村土地交易所应当在7个工作日内进行复核。公示期内无异议或者复核后异议消除的,应当在公示期满或者异议消除后5个工作日内拨付地票价款。

地票转让交易的,重庆农村土地交易所应当在地票购得人缴清地票价款5个工作日内,向转让人结清地票价款。

第三十二条　农村集体经济组织取得的地票价款,依照农村集体资产管理的有关规定使用和管理。

第四章　地票使用

第三十三条　新增经营性建设用地（含商业、旅游、娱乐、商品住宅等用地）办理农用地转用手续的,应当使用地票。其他新增建设用地可以使用地票办理农用地转用手续。

市人民政府可以根据社会经济发展需要,对应当使用地票的用地类型进行调整。

第三十四条 在全市城乡建设用地规划规模不增加、耕地保有量目标不减少的前提下,地票可以在土地利用总体规划确定的有条件建设区内使用。具体使用规则由市国土资源主管部门制定。

第三十五条 自本办法实施后尚未供应的经营性建设用地,属于2009年1月1日后使用新增建设用地计划指标办理用地手续的,应当在土地出让时补充使用地票。未补充使用地票的,市、区县(自治县)国土资源主管部门不得出让土地。

第三十六条 使用地票办理农用地转用手续的,不缴纳耕地开垦费和新增建设用地土地有偿使用费。

地票取得成本可以计入土地出让成本。地票取得成本包括地票成交价款、缴纳的税费、财务成本等。

第三十七条 本办法第三十三条、第三十五条规定的建设用地位于城市发展新区、渝东北生态涵养发展区和渝东南生态保护发展区的,实行差异化使用地票政策。市人民政府可以根据社会经济发展需要,对差异化使用地票政策进行调整。

第三十八条 地票证书权利人可以一次性使用或者分割使用地票。

地票可以质押。

使用地票时,应当提供地票证书原件,市国土资源主管部门在地票证书上记载地票使用信息。

第三十九条 地票证书记载的地票面积全部使用完后,国土资源主管部门予以注销。

地票证书灭失、遗失的,地票权利人应当在指定媒体上刊登灭失、遗失声明,声明期满30日后可以向原发证机关申请补发。补发的地票证书应当注明"补发"字样。

第五章 法律责任

第四十条 区县(自治县)人民政府、乡镇人民政府、街道办事处和国土资源、农业等部门以及重庆农村土地交易所违反本办法规定,无正当理由不履行本办法规定职责的,由有权机关依法责令其改正;逾期未改或者造成严重后果的,由有权机关对其主要负责人或者直接责任人依法给予处分。

第四十一条 违反本办法规定,相关工作人员在建设用地复垦、地票交易和使用中有下列行为之一的,由有权机关依法给予处分:

(一)违背土地权利人意愿强制复垦的;

(二)侵占土地权利人应得地票收益的;

(三)复垦中弄虚作假,骗取地票价款的;

(四)对应当使用地票的用地未要求提供地票的;

(五)有其他滥用职权、玩忽职守、营私舞弊行为的。

第四十二条 地票交易主体有下列行为的,除依法承担相应的法律责任外,一年内不得参加地票交易活动:

(一)弄虚作假或者提供虚假文件进行交易的;

(二)无正当理由不按照要求签订地票交易成交确认书的;

(三)无正当理由拒绝履行确认书规定义务的;

(四)影响公平交易和市场管理的其他行为。

第六章 附 则

第四十三条 本办法自 2016 年 1 月 1 日起施行。

后　记

　　"宅基地整治与城乡建设用地市场交易制度研究"是本人主持的第三项国家社科基金项目,于 2014 年得以批准。前两项社科基金成果荣获国家和省部级奖励,使我认真学习和研究的信心倍增。驽马十驾,功在不舍,滴水穿石,金石为开。

　　在此,对国家哲学社会科学规划办公室所有领导和工作人员、项目的匿名评审专家致以特殊的谢忱。感谢你们的无私支持与远见卓识。宝贵的经费资助使我能够深入到最边远的高山峡谷地区调研,参加相关学术会议。你们的鼓舞与鞭策,是我们不断前行的原动力。

　　我带领相关研究人员历经近 3 年时间,寒来暑往,穿梭于高山密林之间,走访于田间地头,向无数底层农民、基层干部请教;频频拜访于高等院校、科研机构、党政机关的领导和专家学者,数次构思和反复修改,现在本研究成果终于脱稿。在此,感谢财政部中国财政科学研究院副院长王朝才教授及众多高校专家学者,感谢重庆市国土资源和房屋管理局、市发改委、区县相关单位领导、同事和朋友们,感谢广大农民兄弟、基层乡镇干部,感谢你们的无私支持,尤其要感谢家人的全力支持。

　　当然,我所在的单位也给予经费资助及相关的优待,这一切都让我深受感动。在论证构思及写作过程中,许多对这项工作感兴趣的学者、领导及朋友都给予了有益的评论与专业知识的推敲、文本的改进。他们以巨大的奉献精神鼓舞着我们,激励着我们向前进,其力求尽善尽美、力推精品力作的敬业精神,永远值得我们学习,这也是我们从事任何工作要取得成就所必须具备的高贵品质。事实上,我从先行者那里获益良多,我们的研究之所以能够在一些领域或者部分观点超越于前人,其原因也在于此。我想,即便是矮个子,当他站在巨人的肩膀上时也能够看得很远。每当此时,就会想起年少时老师教诲我们做学问要"衣带渐宽终不悔,为伊消得人憔悴"的冷板凳功底,这种功底往往是在手脚麻木、四肢僵硬之后才有深刻的体会。做学问需要这种专注的精神,坚持不懈,埋头苦干围绕一个主题深入分析和探究,究天地之变,最后才有一家之言。

30多年来,我长期以书为伴,许多专著、论文、教材、讲话稿等高屋建瓴,让人见贤思齐,受益良多,他们启迪我的思维,不断引领向前。自2006年至今,我连续主持的国家社科基金(失地农民社会保障制度研究、农民工返乡创业的制度支撑体系研究和本课题)都是与"三农"问题紧密相连,也使我的研究视野不断拓展,与时俱进,深感生活在当代实在太幸运了。本课题研究过程中,我有机会系统思考中国农业、农村和农民的未来,思考与此相关的产业结构、土地市场建构等,在此基础上提出了针对性的建议。事实上,我近年来以政府专家、省级政协委员等多个身份上报几十项决策咨询建议,先后荣获有关领导人及省市级领导的批示肯定,如农村小型水利建设、留守儿童帮扶、成渝都市圈城际交通、降低个人所得税、降低民营企业税负、高山生态移民搬迁、信息网络安全等方面30多项对策建议都得到肯定和采纳。此外,我还直接参与省级政府财政预算编制审查、社会保障制度设计等多项具体实务,真正起到了发展科学、传承文明、经世济人、服务社会的作用。

海到天边天做岸,山登绝顶我为峰。一花一世界,一叶一菩提,一生为一人。学海无涯,我定会继续以高人为伴,登高望远,力求更上一层楼。

2019年10月

责任编辑:李媛媛
封面设计:胡欣欣
责任校对:白　玥

图书在版编目(CIP)数据

农村土地整治与交易研究/陈亚东 著. —北京:人民出版社,2020.5
ISBN 978－7－01－022057－4

Ⅰ.①农… 　Ⅱ.①陈… 　Ⅲ.①农村-土地整理-研究-中国 　Ⅳ.①F321.1

中国版本图书馆 CIP 数据核字(2020)第 066619 号

农村土地整治与交易研究

NONGCUN TUDI ZHENGZHI YU JIAOYI YANJIU

陈亚东　著

人 民 出 版 社 出版发行
(100706　北京市东城区隆福寺街 99 号)

北京建宏印刷有限公司印刷　新华书店经销

2020 年 5 月第 1 版　2020 年 5 月北京第 1 次印刷
开本:710 毫米×1000 毫米 1/16　印张:19
字数:288 千字

ISBN 978－7－01－022057－4　定价:59.00 元

邮购地址 100706　北京市东城区隆福寺街 99 号
人民东方图书销售中心　电话 (010)65250042　65289539